HISTOIRE
DE
PHILIPPE-AUGUSTE.

I.

Se trouve également

CHEZ LADVOCAT, LIBRAIRE.

TYPOGRAPHIE DE J. PINARD, IMPRIMEUR DU ROI,
RUE D'ANJOU-DAUPHINE, N° 8.

HISTOIRE
DE
PHILIPPE-AUGUSTE,
PAR M. CAPEFIGUE,

OUVRAGE COURONNÉ PAR L'INSTITUT.

TOME PREMIER.
1180—1191.

Deuxième Édition.

DUFEY, LIBRAIRE,
Rue des Beaux-Arts, N° 14.
1829.

HISTOIRE
DE
PHILIPPE-AUGUSTE.

I.

Se trouve également

CHEZ LADVOCAT, LIBRAIRE.

TYPOGRAPHIE DE J. PINARD, IMPRIMEUR DU ROI,
RUE D'ANJOU-DAUPHINE, N° 8.

HISTOIRE
DE
PHILIPPE-AUGUSTE,
PAR M. CAPEFIGUE.

OUVRAGE COURONNÉ PAR L'INSTITUT.

TOME PREMIER.
1180—1191.

Paris.

DUFEY, LIBRAIRE,
Rue des Beaux-Arts, N° 14.

1829.

LETTRE

A M.

DE BARANTE,

SUR

L'HISTOIRE DE FRANCE.

Monsieur le Baron,

Le goût des études historiques est devenu populaire en France; notre génération, appelée à prendre part aux affaires du pays, sent la nécessité de renouer la chaîne des temps et de suivre dans le passé les progrès de nos mœurs publiques, l'origine de nos libertés, la vie locale de ces populations diverses qui nous ont précédés dans une carrière de luttes et de combats pour la conquête de leur affranchissement. Quel charme s'attache à des siècles où tout nous appartient, gloire, revers, institutions; où chaque nom propre excite un souvenir, chaque triomphe notre orgueil, chaque scène enfin le vif intérêt d'un tableau de famille!

Lorsqu'on porte un regard attentif sur notre histoire nationale, on reconnaît qu'elle offre un certain nombre de grandes époques auxquelles toutes les autres se rattachent, comme des développemens ou des résultats. La première remonte à l'invasion et à l'établissement des races du Nord, cette lutte longue et vivace des conquérans et des possesseurs du sol. Elle embrasse et domine toute la période des

Mérovingiens. Puis arrive la réunion violente par la conquête, sous un empereur d'origine austrasienne, de populations et de familles diverses, fusion passagère qui se dissipe presque aussitôt; l'anarchie féodale, cette vie isolée de fiefs et de châteaux, cette société éparpillée, en est comme la réaction; la quatrième époque commence l'œuvre de la reconstruction des gouvernemens, de l'esprit d'unité, d'ordre et de vie sociale. Elle prend au douzième siècle, et se continue jusqu'au quinzième; c'est la lutte instinctive plutôt que raisonnée de la royauté contre les désordres de l'égoïsme féodal. Sous Louis XI, le triomphe est complet; la souveraineté organise pour ainsi dire sa victoire; le génie du prince met à profit les résultats obtenus, la monarchie s'assied de telle sorte, que, malgré l'incapacité et la faiblesse des successeurs de Louis XI, elle résiste aux efforts combinés de la puissance expirante des vassaux, et du catholicisme jetant ses dernières violences avec la Ligue. A la fin du règne de Louis XIV, s'arrête cette marche ascendante du pouvoir absolu.

Les temps antérieurs au douzième siècle ne se rattachent que très faiblement à nos institutions publiques et à la civilisation actuelle; quelle origine certaine rechercher dans le chaos de la première race, où tout s'essaie sans ordre, où tout se produit pêle-mêle! Cette époque est séparée de nous par trop de révolutions, pour exciter d'autre intérêt que celui du spectacle animé de la conquête, du partage du sol, de ces luttes de populations, qui rendent seuls dramatique la période des Mérovingiens.

La domination de la race austrasienne, brillante sous Charlemagne, s'affaiblissant successivement jusqu'à l'élévation de Hugues-Capet, sorte de triomphe de la famille du sol, est une transition et un passage; peu de choses sont restées de cet empire réuni par la violence et le génie, et se morcelant, comme par un mouvement naturel de ces nations un moment domptées, et revenant se placer d'elles-mêmes sous l'empire de leurs habitudes. On ne peut donc trouver une marche progressive et ascendante dans nos institutions et nos coutumes qu'à partir du douzième siècle; l'histoire de France offre alors comme le développement successif d'un système, souvent secondé par le hasard, arrêté dans son essor par des hommes ou des événemens, mais conservant une sorte d'unité d'action depuis son origine jusqu'à la révolution française, et, au temps actuel, transaction entre tous les intérêts en lutte.

Je considère le douzième et le treizième siècles comme l'époque la plus importante et la plus dramatique de notre histoire, non seulement parce qu'elle offre les scènes animées des tournois et de chevalerie, mais parce que j'y trouve encore l'origine de presque toutes nos franchises publiques et de nos libertés locales. C'est à cette époque que se montre avec énergie le mouvement communal, ce réveil de la bourgeoisie, conquérant ses privilèges sur la répugnance hautaine des barons et des abbés ; la régularisation d'un ordre politique et législatif par l'intervention nécessaire d'une cour des pairs dans tout acte important de la vie sociale ;

la reconnaissance des priviléges populaires pour le vote libre de l'impôt ; l'établissement d'un régime systématique dans la hiérarchie judiciaire par la création des sénéchaussées, des bailliages royaux, ou des échiquiers, cour d'appel de la juridiction des seigneuries féodales ; l'unité territoriale préparée par la conquête et la confiscation des fiefs anglais ; enfin, le principe d'une armée permanente consacré comme une habitude dans les longues guerres de Henri II, de Richard-Cœur-de-Lion et de Jean-sans-Terre avec Philippe-Auguste.

Et tous ces grands résultats s'opérant au milieu des pittoresques tableaux du moyen âge, des croisades en Palestine, de la fondation de l'empire franc à Constantinople, de la conquête de la Normandie, de l'Anjou et du Poitou ; de la bataille de Bovine, de l'expédition d'Angleterre, de ces merveilleuses aventures qui paraîtraient opérées par des géans, si dans nos temps modernes nous n'avions eu sous nos yeux d'aussi fabuleuses fortunes. Tous les spectacles du moyen âge semblent s'être réunis ; des populations frappées d'interdit, à côté des pompes brillantes des tournois ; les révoltes des serfs incendiant les manoirs, le désordre des routiers, la guerre des Albigeois, cette extermination de tout un peuple pour des doctrines mal comprises et si mal expliquées.

La littérature nationale et les arts eux-mêmes sortant du chaos ; les trouvères et les troubadours faisant entendre, dans les deux langues populaires, des sirventes contre les grands, les moines et les rois, des chants d'un amour adultère que nos vieillards politiques, laudateurs de la pureté des temps passés, auraient quelque peine à expliquer. A côté de cette littérature franche et nationale, dominent les études classiques, toujours corrompues par le troupeau des imitateurs; poëmes, épîtres, hymnes, tout est calque presque mécanique des anciens; ce sont gens de collége se creusant la tête pour accomplir un hexamètre ou un pentamètre, sans s'occuper de la pensée et de l'esprit. Cependant les douzième et treizième siècles sont fertiles en capacités illustres. Saint Bernard, Abélard, Pierre-le-Vénérable, le pape Innocent III, hommes supérieurs à leur temps, dominent par leur génie. Que dirons-nous des arts, de ces beaux monumens religieux qui balancent dans les airs leurs flèches élancées à mille découpures, de ces vitraux et de leurs vives couleurs, qui étonnent notre civilisation !

Je n'ai jamais contemplé cette époque avec ses pompes chevaleresques, ses fêtes de castels, ses légendes et ses sorcelleries, sans m'y transporter tout entier, sans causer un moment avec ces bons chroniqueurs racontant les gestes et prouesses des vaillans paladins. A mesure que j'ai pénétré dans la vie publique et privée de cette merveilleuse société, j'ai senti comme un besoin de reproduire ce que j'avais éprouvé, de réunir en tableau les faits épars, de faire assister enfin le lecteur à cette naissance de toutes choses, à cette aurore de la liberté, des lois et de la civilisation ; j'ai personnifié ce vieux temps en Philippe-Auguste : non point que j'attribue exclusivement au génie de ce prince les grandes révolutions sociales qui s'opérèrent sous son long règne; beaucoup de ces événemens furent dus au hasard, d'autres à la marche naturelle des idées; mais j'ai groupé les faits autour d'un nom fameux dans notre histoire, afin de ramener à une unité tous les grands mouvemens qui s'opérèrent alors.

Deux écoles semblent se partager, depuis le dix-huitième siècle, le domaine des sciences historiques; l'une que j'appellerai descriptive, l'autre rationnelle et systématique; la première s'attachant à reproduire les événemens contemporains, à raconter les faits tels qu'elle les trouve; l'autre à les rassembler en faisceau, pour en tirer des conclusions et en faire sortir des idées générales.

L'école descriptive avait fait peu de progrès jusqu'à la publication des *Ducs de Bourgogne;* jusqu'alors trop préoccupés des formes de l'antiquité grecque et romaine, trop fiers de marcher sur les traces de Thucydide et de Tite-Live, nos historiens avaient dédaigné la manière simple et naïve de nos chroniqueurs.

Je ne chercherai point à toucher aux grandes réputations historiques de la Grèce ou de Rome. Et certes, si j'avais à écrire les révolutions qui agitèrent le monde romain, j'y trouverais mes inspirations et mes modèles; mais la physionomie de notre histoire nationale n'a rien de commun avec ces annales de l'antiquité. Que dire d'un architecte qui, chargé de reproduire les églises du moyen âge, avec leurs ogives croisées, leurs vieux saints mutilés, emploierait le beau style du Panthéon de Rome ou du Parthénon d'Athènes ? évidemment il ferait anachronisme ; l'historien qui orne les récits naïfs de nos chroniques par la phrase grecque ou latine, tombe dans le même défaut.

Notre école historique a subi trois révolutions ; le dix-septième siècle et le commencement du dix-huitième ont vu celle de l'érudition travailleuse, cette école qui recueillit les chartres, les chroniques, les diplômes ; la postérité ne saurait avoir trop de reconnaissance pour les savans laborieux, les Pithou, les Duchesne, les Bouquet, les Lewic, les Vaissète, les Martene ; c'est à eux seuls que nous devons les débris de nos monumens historiques. Puis sont venus les écrivains spirituels et systématiques du dix-huitième siècle, qui ont discouru, souvent à l'aide de quelques ouvrages de seconde main, sur les temps de notre monarchie ; nous avons eu des descriptions de batailles à la manière de Tite-Live, des formules de harangues inventées, des tableaux de cour en style de bergerie et d'idylle, et si bien ressemblans, qu'on eût pris la cour de Philippe-Auguste pour celle de Louis XIV ; en dehors de cette école, plane le beau génie de Montesquieu, qui sut orner de toute la magie de ses grandes pensées et de son style, des idées systématiques et des faits qu'il n'avait pas assez comparés. Au-dessous de lui se placent l'abbé Dubos, Mably, Boulainvilliers et M. de Montlosier, hommes instruits et spirituels, mais qui firent de l'histoire une lutte et un champ de controverses.

Une école de transition se montra au temps de l'empire ; elle se rapprocha quelquefois des chroniques ; mais l'esprit d'une époque toute de victoires et de merveilles s'empreignit dans chacune de ces productions. On fit de véritables poëmes épiques avec les grandes formes et les règles d'Aristote.

Ce n'est donc que depuis quelques années que les compositions historiques ont pris en France leur véritable caractère. M. Guizot a reculé les bornes de l'histoire rationnelle, et ce savant écrivain a laissé loin les travaux disputeurs du dix-huitième siècle. Le mouvement social a été envisagé avec plus d'ensemble, la marche des idées avec plus d'unité; on s'est occupé à classer les races diverses, à suivre l'état des personnes, la situation des propriétés, et leur révolution, l'origine et le développement des garanties locales, et des institutions publiques de la société; tout ce qui fait la vie d'un peuple a été l'objet de ces pénétrantes recherches.

L'école descriptive a produit, comme déjà je l'ai dit, *l'histoire des Ducs de Bourgogne*; c'est la vivante et naïve peinture des époques les plus animées du moyen âge, c'est la chronique reproduite et dépouillée avec goût de toutes ses longueurs; on assiste, pour ainsi dire, à ces grandes scènes de chevalerie, à ces magnifiques cours des Ducs de Bourgogne, aux essais d'une politique imparfaite et encore dans l'enfance. Le malheureux Charles VI nous apparaît avec ses infortunes, ses faiblesses et sa folie; Charles VII, Agnès Sorel, Jeanne d'Arc avec leurs poétiques aventures; Louis XI avec ses grandes idées, son égoïste caractère et ses finesses déçues; c'est comme une suite de tableaux, toujours pleins, toujours complets, des plus dramatiques époques.

Cette forme de chronique a, ce nous semble, le double avantage d'intéresser le lecteur par un récit toujours animé, et de l'instruire par les descriptions elles-mêmes. Une coutume paraît plus en relief, lorsqu'on la fait ressortir par une scène de la vie publique et privée, au lieu de la rapporter morte et sèche, comme une disposition d'un code. Ainsi le récit de la chronique n'exclut pas les savantes recherches sur les lois et la législation; le règne de Louis XI, M. le baron, en est la preuve dans votre beau travail des Ducs de Bourgogne.

M. Thierry a cherché à opérer la fusion de l'école purement rationnelle et de l'école exclusivement descriptive; sa conquête de l'Angleterre par les Normands est tout à la fois un tableau et un système ; le tableau est parfait. Que reprocher à ce récit puisé avec tant de conscience à toutes les sources historiques, sur la conquête de Guillaume, les batailles de Hasting, la lutte des vieilles races entre elles, les disputes de Henri II et de l'archevêque de Cantorbéry, les haines intestines de la famille des Plantagenets? Le système est-il toujours également heureux? nous n'osons ici professer la même admiration.

Parlerai-je maintenant, M. le baron, de l'ouvrage que j'offre au public sous vos auspices? Couronné par l'Académie des inscriptions en 1826, il n'était d'abord qu'un tableau des acquisitions faites par la monarchie sous Philippe-Auguste ; je l'ai depuis agrandi, et il offre maintenant toutes les scènes de ce règne si fécond en événemens ; c'est comme la société féodale tout entière qui s'agite et se meut.

En traitant un sujet si vaste dans ses détails, mon premier soin a été de remonter aux sources ; je ne me suis point borné à la vieille chronique, simple expression des faits et des opinions contemporains ; j'ai lu les chartes, les diplômes, où la vie privée du manoir et du château se révèle tout entière ; il y a bien des traits de mœurs dans la vente d'un fief de haubert, d'un cheval de bataille, dans un testament plein de legs pieux, à la châsse d'un saint vénéré, dans l'aliénation volontaire d'un homme libre au profit de l'église, dans l'affranchissement d'un serf, dans la charte d'une commune ! C'est ce qui fait de ces titres des castels et des monastères une partie essentielle de l'histoire du vieux temps.

Je n'ai point négligé non plus les romans de chevalerie, les chants des trouvères et des troubadours. Tableau poétique des croyances et des mœurs populaires, cette poésie merveilleuse est tout empreinte des idées locales ; le romancier raconte les fables des temps antérieurs ; il leur donne la couleur de l'époque à laquelle il appartient, et cet heureux anachronisme, que la critique corrige facilement, fait de ces compositions d'utiles documens pour l'histoire.

Préoccupé de cette idée, que la vie d'un peuple est encore ce qui fixe le plus l'attention, j'ai peut-être trop souvent sacrifié l'unité d'action à la peinture des mœurs, des usages ; le personnage de Philippe-Auguste a disparu dans ces descriptions de notre vieille France ; et l'on me pardonnera si j'ai souvent trouvé plus d'intérêt à raconter comment une simple commune a conquis sa liberté, qu'à décrire les actions du prince lorsqu'elles n'ont exercé aucune influence sur la marche de la société.

20 Mai 1829.

HISTOIRE

DE

PHILIPPE-AUGUSTE.

HISTOIRE DE FRANCE

sous

PHILIPPE-AUGUSTE.

CHAPITRE PREMIER.

ÉTAT DE LA SOCIÉTÉ A L'AVÉNEMENT DE PHILIPPE-AUGUSTE.

987 — 1165.

Populations diverses de la France au douzième siècle. — Débris de l'ancienne race gauloise. — Les Francs. — Les Bretons. — Les Normands. — Les Aquitains. — Premières causes de la fusion des mœurs. — Marche vers l'unité de gouvernement. — Système féodal. — Hiérarchie des fiefs. — Services militaires. — Revenus publics. — Propriétés du clergé. — Classification des personnes. — Condition de l'homme libre. — Du serf. — Les bourgeois. — Naissance et progrès des libertés communales. — Etat des institutions politiques. — Premier jugement de la Cour des pairs.

L'EMPIRE que Charlemagne avait fondé, s'était dissous comme de lui-même, lorsque la main puissante du fils de Pépin avait cessé de le conduire. Toutes ces nations forcément

TOME I.

réunies par la conquête, maintenues dans les liens de l'obéissance par l'action d'un système administratif habilement conçu, avaient repris leur situation naturelle après le partage entre les trois fils de Louis-le-Débonnaire. Le territoire qui échut à Charles-le-Chauve forma le royaume de France proprement dit [1]. Il s'étendait depuis les rives océaniques de la Gaule jusqu'à la Meuse, la Saône et le Rhône. Il touchait au midi les Pyrénées et ces peuplades guerrières de Wascons ou Gascons, dont les paladins de Charlemagne avaient éprouvé les invincibles coups dans les gorges de Roncevaux.

Cette vaste fraction de l'ancien empire n'était pas couverte d'une seule population. Elle formait elle-même comme un composé de nations diverses avec leurs coutumes, leurs lois, tous les caractères inaltérables d'une origine différente, et jusqu'à leurs traditions mythologiques que le christianisme avait à peine effacées; chacune s'était assise sous la forme de gouvernement qui lui était propre, sans qu'un lien commun, des institutions publiques et

---

[1] *Francia quæ dicitur nova.* — Le moine de St.-Gall. Script. rer. Francic. t. v. Nithard. — *ibid.* t. vii. p. 30.

générales, un esprit de nation les unit entre elles.

Sur toute la surface de ce territoire vivaient encore quelques débris de la race gauloise; dépossédés de presque toutes les terres par la conquête, quelques-uns des indigènes avaient cultivé, comme serfs-colons, les propriétés de leurs maîtres, quelques autres s'étaient livrés aux arts grossiers et à l'industrie dans les villes; un grand nombre avait embrassé l'état ecclésiastique, et cherché à reconquérir par ce moyen l'influence que la force avait arrachée à leurs aïeux. Le passage de deux dynasties n'avait presque point altéré les caractères divers des conquérans, et des vieux possesseurs du sol. Au Xe siècle, lors de la proclamation de Hugues-Capet, la population des villes, sauf quelques inévitables confusions, était toute d'origine gauloise. Elle se distinguait des Francs par des vêtemens particuliers assez semblables à la toge des Romains, par le caractère de ses noms propres, par ses manières moins rudes et ses traits moins fortement empreints de germanisme. Les ressentimens qui, dans le principe, avaient séparé les deux peuples, s'étaient changés pour les uns en l'orgueil d'une domination superbe, pour les autres en un vif sentiment de l'oppression qui, plus tard, se manifesta par les jacqueries et les communes. Le Franc, couvert de fer, campait dans son donjon la terreur de la contrée ; il ne sortait que pour la bataille ou pour dépouiller quelques malheureux voyageurs qui traversaient ses domaines. Toutes les dignités, toutes les terres féodales étaient son exclusif partage ; les capitulaires des deux races, les premières ordonnances sous la troisième n'indiquent que des noms d'origine francque. Le Gaulois tissait le lin dans les manoirs, fournissait au luxe grossier des barons et des châtelaines ; distingué sous le nom de *Villain*, souvent *taillable* à volonté, de rares alliances l'élevaient jusqu'à la race des Francs ; cette répugnance était encore invincible même au treizième siècle [1].

[1] Dans un fabliau, un châtelain de noble race veut donner à sa fille un vilain *qui moult riche était*. La jeune fille le repousse avec fierté.

> Otez-le moi ce vilain là,
> Se plus li voi je morrai jà ;
> Doit bien avoir le vilain honte,
> Qui requiert fille à chastelain.
> J'aime mieux morir pucelle qu'avoir
> Mauvais mari à recevoir [1].

[1] Fabliau de la chastelaine et du vilain. MS. Biblioth. roy., n. 7218. Il est imprimé dans Barbasan.

Ni la valeur dans les combats où les *vilains* servaient comme archers, ni les richesses acquises dans le commerce, ne pouvaient effacer les traits distinctifs d'une origine différente; les chroniques n'offrent que quelques exemples épars de l'élévation au gouvernement des comtés ou à la possession de fief d'un homme de race rustique [1], c'est-à-dire de la famille du sol. Ainsi la nation conquérante semblait conserver, six siècles après sa victoire, la même supériorité sur les Gaulois vaincus et attachés à la glèbe.

Plusieurs nations partageaient avec les Francs la domination territoriale des Gaules; les peuples auxquels on donnait le nom de Bretons avaient conservé la teinte la plus prononcée de leur origine; le pays qu'ils occupaient (l'ancienne Armorique ou Bretagne), toujours couvert d'un ciel brumeux, environné d'une mer

Le père lui fait remarquer qu'avec un tel mari elle aura *ceinture d'or et draps de soie*.

> Mais la pucelette respond :
> Jamais ne serai l'amie
> A cel vilain por ses deniers ;
> S'il a du blé plein ses greniers,
> Je garderai mou pucelage ;
> J'aime mieux un chapelet de flors
> Que mauves mariage.

[1] Il y en a cependant deux ou trois exemples sous Charlemagne et Louis le Débonnaire. Les comtes d'Anjou descendaient de Tertulle, fils d'un colon de race rustique, *hist. Cons. Andag.*

turbulente, fut long-temps le séjour des vierges fatidiques qui, selon les légendes gauloises, soulevaient et conjuraient les tempêtes[1], tout y rappelait les anciennes et mystérieuses croyances des nations celtiques; le mont Belen était habité par des fées malfaisantes, qui changeaient les navigateurs en animaux immondes, comme la Circé des anciens; on y voyait debout des monceaux de pierre, débris immenses des autels druidiques, où tombaient immolées des victimes humaines; les Bretons n'entraient qu'en tremblant dans la *Roche des Fées, la Forêt des Pleurs, la Caverne des Enfers,* que des ballades contemporaines représentent comme des antres redoutables où nul mortel n'osait pénétrer. Lorsque ces peuples se convertirent au christianisme, les légendes vinrent se mêler aux traditions druidiques. La Bretagne fut la patrie du fameux roi Arthus, le fondateur des preux chevaliers de la table ronde; elle vit naître Lancelot du Lac, le jeune et beau Tristan, la fée Morgane et l'enchanteur Merlin, qui remplit son siècle de ses merveilles, et périt victime des fées bretonnes dans la mystérieuse

---

[1] Pomponius Mela. — Liv. 4. — Cœsar *de Bello Gallic.* lib. vi. — Pline. liv. 26, chap. 2.

forêt de Brecheliant [1]. Les Bretons n'avaient pas tous la même origine; quelques-uns étaient de race gauloise, le plus grand nombre descendaient de ces peuples émigrés de l'Angleterre, et qui, refoulés par les Pictes et les Scotts, vinrent se réfugier vers l'extrême pointe de l'Armorique. Peu de nations professaient un si grand amour pour l'indépendance; les Romains avaient long-temps combattu pour les maintenir dans la soumission aux lois de l'empire; au septième siècle ils avaient recouvré leur liberté; les rois ou comtes bretons repoussèrent l'invasion des Francs mérovingiens; ils ne furent domptés que par Charlemagne. On les voit encore se séparer violemment de l'empire sous Charles-le-Chauve, et proclamer Nominoé un de leur comte pour roi; à cette époque la Bretagne forma comme une fédération de cité; Vannes, Rennes, Cornouailles, Nantes, composèrent autant de comtés différens avec leurs lois et leurs coutumes particulières. Envahis par les Normands, ils secouèrent le

[1] Geoffroi de Montmouth, liv. 5, et Guillaume de Neubrige, qui ont recueilli une partie de ces fables. (Warburton, *the history of Angl. Poëtri.* Dissert. 1.)

joug étranger sous Allain III. A l'avénement de la dynastie capétienne, les comtes d'Anjou prenaient le titre de duc de Bretagne; mais à vrai dire cette population turbulente n'obéissait qu'à ses chefs ou comtes particuliers [1].

Non loin des peuplades sauvages de la Bretagne s'était établie une nation valeureuse dont l'origine se perdait dans les traditions de la Scandinavie ; au onzième siècle, toutes les imaginations étaient encore remplies des souvenirs de l'invasion des Normands: les légendes contemporaines, les cartulaires des riches abbayes déploraient les ravages de ces enfans du Nord à la blonde chevelure, qui pillaient les châsses des reliques et les vases sacrés. Les Normands originaires de la Norwège et du Danemarck, étaient ces vaillans fils d'Odin, qui, chaque année, abandonnaient leur stérile patrie pour courir *les mers du midi*. Entassés dans des barques fragiles, ils se confiaient sans crainte aux périls d'une lointaine navigation, sous la conduite de ces vaillans *rois de la mer*, qui juraient *d'ensanglanter les ondes et de fournir une ample pâture aux corbeaux*, afin de ne point subir

---

[1] Dom Morice, hist. de Bretagne. t. 1. p. 60 et suiv.

les *mépris des filles de Russie*[1]. Depuis l'année 804 que commencent leurs courses régulières, leurs barques qu'ombrageait le gonfanon rouge des Scandinaves, avaient parcouru toutes les mers, de la Méditerranée jusqu'à la Baltique. L'intérieur des terres n'était pas à l'abri des incursions de ces hardis pirates; ils pénétraient par la Seine et la Loire jusqu'aux grandes cités, et Paris fut plusieurs fois pillé par les Normands. Ces fils d'Odin et de Thor s'attachaient principalement aux riches églises. Pendant près d'un siècle les abbayes de Saint-Denis et de Saint-Germain-des-Prés levèrent leur pont-levis et garnirent de leurs hommes d'armes les tours et les murailles crénelées du monastère. A la fin ces invasions devinrent si fréquentes et le nombre des pirates si grand, que Charles-le-Simple se vit forcé de traiter avec eux. Il céda à Rolf ou Rollon, leur chef, la terre de Neustrie qu'ils avaient si long-temps désolée. Les pirates mirent leurs barques à sec sur le rivage et peuplèrent la cam-

---

[1] Saga d'Harald. (Torfeus. Norveg. histor. liv. 5. Bartholinus Antiquit. Danic. in-4°.) Le moine Abbon a fait un poëme sur cet événement.

pagne qui s'étend depuis l'Epte jusqu'à la mer. Rolf, élu par ses égaux duc de cette colonie, épousa Gisèle, fille du roi des Francs, et se convertit au christianisme. Les Scandinaves conservèrent long-temps leurs lois, leurs coutumes et leur langue. Dans le onzième siècle on parlait encore danois dans plusieurs villes de Normandie [1]; et les fils de Rolf se vantaient de savoir leur idiome originaire et celui de la nouvelle patrie :

> Richard [2] sait en danois et en normand parliez,
> Une charte sait lire et les parts diviser [3] (compter).

La race normande se distingua long-temps par son caractère aventurier et ses habitudes errantes; elle se livra encore plus que les Francs à ces pèlerinages armés, qui dans le onzième siècle se dirigèrent vers la Palestine. Tandis que leur duc Guillaume soumettait l'Angleterre, à la bataille d'Hasting, quarante chevaliers normands faisaient la conquête du royaume de Naples, exploit chevaleresque que leurs scaldes ou poètes comparaient aux prouesses d'Harald aux blonds cheveux, roi

[1] Dudon de St.-Quentin. liv. 3. — [2] Richard 1er, duc de Normandie. — [3] Roman du Rou. MS. Ste.-Palaye. p. 62.

de Norwège, qui conduisait les flottes scandinaves au neuvième siècle.

La dernière des populations qui habitait le territoire de la France était celle des Aquitains ou Provençaux, et sous cette dénomination on n'entendait pas seulement les peuples de la Provence, proprement dite, et de la Guyenne, mais en général tous ceux qui occupaient les terres en deçà de la Loire, distinguée sous le nom de *la Langue d'oc*; ici ce n'étaient plus ces nations barbares que le nord avait colonisées dans la Neustrie et la Bretagne; sous le beau ciel du Languedoc et de la Guyenne tout avait pris un aspect de douceur et de gaîté. La cour des comtes de Saint-Gilles ou de Toulouse, des ducs de Gascogne et de Guyenne, des comtes d'Auvergne, de Poitou et de Provence, pleine de troubadours et de nobles dames, offrait l'aspect de fêtes perpétuelles, où l'amour, la gaîté et le plaisir *tenaient leur cour plénière*. Ces peuples, mieux que les enfans du nord, jouissaient d'un bien être plus général. Héritiers des formes de l'administration romaine et des priviléges des municipes, la plupart des cités avaient leurs magistrats élus, leur *maior* ou maire, leurs capitouls et leurs jurats. Les bourgeois de Toulouse et de Beziers allaient de pair avec les châtelains ou les chevaliers, et les cités presque républicaines de Marseille sous ses vicomtes, d'Arles sous ses podestats et ses évêques, prospéraient à l'ombre de leurs libertés antiques; cette indépendance dans les habitudes, l'influence irrésistible d'un beau climat favorisaient toutes les licences de l'amour. Peu de dames du Poitou ou de la Provence résistaient aux tendres chansons d'un troubadour ou aux beaux faits d'armes d'un vaillant baron, et ces rapports intimes ne consistaient pas seulement dans cette adoration chevaleresque, dans ce culte épuré décrit par les romanciers, mais dans des sensualités plus réelles. « Rambaud, mon bel ami [1], écrit la comtesse » de Die dans un sirvente adressé au troubadour » Rambaud, comte d'Orange, je souhaiterais que » tu vinsses ce soir occuper la place de mon » mari dans mon lit, pourvu que tu sois docile » à mes paroles. » Et cependant la belle comtesse avait mérité de présider la cour d'amour, et fait un poëme sur la *tarasque*, tradition popu-

[1] Nostrad. 47. Raynouard, t. III, Millot. t. I, p. 161-174. MSS de la Vaticane 3204 et 3207.

laire en l'honneur de sainte Marthe à Tarascou. Les châtelaines de Provence se servaient de tous les prestiges de la coquetterie, pour retenir leurs volages amans; vieilles et jeunes, toutes voulaient de l'amour : « Moi, cependant, » j'aime mieux les caresses de la jeune que de » la vieille; je ne puis souffrir le teint blanc et » rouge dont les femmes surannées peignent » leur visage. Une jeune femme bien faite vaut » mieux que cinq cents vieilles [1]. » On peut juger par un seul trait de cette société galante et licencieuse. Guillaume, comte de Poitiers, qui passait pour un chevalier incomparable et un maître en fait de prouesses, mais pour un grand trompeur de dames, fonda, à Niort, une maison de débauche selon la règle d'une abbaye; elle était divisée en cellules, gouvernée par une prieure et une abbesse; chaque dame faisait des voeux pour le plaisir, comme on en faisait dans les monastères pour la religion, et Guillaume invita ses vassaux à donner

[1] De la color que se fan blanca et merveills,
  Ab l'esglut
  D'un ov batut, etc.
(Le troubadour Augier, jongleur de Vienne. Raynouard, t. v, p. 53).

de l'argent et des fonds de terre à ce temple de nouvelle espèce, comme on en donnait à l'église du voisinage¹.

On ne peut aussi s'imaginer la licence d'opinion et de propos qui existait parmi ces populations enjouées; les troubadours ne respectaient rien dans leurs sirventes; ni le clergé, ni les rois, ni les barons. « Une faible et vile
» multitude, couverte de surplis, qui jamais ne
» fit un pas en avant pour combattre, enlève
» aux nobles hommes leur tour et leur pa-
» lais : le bouc attaque hardiment le loup, la
» perdrix poursuit l'autour, la charrue va
» devant le bœuf et Noël avant le nouvel
» an²....... Le félon évêque de Clermont ne
» fournit une bière à ses amis morts qu'au
» prix de mille sous³; il aime la belle femme
» d'un pêcheur, et il la prend souvent pour
» un beau poisson⁴ ... C'est le pape qui règne,
» il ne cherche qu'à fomenter des troubles, tel

---

1 Guillaume de Malmesbury. *De Gest. reg. Angl.* et le Prieur de Vigeois (Labbe, Bibl. MSS., t. II, p. 292.) — 2 Poés. de Guillaume Rainols, Mill., t. I, p. 251.

3 Vergogna aura breument nostre evesque cantaire
   Qui nuils hom sonr amic ses ave non sosterra.
   Et quan pot tant donar costa il mil solz la bera.

4 Per un bel peisson que l'ai pren.
(Raynouard, t. IV, p. 259).

» est l'usage des gens d'église; quand ils trou-
» vent un empereur puissant, de se soumettre
» humblement à ses ordres, et de l'accabler
» quand ils le voyent décheoir...... Dis donc,
» seigneur évêque, tu ne seras jamais sage qu'on
» ne t'aie rendu eunuque, et déjà plus de qua-
» rante filles sont devenues mères'.... L'arche-
» vêque d'Arles fait continuellement la guerre,
» opprime les citoyens et les met en prison, et
» pour comble de fausseté, les excommunie,
» les absout, le tout pour de l'argent. Pour de
» l'argent, il fit mourir Jonquère en prison,
» sans qu'on ait pu en savoir d'autres causes. ² »

Les barons n'étaient pas plus épargnés que les prélats. « Vos méchans sirventes font dé-
» tester vous et votre jonglerie. J'aimerais mieux
» entendre limer des éperons et chanter des
» faucons et des coqs, que de vous écouter.
» Quand la nature renaît, que les rosiers sont
» en fleurs et que les méchans barons s'em-
» pressent d'aller à la chasse, il me prend en-
» vie de faire contr'eux un sirvente. Je fais plus
» de cas d'un coursier sellé et armé d'un écu

---

1 Le troubadour Guillaume de Pergodan, *ibid.*, t. II, p. 125-128.
— 2 Le troubadour Bertrand, seign^r d'Alamanon, *ib.* t. I. p. 590-595.

» que d'un baron. Je voudrais que les seigneurs
» fussent tels que je serai moi-même si j'avais
» leurs richesses, on les verrait revêtus d'armes
» magnifiques, ils offriraient bonne chère, leur
» cour serait brillante et cela vaudrait mieux
» que la pillerie à laquelle ils se livrent; leurs
» chevaliers sont armés à la légère pour courir
» plus promptement vers le butin et pour fuir
» quand on leur résiste. Ils ne se distinguent
» plus qu'en volant les bœufs et en dépouillant
» les voyageurs et les vilains.[1] »

Telles étaient les populations d'origine et de mœurs différentes qui se partageaient l'ancien territoire des Gaules au douzième siècle. La difficulté des communications, l'absence de tout but commun dans les expéditions militaires, des préventions et des haines locales les séparaient les unes des autres[2]. Le Franc était loin de se croire de la même nation que l'Aquitain, l'Aquitain que le Breton, le Breton à son tour ne voulait point être confondu avec le Normand. Ces répugnances bien caractérisées ren-

[1] Le troubadour Bernard-Arnaud de Montcuc. t. 1. pag. 97.
—[2] *In gravi prœlio ducitantes Francorum et Aquitanorum animositates multo sanguine alterna cæde fuso.* (Script. rer. Francic. t. x. p. 145.)

daient impossible toute espèce de communauté politique sous un même chef; cependant à l'avénement de Philippe-Auguste, quelques circonstances avaient contribué, sinon à effacer les différences et les caractères marqués de chacune de ces populations, au moins à affaiblir les préventions trop fortes qui les constituaient pour ainsi dire en état de guerre.

Vers la fin du onzième siècle, un grand mouvement populaire et religieux s'était opéré au milieu de l'Europe chrétienne; les nations se réunirent pour délivrer le tombeau de J.-C. dans la Palestine; on vit alors les gonfanons de mille couleurs différentes marcher unis à la croisade. Les comtes de Saint-Gilles, de Poitou, d'Auvergne, les princes et les barons de France, ceux de Normandie et de Bretagne prirent la croix à la tête de leurs vassaux. Il faut entendre les naïfs chroniqueurs de ce temps, raconter les différences qui distinguaient d'abord ces diverses armées de pélerins. Ils ne parlaient pas la même langue :
« Si je voulais causer avec un Breton, avec un
» Provençal, un Auvergnat ou Poitevin, il

» ne me comprenait pas[1]. » Ils n'avaient ni les mêmes mœurs, ni de communes habitudes militaires; on citait, dans le camp des croisés, la légèreté, le bavardage des Provençaux, l'orgueil des Francs, la témérité des Normands et la férocité du Breton sauvage. L'armure des chevaliers, leurs chevaux de bataille, la forme de leurs tentes différaient entre elles, et il était facile de reconnaître jusques dans les traits de leur visage à quelle nation ils appartenaient.

Mais pendant ces expéditions lointaines et la vie commune des camps, bien des préventions durent s'effacer; réunis dans les mêmes batailles, et aux mêmes siéges, confondus dans les succès comme dans les revers, ces populations durent s'habituer aux signes caractéristiques qui les séparaient les unes des autres. Si les chevaliers ne s'empruntèrent point encore leurs coutumes distinctives, ils se les pardonnèrent au moins; et lorsque revenus dans la patrie, ils revirent les tourelles de leurs châteaux, cette fraternité d'armes qu'ils avaient contractée dans la Palestine survécut avec toute la vivacité d'un souvenir

[1] Foucher de Chartres. Bongars (*Gesta Dei per Francos*) 1re partie.

de chevalerie, et servit, par conséquent, à préparer la grande union des mœurs nationales.

En même temps, les alliances entre les diverses familles de princes et des vassaux, durent contribuer aux mêmes résultats. Depuis le commencement du onzième siècle toutes ces familles étaient comme en perpétuelles communications par les mariages. Les rois de France en avaient les premiers donné l'exemple, depuis Robert, fils de Hugues-Capet. Ce prince épousa Constance d'Aquitaine qui n'était point de la race des Francs[1]; un tel mariage fit une sorte de révolution. Les vieux barons et le clergé repoussèrent comme une dépravation dangereuse, cette civilisation nouvelle qui leur venait de la terre de Provence. Le moine Glaber, qui s'est rendu l'interprète de leur plainte, déplore les tristes effets que produisit sur les habitudes générales des Francs, la présence de Constance à la cour du roi Robert. « Quand le roi Robert eut épousé Constance, princesse d'Aquitaine, la faveur de la reine ouvrit l'entrée de la France et de la Bourgogne aux enfans de l'Auvergne, de l'Aquitaine et de la Provence.

[1] En l'année 998, Chronique de Raoul Glaber, liv. 3.

Ces hommes vains et légers laissaient paraître la corruption de leurs mœurs, même dans leurs costumes. Leurs cheveux ne descendaient qu'à demi-tête, comme s'ils n'avaient pas joui de la liberté; ils se rasaient la barbe comme des histrions; portaient des cottes et des chaussures indécentes. Cette nation des Francs autrefois la plus honnête, et les peuples même de la Bourgogne suivirent avidement ces exemples, et bientôt ils ne retracèrent que trop fidèlement tous les vices de leur modèle; si quelque religieux, si quelque vieux baron venait à blâmer une telle conduite, on traitait son zèle de folie; cependant Guillaume, abbé de Saint-Benigne de Dijon, reprocha vivement au roi et à la reine de tolérer tous ces scandales. Ce saint abbé croyait reconnaître dans toutes ces innovations, le doigt de Satan, et il assurait qu'un homme qui mourait sans avoir dépouillé cette livrée du démon, ne pourrait guère se délivrer ensuite des tourmens de l'enfer. Cependant ces usages prévalurent chez beaucoup, et c'est contre eux que j'ai dirigé quelques sentences que je rapporte ici:

Mille ans après que la Vierge a donné le Seigneur au monde,
Les hommes se précipitent dans les plus funestes erreurs ;
Cédant à l'attrait de la variété,
Nous prétendons régler nos mœurs sur les mœurs nouvelles,
Et cet amour imprudent de la nouveauté nous entraîne au milieu des dangers.
Les siècles passés ne sont plus qu'un objet de risée pour le nôtre.
Un mélange de frivolité et d'infamie vient corrompre nos coutumes ;
Désormais les esprits ont perdu tous les goûts sérieux, et jusqu'à la honte du vice.
La mode du jour sert à former des tirans contrefaits,
Avec des vêtemens écourtés et une foi équivoque dans leur parole ;
La chose publique dégénère et je vois en gémissant ces usages efféminés :
Enfin la fraude, la violence, tous les crimes se disputent l'univers [1]. »

Cette marche vers une communauté de mœurs et d'habitudes que le vieux chroniqueur déplore comme une dépravation et une grande calamité, fut encore précipitée par le mariage de Louis VII avec Éléonore de Guyenne. Éléo-

---

[1] Chroniq. Raoul Glaber, liv. 3, chap. ix.

nore, fille de Guillaume IX dernier duc d'Aquitaine, avait apporté en dot à la couronne de France toutes les riches terres de la Guyenne et du Poitou. La cour de Louis VII vit¹ dès-lors se réunir dans ses fêtes et ses tournois les chevaliers portant bannière de tous les manoirs du midi ; les barons *des deux langues* s'essayaient journellement dans les joûtes guerrières, et prenaient place à la table d'un suzerain commun, ou remplissaient les offices du palais ; il dut donc encore naturellement s'établir un échange de mœurs et de coutumes locales.

A mesure que les populations se rapprochaient par les habitudes, le gouvernement s'avançait, quoique bien imparfaitement encore, vers une sorte d'unité monarchique. La vie des peuples ne se compose pas seulement des batailles et des querelles de l'ambition, les progrès des institutions publiques, la marche des idées vers un gouvernement régulier, la naissance et le développement des libertés populaires ont un bien autre intérêt et méritent aujourd'hui surtout l'attention de l'histoire.

1 En 1156. Suger (*Vita Ludow.*) Liv. VI. p. 319.

Le système féodal avait pris une grande extension sous la troisième race. L'élection de Hugues-Capet au trône des Carlovingiens en avait été comme le complément. Un comte de Paris, l'expression de la race du sol, porté par ses pairs à la suzeraineté au préjudice du légitime descendant de la famille austrasienne, consacrait tous les envahissemens des barons : « Nous te fesons notre roi, laisse-nous nos droits » et nos terres, » tel était le pacte qui unissait le nouveau roi avec les hauts vassaux de la couronne, et le prestige des idées religieuses dont les princes cherchaient à s'environner lors de leur sacre, ne modifiait que faiblement les résultats inévitables de cette situation politique.

Né de la conquête, le système féodal avait conservé toutes les formes d'une hiérarchie militaire. C'était encore une armée qui campait dans ses châteaux et ses donjons, comme autrefois elle s'abritait sous la tente; les concessions de fiefs avaient remplacé ces présens de la *framée* et du javelot, récompense de la fidélité et de la valeur, quand les Francs habitaient encore les forêts de la Germanie. Sauf quelques terres libres désignées sous le nom d'*Aleud*, comme perdues au milieu du territoire, tout était fief en France depuis les plus vastes provinces jusques aux champs de quelques acres. Sous les titres divers de baronnie, châtellenie, vavassorerie, fief de haubert, les terres s'enchaînaient les unes aux autres dans un ordre hiérarchique, et de cet ordre, fondement de la société, naissaient les classes, les rangs, et jusques aux devoirs de la morale publique[1].

Comme la féodalité forma l'ordre politique de l'époque et régla l'état des propriétés et des personnes, comme surtout l'administration de Philippe-Auguste eut pour objet d'en détruire les élémens pour y substituer un nouveau système, il est important de remonter à son origine et de faire connaître les lois primitives et générales de cette organisation sociale.

Lorsque les Francs envahirent les Gaules, ils s'emparèrent par la violence d'une grande portion des terres conquises. Ces terres ensuite partagées entre les conquérans, selon les dignités militaires, prirent le titre générique d'al-

[1] Brussel, *De l'usage et de l'origine des fiefs*, in-4°, a développé cette théorie.

leuds (*allodia*) ou terres libres. Les nouveaux propriétaires ne furent soumis à aucune autre charge qu'au service militaire, obligation inhérente à la conquête [1].

Parmi ces terres libres une grande portion avait été assignée au roi, chef guerrier, pour l'exercice de sa munificence et le maintien de sa dignité; désignées sous le nom de **terres du fisc**, elles formaient la source la plus régulière des revenus du prince et l'objet de sa sollicitude. Presque tous les capitulaires des rois de la première et de la seconde race ont pour but leur administration, et Charlemagne ne dédaigne pas de régler comment se vendront les fruits et les légumes de ses biens domaniaux [2]. Souvent les rois les distribuaient à leurs courtisans armés, à leurs *fidèles*, à leurs *leudes* à titre de récompense, et ces terres prenaient alors le nom de *bénéfices*. Elles soumettaient leurs possesseurs à des devoirs plus étroits de fidélité et de services envers le suzerain; trois manoirs *allodiaux* étaient nécessaires pour être astreint au service militaire personnel, tandis que le plus

---

[1] Dom Bouquet. *Script. rerum Francic.* T. 11. (Préface.) — [2] Capitul. de l'an 797.

petit *bénéfice* soumettait le *fidèle* à suivre son chef
à la guerre¹. Lors de la révolte des vassaux de
France contre Charles-le-Chauve, le prince
vainqueur ne toucha point aux terres *allodiales*,
tandis qu'il confisqua tous les *bénéfices*, parce
que les possesseurs avaient forfait à la fidélité.
Dans l'origine la plupart de ces concessions
de terres furent faites à temps ou pour la
vie. A la fin de la deuxième race, elles étaient
toutes devenues héréditaires par des usurpations violentes, ou par des concessions arrachées à la faiblesse². Leur origine première
était même perdue au siècle de Philippe-Auguste.

Tant qu'un système un peu régulier de gouvernement avait subsisté, le propriétaire d'une
terre libre devait préférer naturellement cette
situation à la possession d'un fief soumis à des
devoirs envers un supérieur; mais lorsque tout
pouvoir central et protecteur disparut du milieu de la société, le propriétaire isolé d'un alleud
placé en dehors du seul lien social qui eût survécu, la hiérarchie des fiefs, ne pouvait invoquer ni attendre aucune protection contre la

¹ Capitul. de l'an 807-812. — ² Ducange, v° *Bénef.*

violence des seigneurs puissans, ou contre les invasions armées des Normands et des Hongrois qui désolèrent la France pendant le X° siècle; s'il voulait trouver un abri, il devait par la force des choses rentrer dans la société politique, telle que la féodalité l'avait faite, c'est-à-dire faire hommage de sa terre libre à un supérieur, qui, en retour des devoirs auxquels se soumettait son nouveau vassal, lui accordait sa protection. Souvent aussi la violence avait changé les alleuds en fiefs, et les barons puissans, toujours en armes, forçaient à l'hommage le malheureux possesseur des terres libres qui avoisinaient leur territoire. Aussi presque tous les alleuds avaient disparu au XI° siècle [1].

En même temps tous les officiers préposés à l'administration des districts, les comtes, pour la justice; les ducs, pour le gouvernement militaire; les marquis, pour la défense des marches ou frontières, changeaient leur pouvoir de délégation sur le territoire qui leur était assigné, en un véritable droit de propriété féodale. L'institution des *Missi Domi-*

[1] Dict. féodal d'Houard, v° *Alleud.*

nici (envoyés du prince) qui parcouraient sous Charlemagne les districts pour y maintenir la hiérarchie et présider les assises, n'existait plus, et cette absence de surveillance immédiate avait favorisé les usurpations ; de sorte que devenus propriétaires féodaux des districts qu'ils administraient, les délégués du prince prirent le nom de ces terres comme celui de fief qui leur était propre ; ils se nommèrent comte d'Auvergne, de Toulouse ou de Champagne, à raison qu'ils administraient l'une de ces provinces. Ce fut le dernier terme de l'organisation du système féodal qui se consacra, comme on l'a dit, par l'avénement de Hugues-Capet.

Lorsque la féodalité eut ainsi embrassé le territoire de l'État, toutes les ressources du prince ne consistèrent plus que dans les débris de son domaine personnel échappé à la prodigalité de ses ancêtres et dans les obligations qu'imposait la vassalité à la longue hiérarchie des possesseurs de terres. Quelques droits suzerains furent aussi assurés au domaine particulier du roi : tels étaient l'*Amortissement*, redevance payée dans le cas d'acquisition d'un fief par une corporation ecclésiastique ; *la Régale* ou la perception du revenu d'un bénéfice, tant que le patron n'y avait point pourvu; *l'Aubaine*, coutume barbare qui appelait le domaine à la succession de l'étranger, et l'on nommait alors étranger tout homme qui changeait d'église ou de clocher ; *la Bâtardise* ou droit du roi sur l'héritage d'un bâtard ; l'*Epave* ou la seigneurie de toutes choses trouvées, *fortune d'or ou d'argent*, comme le disent les chroniques ; *la Monnaie* ou le droit de la battre, d'en fixer le cours, d'en altérer l'aloi, ressource malheureuse souvent employée par le suzerain ; enfin le droit *d'amende et de confiscation*[1], en cas de félonie, encore contesté avant Philippe-Auguste, mais que celui-ci mit plusieurs fois à exécution.

A côté des revenus propres du domaine, étaient les obligations et les redevances féodales. Tout irrégulier et violent qu'il pût être, ce système créait, entre le tenancier et son supérieur immédiat, un véritable contrat de protection d'une part, et de fidélité de l'autre ; à quel-

[1] M. de Pastoret, préfaces des xv et xvi⁰ volumes des Ordonnances du Louvre.

que degré de la hiérarchie que se trouvât le vassal, il devait la foi à son seigneur, qui s'obligeait de son côté à le garantir contre toute espèce de vexation; il était si puissant ce lien de la terre, que le tenancier devait suivre son seigneur immédiat même contre son parent, et à plus forte raison contre le roi; on verra, en effet, les vassaux normands de Henri II et de Richard marcher, sans scrupule, contre Philippe-Auguste, quoique la Normandie fût comprise parmi les fiefs de la couronne de France.

Le contrat féodal s'opérait par l'hommage. Le vassal se présentait nu-tête, revêtu de sa cotte de maille, et fléchissant un genou, il mettait ses mains dans celles de son seigneur, qui le baisait sur la bouche, à moins que ce ne fût un moine, et que le vassal, possédant fief, ne fût une femme; *car c'était une chose inusitée qu'une dame baisât un moine.* « Je te fais hommage pour mon fief comme un loyal vassal. » — « Je l'accepte, répondait le baron, et t'en donne l'investiture; » quelquefois il le frappait sur l'épaule; selon quelques coutumes il devait mettre dans ses mains une motte de terre, symbole du fief qu'il lui concédait. Plusieurs chartes de l'abbaye de Saint-Denis contiennent encore de petits morceaux de bois brisés qui avaient servi aux investitures du supérieur au vassal. Une fois investi selon la coutume, le vassal disait : « Je deviens votre homme de ce jour et avant, de vie et de membre de terrestre honneur, et vous serai féal et loyal. » De son côté le baron promettait de défendre son tenancier envers tous venans.

Mais ce contrat, dont nous venons d'indiquer les termes, ne pouvait avoir lieu qu'entre personnes francques et nobles. Le roman de la Rose dit :

> Je veux que pour ton avantage,
> Tu puisses me faire hommage,
> Et me baiser ainsi la bouche
> Que nul *vilain* ne touche.
> A moi toucher ne laisse mie
> Nul homme où il ait *vilainie*.
> Ne ni laisse mie touchier
> Aux bouviers et aux bouchiers ;
> Mais doit être courtois et franc
> Celui qui hommage prens.

Les obligations du feudataire tenaient toujours à la loyauté et aux services militaires; le fidèle vassal devait révéler à son seigneur, les machinations capables de compromettre sa personne ou sa famille.

« C'est mentir sa foi envers son seigneur, que de faire honte et dommage en sa maison. Nul vassal ne doit à la femme de son seigneur ni à sa fille, requérir vilainie de son corps; ne souffrir que autre le fasse; c'est à savoir d'aller à elle charnellement, si ce n'est pour mariage, ni à sa sœur tant qu'elle est damoiselle en son hôtel [1]. »

Le service militaire sous la bannière du seigneur était réglé en proportion de l'importance du fief et du caractère de l'hommage. L'homme-lige, astreint aux devoirs les plus rigoureux de la féodalité, devait suivre son supérieur dans tous les lieux où il plantait sa bannière et pendant toute la saison; les fiefs ordinaires n'étaient obligés qu'à un service de quarante jours et au plus de soixante; c'était

---

[1] Assises de Jérusalem, chap. 197. Cette coutume existe encore en Angleterre, où elle est établie par le statut d'Edouard, 25. Elle n'a point été appliquée dans le fameux procès de la Reine et de Bergami, parce que le coupable n'était point sujet anglais, et que dès-lors *la vilainie du corps n'avait point été requise à la femme de son seigneur*. (Littleton, *livre des statuts*).

le temps fixé pour les châtelains : les fiefs de chevalier devaient vingt jours de service et ceux de haubert dix jours seulement. Les vieux vassaux de plus de soixante ans, les femmes, les filles et les enfans en bas âge étaient dispensés de suivre la bannière de leur seigneur, mais tous devaient fournir des *hommes* pour les remplacer, ou payer une indemnité désignée sous le nom d'*Escuage*. Dans les lieux où le service militaire était indispensable pour défendre de récentes conquêtes, par exemple dans le royaume de Jérusalem, les filles ou veuves qui possédaient un fief, étaient astreintes à prendre un époux, à moins qu'elles n'eussent dépassé leur soixantième année, parce qu'il leur fallait un *baron* pour garder la terre [1].

Le service militaire, limité pour le temps, l'était aussi pour le territoire. Quand les messagers du seigneur venaient appeler les chevaliers sous les armes, ceux-ci pouvaient répondre : Où veut nous mener notre sire? Selon quelques coutumes, le supérieur ne pouvait conduire ses vassaux au-delà de son fief; plu-

---

[1] Ducange. V° *Feudum militiæ*.

sicurs autres lui permettaient de s'en servir, même dans les terres lointaines : Philippe-Auguste, à Messine, somma Richard, son vassal, de le suivre dans la terre Sainte.

Les vassaux devaient aussi des *aides* d'argent à leur seigneur, en quatre cas, spécialement désignés par les coutumes féodales : 1° à son départ pour la Palestine ; 2° lorsqu'il mariait sa sœur ou son fils aîné, afin de *leur faire un état* ; 3° l'aide de chevalerie quand le seigneur chaussait à son fils les éperons de chevalier, *car il fesait alors force dépenses de tournois ;* 4° enfin la rançon pour le rendre à la liberté lorsqu'il gémissait captif chez les infidèles, ou dans le donjon d'un châtelain ennemi. Outre tous ces droits, le seigneur jouissait encore de la garde féodale, c'est-à-dire, de la tutelle de son vassal pendant minorité ; alors il recueillait tous les produits du fief. On ne confiait pas cette tutelle au plus proche parent, car il était à craindre que *mauvaise convoitise du fief ne lui fît faire garde de loup.* Le baron choisissait aussi le mari de la jeune pupille placée sous sa garde[1].

[1] Ducange. V° *Auxilium*.

Une multitude d'obligations bizarres étaient quelquefois imposées au vassal; souvent les chartes contemporaines le soumettent à tenir la bride du cheval de son seigneur lorsqu'il revenait d'une expédition militaire, ou à soigner son faucon et ses chiens de chasse pendant son absence. Plusieurs châtelains des environs de Paris avaient exigé de leurs vassaux qu'ils vinssent baiser la serrure du fief dominant en signe d'hommage; *les hommes* de Bantelu devaient battre l'eau des fossés de la grande tour, lorsque la dame de Maugin était en mal d'enfant; la dame de Béthisi devait au comte d'Auge dont elle était vassale, 4 deniers *parisis* pour chaque fille publique qui venait habiter son fief, et cette redevance annuelle s'élevait à 10 sous; un des hommes de la comtesse d'Auge lui devait aussi *un rasoir pour lui servir à ce qu'elle jugerait à propos;* dans le fief du Maine, plusieurs *vilains* devaient comme protestation de leur foi, contrefaire les ivrognes et chanter une *gaie* chanson à la dame de Liverai [1]; souvent même les nobles hommes s'o-

---

[1] Sauval. Antiquités de la ville de Paris, tome 2, page 439 et suivantes.

bligeaient à raison de leur fief, à des services domestiques envers leurs barons; ils devenaient leur échanson, maréchal, écuyer, et tel était alors l'entraînement pour le régime féodal, que les seigneurs se donnaient entre eux à titre de fief, des troupeaux, des hommes d'armes et jusqu'à des ruches d'abeille¹.

Quelques classes particulières sortaient de ce vaste système et étaient soumises à des coutumes spéciales; il faut d'abord parler du clergé.

Le clergé était déjà puissant lorsque les Francs envahirent les Gaules; après la conversion de Constantin et les lois impériales qui permirent les donations pieuses, le clergé reçut immensément de la ferveur des fidèles, et sous l'administration romaine il possédait déjà une grande portion du territoire. Le résultat de la conquête ne blessa que passagèrement les intérêts des évêques et des prêtres. Dès que les Francs adorèrent la croix, leur superstition ignorante et prodigue augmenta encore les possessions ecclésiastiques dans le royaume fondé par les Mérovingiens. Sous la première race une portion des biens fiscaux avait passé

---

1 Brussel. De l'usage et de l'origine des fiefs. Pag. 42.

aux églises. « Notre fisc est devenu pauvre,
» nos richesses ont été transportées aux églises ;
» il n'y a plus que les évêques qui règnent ;
» ils sont dans la grandeur et nous n'y sommes
» plus [1]. » La violence des maires du palais,
les besoins des rois ne permirent pas toujours
aux clercs de posséder paisiblement leurs terres. Charles-Martel fut placé dans l'enfer par
les légendes contemporaines, pour avoir spolié les biens des églises; et quoique la consécration de Pepin fût favorable à la puissance
ecclésiastique, la nécessité de distribuer des
bénéfices aux grands qui avaient servi son élévation, ne lui permit pas de réparer toutes les
violences que ses prédécesseurs avaient faites
aux évêques et aux monastères. Cependant,
« comme l'église acquérait toujours, était toujours dépouillée pour acquérir encore [2] » sous
Charlemagne et ses faibles successeurs, presque
tous les alleux ou terres libres étaient revenues dans les mains du clergé. Mais les invasions des Normands, l'esprit rapace de la noblesse, forcèrent les églises à acheter des ap-

[1] Edit de Chilperic. Baluze, t. 1. — [2] Montesquieu. Esprit des Lois. Liv. 3, ch. 10.

puis, et à se mettre, comme la plupart des possesseurs *d'alleux*, sous la protection d'un seigneur puissant et plus tard de la couronne. Dans ces temps d'anarchie et de confusion, souvent Burchard, *à la longue barbe*, seigneur de Montmorency, les sires de Montlhéri et de Nanterre, avaient fait trembler les églises du voisinage; l'abbaye de St.-Denis, elle-même, avait vu les hommes d'armes du sire de Montmorency jusqu'aux pieds de ses tours «élancés comme le vol du faucon¹», et les voûtes du monastère avaient retenti du bruit de leurs longs éperons de fer, de leurs brassards et de leurs gantelets. Les abbés qui précédèrent Suger dans le gouvernement de St.-Denis, avaient vainement lancé les foudres de l'excommunication contre ces barons hautains qui ne respectaient ni les fermes, ni les celliers du monastère; ils étaient presque toujours obligés d'acheter la paix et le repos par de grandes concessions de terres ou de fréquentes redevances.

Mais cette protection acquise à prix d'argent, par des prières ou par des services, ne créait pas les liens réguliers de la féodalité; c'était le

---

1 Suger *Vita Ludov. gross.* Lib. 6.

repos que l'église achetait contre les violences de ses voisins. Sous le titre de *patron* ou de *vidame* du monastère, le baron s'obligeait de lui prêter appui. Quelquefois cependant le clergé possédait des fiefs militaires, et quant à ces propriétés, il était tenu aux mêmes devoirs que les vassaux laïques, même aux services de la guerre. De là, cette coutume qui obligeait les prélats à guerroyer, comme les paladins au jour de bataille; leurs prouesses ont été souvent racontées par les chroniqueurs et mises en parallèle avec les exploits merveilleux des chevaliers de la table ronde ou des paladins de Charles, décrits par l'archevêque Turpin. Ces habitudes errantes favorisaient peu la sévérité des mœurs du clergé; si dans le fond des monastères, pouvait se rencontrer l'austérité de l'église primitive, et la piété sincère; dans la vie du monde, l'évêque ou le moine guerrier subissait l'inévitable influence des passions humaines. Les clercs jouaient aux dés et à tous les jeux de hasard avec une ténacité infatigable; ils aimaient aussi la chasse avec passion; souvent ils dépensaient les revenus du monastère à réunir une bonne meute de chiens, des faucons exercés. L'abbé Suger et tous ses moines vinrent camper sous des tentes au milieu de la forêt de Saint-Denis, et tuèrent du gibier toute la journée, pour défendre les droits de chasse de l'abbaye menacés; la peau de daim leur servait à faire des gants et quelquefois couvrait les missels, tandis que la corne de cerf, façonnée en coupe, s'emplissait du vin exquis de Clos-Vougeot et de Cluni [1]. Les fabliaux leur reprochent d'aimer mieux le vin que l'autel et les distractions des villes que la solitude du cloître; en même temps que les conciles et les sages évêques s'élèvent sans cesse contre la licence de leurs mœurs, et leur faiblesse pour les concubines [2]. Les poètes contemporains, dont les écrits sont l'expression fidèle des mœurs, ne racontent pas une aventure galante qu'ils ne mettent en scène un clerc ou un chanoine; il est rare qu'un abbé ou le curé d'un village n'ait *une mie*, qui le trompe pour un troubadour ou un beau chevalier [3]; quelquefois aussi le clerc est lui-même trompeur, et

[1] Anonyme. *Vita Suger.* (Mém. sur la chasse de M. de Ste-Palaye.)
— [2] Concil. Aurel. III. Toled. I. Labbe, t. XI, p. 488; t. XXII, p. 601.
— [3] Fabl. *du boucher d'Abbeville; du Prêtre crucifié*, MS. du roi, 7218; *du Curé qui eut une mère malgré lui.* (Legrand d'Aussi, t. 2, p. 259.)

la dame du baron, ou la femme du vilain du voisinage, le reçoit furtivement en l'absence de son mari. Dans le fabliau *du ménestrel et de la concubine*, le poète termine la moralité de son conte en donnant le ménestrel à un baron, mais la concubine il la réserve aux clercs [1]. Cette conduite du clergé d'autant plus remarquée qu'elle était plus en opposition avec son caractère, excitait tous les sarcasmes de la poésie licencieuse des troubadours et des trouvères.

« Ah! faux clergé, traître, menteur, parjure, débauché, tu commets chaque jour tant de désordres publics, que le monde en est dans le trouble et la confusion; saint Pierre n'eut jamais rentes, ni châteaux, ni domaines; jamais il ne prononça excommunication ou interdit. Qu'on ne croie pas que je censure tous les ecclésiastiques, il y en a de bons, mais la plupart refusent de donner pour le Christ leurs riches habits de couleur et leur vaisselle d'argent; ils n'ont d'ardeur que pour le jeu d'amour, ils n'ont pas d'autre Dieu; je trouve tant de gens d'église qui ne brillent que par

[1] Comparez avec le Fabliau, *des chevaliers, des clercs et des vilains*, MS. du Roi. 7218.

leur magnificence, et qui marient à leur neveu la fille qu'ils ont eue de leur mie ¹ ! Si le Saint-Esprit écoute mes vœux, je te briserai le bec, Rome en qui la perfidie des Grecs est réunie; je sais qu'on me voudra du mal de ce que je fais un sirvente contre cette gent fausse et mal apprise qui est la source de toute décadence ². »

Il ne faut pas croire aussi que cette population de seigneurs et de chevaliers qui, au lit de la mort, accablaient souvent de legs pieux l'église du voisinage, conservât durant la vie ces sentimens d'une religion épurée; les fabliaux contiennent l'expression à peine déguisée d'opinions religieuses qui expliquent peut-être la popularité que trouvèrent plus tard les doctrines réformatrices des Albigeois; dans le fabliau d'Aucassin et de Nicolette, le vicomte de Beaucaire menace son fils Aucassin, pour le séparer de sa mie, du séjour de l'enfer; le jeune damoiseau lui répond qu'il n'a que faire de son paradis où n'entrent que des moines fainéans et demi-nus, de vieux prêtres crasseux et des ermites en haillons; que les grands rois de la terre, les paladins de

---

1 Poésies de Bertrand des sires de Marseille, Millot, t. 2, p. 432, 439 — 2 Poésies de Guillaume Figueira, t. 2, p. 449. 452.

Charles, tout le baronnage courtois et magnifique, tenaient leur cour plénière en enfer; qu'il veut y aller aussi; qu'il y trouvera les belles femmes qui ont aimé, des ménétriers et des jongleurs, amis du vin et de la joie, et que s'il peut y avoir Nicolette, sa mie, il n'aspire point à un autre bonheur[1]. Alors même que les idées religieuses n'étaient point ainsi foulées aux pieds, elles étaient mêlées à un système licencieux d'amour et de galanterie qui ne se tenaient pas toujours dans les bornes décentes et chevaleresques des siècles postérieurs. « Chevaliers, pucelles, clercs, laïcs, dames et seigneurs, écoutez-moi; je vous réciterai l'aventure d'un damoiseau, qu'adversité long-temps éprouva et qu'amour enfin rendit heureux. » Après ce début, le trouvère raconte comment l'aîné des enfans du châtelain d'Aupais aima Ogine, la fille d'un riche vassal, comment il obtint ses faveurs; il termine ainsi son conte : disons un *pater* pour que Dieu procure à tous ceux qui aimeront comme lui, le plaisir qu'il eut cette nuit-là [2].

[1] MS. du roi, 7615. On le trouve aussi dans Legrand d'Aussi, t. 2, p. 210. — [2] Ibid., t. 3, p. 39.

Du système féodal naissait l'état des personnes. Chez les Francs, comme chez les grandes nations de l'antiquité, on divisait la société en hommes libres et en esclaves; mais la féodalité rattachant tout à la terre y ramenait aussi cette distinction. Les classes se formaient par la hiérarchie des fiefs, depuis le baron possesseur de vastes provinces jusqu'au chevalier *sans avoir* qui avait vendu sa terre, ou que la coutume rigoureuse avait dépouillé en faveur de l'aîné; celui-ci cherchait à gagner un état par ses prouesses et à se placer sous les lois d'un chevalier plus fortuné en acceptant *un fief de Haubert ou de misère.*

La classe la plus infortunée et la plus nombreuse au milieu de cette société imparfaite, était celle des serfs, race malheureuse que les lois féodales considéraient comme *bestes en park, poissons en viviers et oiseaux en cage*[1]. Les malheureux esclaves attachés à la glèbe en étaient considérés comme une dépendance dont la propriété se transmettait avec celle de la terre. Autour du donjon, de la grande tour et de la châtellenie, on voyait une multitude de petites

---

[1] Cartulaire MS. de l'abbaye de St-Victor de Paris, f° 47.

cases couvertes en bois enfumées; là, tous rangés près d'un large foyer, les serfs reposaient leurs corps fatigués par les travaux du jour; dès que la cloche du monastère avait sonné matines, et que les rayons de l'aurore avaient doré l'horizon, le serf, revêtu d'une bure grossière, se rendait dans les champs voisins; les uns défrichaient la terre, les autres semaient le grain; d'autres, attachés à la charrue, traçaient un pénible sillon [1]. Le cruel majordome, armé d'un fouet aigu, l'excitait au travail; lorsque midi arrivait, le serf pouvait se livrer au repos et à la prière; puis il reprenait la hache ou la coignée jusqu'à la cloche du soir. Le seigneur possédait sur lui toute espèce de droits. On lit, dans une charte contemporaine, qu'Agnès, femme de corps, taillable *de haut en bas à volonté*, demande à son seigneur la permission de se marier [2]. « Guillaume, archevêque de Paris, consent à ce qu'Odeline, sa femme

[1] J'ai trouvé dans les MSS. du roi quelques miniatures où l'on voit reproduits le costume et la vie des serfs; dans un livre d'heures qui appartient aux siècles postérieurs, l'enlumineur a peint tous les travaux de la campagne; l'on y peut voir les diverses occupations et les vêtemens du servage. — [2] Coutume de Vitri. art. 144.

de corps, épouse Bertrand, serf de l'église de Notre-Dame, et les fils et filles qui seront arrivés de ce mariage, appartiendront moitié à sa personne, moitié à l'abbé dudit monastère[1]. » D'après les assises de Jérusalem, « si aucun vilain de qui que ce soit se marie avec une vilaine d'autre lieu sans le consentement du seigneur de la vilaine, le seigneur du vilain en rendra au seigneur de la vilaine un autre en échange de tel âge par la connaissance et appréciation d'experts et bonnes gens, et s'il ne trouve vilaine qui la vaille, il lui donnera le meilleur vilain qu'il aura, d'âge d'être marié[2]. »

La religion, les coutumes locales accordaient quelque protection au serf; si son seigneur était convaincu d'adultère avec sa femme en servitude, s'il le frappait d'un instrument qui ne fût point en usage dans les travaux auxquels le serf était occupé, il devenait libre sur-le-champ; quelquefois aussi le malheureux battu par son maître fuyait vers l'église du voisinage, et là il pressait les autels de la vierge ou du patron de la contrée, comme les es-

---

[1] Apud Duboulai. *Hist. universitat. parisiens.* — [2] Assises de Jérusalem. Chap. 270.

claves de l'ancienne Rome embrassaient la statue des empereurs pour y trouver un abri.

Tel était l'état de la société féodale au moment où Philippe-Auguste parut; elle était arrivée à son dernier terme, et rien ne manquait à l'harmonie de son ensemble; cependant des symptômes de décadence prochaine se faisaient déjà sentir, et des esprits prévoyans se seraient aperçus que plusieurs causes qui commençaient à se développer, menaçaient cet état social, et tendaient à lui en substituer un nouveau.

Quoique le système féodal et la conquête eussent réduit pour ainsi dire la société à deux catégories, les hommes libres et les esclaves, toutefois, une classe intermédiaire s'était formée au milieu des débris de ces municipes romains dont la Gaule était remplie sous les empereurs. Le manoir du seigneur, les petites cases du majordome, situés non loin de ses tourelles, étaient habités par des esclaves attachés à la glèbe ou au service du château; mais les villes voisines voyaient une population qui, sans être beaucoup plus heureuse, tendait au moins à se préparer un meilleur avenir. Un grand nombre de cités gauloises avaient survécu aux invasions des barbares; nous avons vu qu'elles contenaient des débris de ces anciennes races que les conquérans n'avaient pu entièrement détruire; des esclaves affranchis par leur maître, des artisans laborieux, des marchands juifs ou étrangers complétaient la population des cités, surtout dans le territoire des Francs. Presque toutes ces villes obéissaient à l'autorité de leur évêque du chapitre voisin, ou de quelque seigneur féodal dont le donjon dominait le pays. Sauf dans quelques municipes du midi où les institutions romaines avaient prévalu, la condition primitive de ces habitans différait peu du servage : ils étaient les hommes du seigneur dans le sens absolu du mot; leurs devoirs n'avaient pas plus de limites que leurs services. Le sénéchal et le majordome, le comte ou le trésorier du chapitre percevaient des tailles à volonté, punissaient sans aucun contrôle et levaient les archers ou hommes de corps sans distinction, lorsque le seigneur marchait à la guerre.

Une grande masse d'hommes réunis sur un seul point, ne pouvait rester long-temps dans cette sujétion absolue; l'autorité qui les dominait était trop rapprochée d'eux pour qu'ils ne lui comparassent pas souvent leurs forces, et cette comparaison devait éveiller en eux le désir et l'espérance d'obtenir une situation meilleure; il ne faut pas croire, non plus, que ces populations eussent renoncé à cet esprit de violence et de sédition qui est le caractère propre des multitudes même esclaves; les chroniques du moyen âge sont toutes remplies des excès commis par les habitans des villes et par les serfs malheureux des campagnes; souvent ils se révoltaient contre leur seigneur, pillaient les manoirs, égorgeaient le sénéchal et le majordome. Un des chevaliers du vicomte de Beziers, allant en guerre, insulta un des habitans de cette cité; pour se venger, celui-ci lui enleva son destrier. Toute la chevalerie demanda justice au seigneur; le vicomte lui livra le vilain insolent, et les nobles lui coupèrent ses habits et le soumirent à des peines infamantes. Alors les bourgeois de Beziers lui dirent : « Il nous est impossible de soutenir cet affront; nous voulons une vengeance. » Le seigneur leur assigna une audience en sa cour :

c'était le 15 octobre 1165; les bourgeois se rendent au plaid, dans l'église de Sainte-Madelaine, cachant des poignards sous leurs vêtemens; lorsque le vicomte monta sur son tribunal, ils s'écrièrent : « Voici un de nos hommes qui a été déshonoré; voulez-vous réparer le mal? » — *Le vicomte* : « Je rendrai justice en ma cour selon la coutume. » — *Les bourgeois:* « Notre honneur blessé ne peut se c   er d'une telle réparation; il ne peut se l.   ue dans ton sang. » A ces mots ils se précipitent sur le vicomte au milieu de l'église, le frappent de mort, ainsi que les barons et les chevaliers qui l'accompagnent; l'évêque veut tenter d'arrêter cette troupe furieuse, mais ses efforts sont vains; un des bourgeois lui donne un coup de poing dans la figure et lui casse trois dents; les autels furent couverts de sang et de dépouilles, et les bourgeois revinrent en triomphe à Beziers [1]. Le troubadour Ogier, de Vienne, seigneur de Doucet, a déploré ce triste événement dans un de ses sirventes : « J'ai dans le cœur une grande affliction; je ne pourrai de ma vie assez pleurer le courtois et joyeux vi-

---

[1] D. Vaissete, Hstoire du Languedoc, t. 2, livre 19.

comte de Beziers; jamais Dieu ne reçut un si grand outrage que celui que lui ont fait ces bourgeois renégats qui ont porté la main sur leur seigneur. Il est donc mort! où pourrons-nous aller désormais avec nos gaies chansons; car mille chevaliers de haut lignage, autant de dames et demoiselles en seront désolées. Oh! monseigneur le vicomte, que Dieu vous reçoive en sa bonté sainte[1]! »

Les moyens employés par les cités pour obtenir leurs franchises municipales, furent divers comme leur situation; partout se manifestait le même besoin de liberté, mais la puissance, le caractère du seigneur, ne permettaient pas que l'indépendance descendît toujours d'une source unique. Quelquefois elle fut la suite d'un mouvement séditieux de la population, brisant violemment ses chaînes, et constituant elle-même ses magistrats; quelquefois la cité profitait des besoins de son baron pour acheter sa charte de liberté et de commune; rarement elle le dût à la générosité pure et simple des seigneurs et des évêques; mais de quelque manière qu'elle les obtînt, ces privilèges

[1] MSS. Saint-Palaye, ill, t. 1. p. 343.

une fois acquis lui devenaient chers; elle les défendait avec énergie comme son bien le plus important [1].

La première commune, (car ce fut ainsi qu'on désigna généralement le système de garantie et de liberté obtenu par les habitans des villes), celle de Cambrai, fut conquise par la violence et l'énergie des citoyens. Les habitans étaient sous la seigneurie de leur évêque. Ils profitèrent de son absence en 957, pour jurer entre eux de ne plus lui permettre de rentrer dans la ville; ils en fermèrent les portes, firent bonne garde sur les remparts, de telle manière que l'évêque fut obligé de rebrousser chemin. Furieux contre les Cambrésiens, le prélat vint demander du secours au comte de Mons, qui bientôt assiégea la cité à la tête de chevaliers flamands. Les habitans se préparaient à une vigoureuse défense, lorsque sur le serment de l'évêque qu'il maintiendrait

[1] La marche et le développement du système communal ont été tracés avec une érudition consciencieuse par M. Thierry, dans ses *Lettres sur l'Histoire de France*; il est dommage que M. Thierry ait trop souvent plié les faits à certaines idées arrêtées d'avance, ce qui peut quelquefois tromper, dans les matières historiques, les esprits même les plus distingués.

bonne justice en la ville, ils lui en ouvrirent les portes; mais les chevaliers du comte de Mons furent à peine introduits qu'ils se précipitèrent sur les habitans désarmés, en occirent et blessèrent plusieurs. « Ainsi, fut cette première conjuration et les communes défaites, et les Cambrésiens jurèrent désormais feauté à l'évêque[1]. »

Lors des troubles d'Allemagne sous l'empereur Henri IV, les habitans profitèrent de ces désordres politiques pour rétablir leur commune. Ils se placèrent sous la protection du comte de Flandres, et élurent eux-mêmes leur évêque. L'empereur victorieux conduisit ses armées devant Cambrai. « Plusieurs femmes et en-
» fans s'enfuirent dans les églises et les tours, et
» les pucelles s'effrayaient quand elles virent tant
» de soldats allemands, lorrains et saxons[2]. » Pour la seconde fois la commune se soumit. « L'empe-
» reur la blâma fortement, et demanda comment
» les habitans avaient été si osés de faire tant de
» choses contre le droit, telles que conjura-
» tions, communes et nouvelles lois; il com-
» manda qu'on lui apportât aussitôt en sa pré-

[1] Chronique de Cambrai, *apud Script. rer. Franc.*, t. 13, p. 476.
[2] Ibid.

» sence la charte de la commune qu'ils avaient
» faite, et eux ainsi firent, et l'empereur tan-
» tôt les défit et leur fit jurer devant tous les
» princes que jamais autres ne feraient. » Cependant le besoin de ces libertés communales
était si énergique, que déjà l'an 1107 les bourgeois avaient fait une nouvelle conjuration et
commune. « Que dirais-je, de la liberté de Cam-
» brai? ni l'évêque ni l'empereur ne peuvent y
» avoir de taxe, aucun tribut n'y est exigé, on
» n'en peut faire sortir la milice que pour la dé-
» fense de la ville, et encore à cette condition
» que les bourgeois puissent être de retour le
» soir en leur maison ¹. »

Si la commune de Cambrai fut ainsi conquise par la persévérance et la force, celles
de Noyon, de Beauvais et de Saint-Quentin furent vendues à prix d'argent par leur évêque ²;
les expéditions dans l'orient, en multipliant
les besoins des barons et des prélats, rendaient
les contrats d'achat et de vente des libertés
municipales plus fréquens; les princes cherchaient ainsi à se procurer des ressources, en

---

1 Baudri, Chronic., ibid., p. 480. — 2 M. Thierry, Lettres sur
l'Histoire de France, 14, 15, 16

se dépouillant des anciens droits qu'ils avaient usurpés sur les villes, et c'est en ce sens que les croisades ont influé sur les libertés communales et le bien-être général de la société.

L'histoire de la commune de Laon nous paraît contenir le tableau le plus complet de cette marche et de ce développement des garanties municipales. La ville de Laon, comme la plupart des villes que nous venons de citer, obéissait à la seigneurie temporelle de son évêque. N'ayant aucune police, elle était le théâtre des plus grands désordres. Les nobles et leurs serviteurs exerçaient toute espèce de violence sur les bourgeois; les bourgeois à leur tour opprimaient les paysans et les serfs; on levait des taxes à volonté, et la propriété n'était point respectée [1]. Dans l'année 1106 l'évêché de Laon fut obtenu à force d'argent par un prélat normand nommé Gaudri : il allait très-peu à l'autel, et aimait à parler de combats et de chasses, de chevaux, de chiens et de faucons [2]. A cette légèreté de caractère il joignait des

---

[1] Guibert, abbé de Nogent. (*Script. rer. francic.* t. 13, p. 240.)
— [2] De rebus militaribus, canibus et accipitribus loqui gratum habuerat. (*Script. rer. franc.*, t. 12, p. 243.)

mœurs cruelles. Il avait parmi ses serviteurs un de ces esclaves noirs que les barons revenus de la croisade avaient amenés avec eux. Cet esclave était devenu le ministre des excès de Gaudri contre les bourgeois : dans le propre palais de l'évêque, il creva les yeux à un malheureux habitant de Laon; par son ordre un autre fut assassiné dans l'église métropolitaine. Tant de violences soulevèrent à la fin les habitans : ils songèrent à se conjurer pour une commune. Gaudri était alors en Angleterre auprès du roi normand : les bourgeois s'adressèrent aux nobles et au chapitre pour acheter leur liberté municipale. Il fut arrêté que des chartes seraient dressées moyennant de grosses sommes d'argent. A son retour d'Angleterre l'évêque Gaudri les confirma, « parce qu'il avait lui-même besoin de grande monnaie. »

Mais l'évêque eut bientôt dissipé en chevaux, en chiens de chasse et dans les jeux de hasard la somme qu'il avait reçue des bourgeois; et comme des tailles fixes, telles qu'elles étaient réglées par la charte municipale, ne suffisaient pas à ses insatiables besoins, Gaudri résolut d'abolir la commune. Il fit entrer tous les nobles dans ses desseins, et le roi Louis VI lui-même, qui s'obligea de soutenir ses prétentions avec ses hommes d'armes. Le roi vint à Laon le jeudi saint 1112; le lendemain on publia au son de trompe que la commune était abolie, et que les habitans cesseraient d'avoir la bannière, la maison municipale et le beffroi. Cette publication causa une grande rumeur : toutes les boutiques des marchands et les hôtelleries furent fermées. Les bourgeois prirent les armes[1]. Quarante d'entr'eux se conjurèrent par serment pour tuer l'évêque et tous les nobles qui avaient menacé l'existence de la commune naissante. Cette conjuration étant ébruitée, on vint en prévenir Gaudri. On le conjure de ne point sortir le jour de la procession de Pâques. Fi-donc, répondit-il, moi, mourir de la main de ces gens-là[2] ! Si Jean, mon noir, s'amusait à tirer par le nez le plus redoutable, il n'oserait pas même grogner. Cependant il se fit suivre durant la procession par ses domestiques et des chevaliers qui por-

[1] *Scriptor. rer. francic.*, t. XII, p. 252. — [2] Phi! inquit, ego ne talium manibus intercam?

taient des armes sous leurs vêtemens. Tandis que la procession défilait dans la rue, on entendit une foule de gens s'écrier: *Commune! Commune!* mais, faute d'intelligence entr'eux, cette fois le projet des conjurés échoua. Le jeudi de Pâques, tandis que l'évêque discutait en pleine sécurité avec un archidiacre nommé Gauhier, on entendit encore ce cri des conjurés : *Commune! Commune!* A ce signal, de nombreuses bandes de bourgeois armés de lances et d'arbalètes, de massues et de haches investirent la maison épiscopale. Les nobles qui accouraient de toutes parts pour la défendre furent massacrés; les bourgeois entrèrent de vive force dans le palais et criant : où est-il le traître d'évêque, le coquin? Gaudri s'était blotti au fond d'une tonne où on ne l'aurait pas découvert si un serviteur infidèle n'avait pas indiqué sa retraite. Un certain Thergand, serf de l'église de Saint-Vincent et qui conduisait l'insurrection, ayant ôté le couvercle de la tonne, s'écria d'une voix forte en la frappant d'un bâton · y a-t-il là quelqu'un? l'évêque tout tremblant répondit : ah! c'est un malheureux prisonnier : c'est donc vous, maître renard, dit le serf de Saint-Vincent, qui êtes blotti dans ce tonneau? En disant ces mots, il tira l'évêque par les cheveux hors de sa cachette; il priait, il suppliait le pauvre Gaudri, promettant sur l'évangile qu'il abdiquerait l'épiscopat et s'exilerait du pays. On n'écouta point ses prières; le serf lui donna sur la tête un coup de hache à deux tranchans. Le second coup l'acheva. On lui coupa le petit doigt afin de lui arracher son riche anneau pastoral. Son corps fut traîné dans la rue, et chaque bourgeois qui passait par là, lui jetait de la boue et des pierres [1].

Les bourgeois de Laon revenus de cette cruelle effervescence virent le danger auquel ils s'étaient exposés. Ils ne pouvaient résister seuls aux vengeances qui allaient fondre sur la cité, ils résolurent en conséquence de se mettre sous la protection de Thomas de Marle, seigneur de Coucy, dont le nom figurait dans tous les contes populaires qui peignaient la violence des

---

[1] Quot in jacentem à traseuntibus sunt ludibria jacta verborum? Quot glebarum jactibus, quot saxis, quot est pulveribus corpus oppressum? *ibid.* M. Thierry donne mot à mot la chronique qui décrit longuement cette révolution; je n'ai fait que l'analyser en comparant sa traduction au texte.

barons du moyen âge. On racontait qu'il avait fait renfermer dans les cachots humides de son château de Crecy, des marchands et des voyageurs, et que ses hommes d'armes s'emparaient sans pitié de nobles dames et des damoiselles. Le sire de Coucy leur promit sa protection, mais seulement dans son château, la ville de Laon étant incapable de se défendre. Les bourgeois abandonnèrent en pleurant la cité qui fut saccagée par les troupes du roi Louis VI, tandis que les terres du sire de Coucy étaient envahies par les barons de France; une sévérité cruelle suivit la victoire, plus de trois cents bourgeois furent pendus. Mais telle était la persévérance de ces populations pour leurs libertés municipales, que seize ans après le meurtre de l'évêque Gaudri, nous voyons les bourgeois de Laon obtenir une nouvelle charte de commune sous le titre d'*Institutio Paci*; elle ne fut cependant confirmée que sous le règne de Philippe-Auguste.

Il a suffi de voir sous quel aspect menaçant, se présentait ce premier mouvement de liberté et de commune, pour comprendre qu'il ne dut point être favorisé par les barons et le clergé alors en possession du pouvoir et des revenus

dans la plupart des villes. Les rois eux-mêmes, du moins dans les premiers temps et pour les cités de leur domaine, ne favorisèrent pas ce nouveau système, qui tendait à substituer un mode fixe de lever les tailles et d'administrer, au régime si commode des aides à volonté imposables au manant ou au serf du corps et de la glèbe. « *Commune*, est un mot nouveau et détestable; car voici ce qu'on entend : Les gens taillables ne payent plus qu'une fois l'an, à leur seigneur, la redevance qu'ils lui doivent; s'ils commettent quelques délits, ils en sont quittes pour une amende fixée, et quant aux levées d'argent qu'on a coutume d'infliger aux serfs, ils en sont entièrement exempts [1]. » On sent en effet ce que pouvait avoir de *détestable*, pour les seigneurs, ce régime nouveau qui allait remplacer la levée arbitraire des tailles; c'est pourquoi le roi, Louis VII, prit des mesures de rigueur contre les bourgeois d'Orléans, « parce que ces
» musards pour raison de la commune fesaient
» mine de se rebeller et dresser contre la cou-
» ronne. »

[1] L'abbé Guibert, chroniq. (Script. rer. fran i*. t. xii, p 255).

La révolution communale, considérée dans son principe, ne fut donc qu'un mouvemant naturel du peuple pour conquérir un état meilleur; quelquefois, comme on l'a dit, les bourgeois achetaient leur commune à prix d'argent, souvent ils l'obtinrent par la violence ; et profitant de toutes les circonstances, des guerres qui affaiblissaient les seigneurs, des croisades qui les entraînaient loin du manoir avec leurs hommes d'armes, ils obtenaient d'une manière quelconque un système de liberté et de garantie ; lorsqu'on voit Richard-Cœur-de-Lion dire qu'il vendrait même la ville de Londres, pour se procurer l'argent nécessaire afin d'accomplir son pélerinage d'outremer, on doit croire que beaucoup de petits barons pour le même motif aliénaient en faveur de leurs hommes les droits exorbitans qu'ils avaient dans les cités de leur domaine ; et ce fut là une des grandes causes de l'affranchissement des communes.

Lorsque l'impulsion fut presque partout donnée, les rois cherchèrent à tourner ce mouvement à leur profit. L'établissement d'une commune dans la terre d'un vassal était une véritable acquisition pour la couronne. Presque toujours la charte communale, scellée du sceau du suzerain, était placée sous sa protection, de sorte qu'il se formait entre le prince et cette classe intermédiaire de bourgeoisie, des liens nouveaux et des rapports plus immédiats. La couronne devenait leur appui, comme à leur tour les bourgeois devenaient d'utiles auxiliaires pour la couronne. Cette situation de la classe intermédiaire jetait les premiers élémens d'une société nouvelle qui se fondait sur d'autres idées que sur la vassalité territoriale.

La plupart des chartes des communes créaient pour les habitans un système municipal fort large dans ses bases. Lorsque la charte était jurée, les habitans avaient le droit de se réunir dans la maison commune où la cloche du beffroi les appelait. Ils élisaient leurs magistrats, fixaient les aides et les péages pour les besoins municipaux. Tous les habitans étaient tenus à la garde de la ville, à la réparation des remparts et à l'entretien des fossés. La commune devait le service militaire de la même manière que les fiefs. Ses bourgeois, dans les batailles, se plaçaient, l'arc en main, devant les chevaliers bardés de fer. Les échevins ou jurats de la ville avaient une juridiction civile et quelquefois criminelle sur les délits commis dans l'enceinte des remparts; eux seuls faisaient la police, sauf les cas royaux et de déloyauté qui devaient se porter à une cour supérieure [1].

Si l'organisation des communes portait le germe d'un grand changement politique, l'institution d'une force stipendiée devait avoir encore de plus graves conséquences. On a vu que tous les services militaires étaient attachés à la possession des fiefs, résultat de la conquête. La force publique se liait ainsi à l'ensemble du système féodal; la terre créait la puissance guerrière, comme elle était le fondement de l'autorité politique. Cependant, limité pour le temps et pour le lieu, ce service militaire ne pouvait servir l'ambition des princes. Dès l'instant qu'ils entreprirent d'agrandir leur domaine et de faire des guerres importantes, il fallut chercher des auxiliaires dans d'autres rangs que parmi les barons. C'est à cette époque qu'il faut donc reporter l'origine de ces grandes compagnies connues sous le nom de

[1] Recueil des ordonnances du Louvre, t. 11 et 12, avec les Préfaces de Bréquigny.

Routiers, *Cotteraux*, *Brabançois*, qui se mettaient à la solde des princes et servaient leur dessein tant qu'ils en recevaient un salaire; ces compagnies étaient composées de Flamands, d'Italiens, de Français même, qui cherchaient dans ces associations un moyen de protéger leurs pilleries et leurs excès. Tant qu'ils ne les commettaient que sur le territoire ennemi, leurs brigandages se confondaient avec les tristes désordres des guerres privées; mais lorsque, l'invasion étant finie, les rois ou les barons cessaient de les solder, les Routiers, Cottereaux et Brabançois parcouraient les provinces indistinctement et se livraient à toute espèce de crimes[1]. Il est à croire aussi que les serfs et les malheureux qui gémissaient sous la glèbe du Seigneur, venaient grossir cette multitude armée, et compagnons de quelque nouveau Spartacus, menaçaient les castels et les monastères, comme les esclaves de Rome avaient autrefois menacé les palais des sénateurs et le Capitole. « Ces pillards larrons, infâmes excommuniés; grande doleur fesoit, car ils ardoient les monastères et les églises, et trénoient après eux,

[1] Ducange, v⁹ *Routier* et *Cotteraux*.

en liens, les prêtres et les gens d'église et les appeloient cantadour (chanteur) par dérision ; et, quand ils les battoient et tourmentoient, leur disoient : Cantadour, cantez? Cantez, Cantadour ; et puis leur donnoient grande giflé parmi les joues et les bastoient mult aprement de grosses verges dont il advint qu'aucuns rendirent leur âme à Dieu ; quelques autres affamés d'une longue prison se rachetoient pour somme de deniers afin d'échapper de leurs mains.[1] »

Ce sont moins cependant ces désordres que nous avons voulu décrire, que les conséquences immédiates qui devaient découler d'un système militaire établi, pour ainsi dire, en dehors de la féodalité. Lorsque le suzerain put s'appuyer sur une force étrangère aux services féodaux, les institutions qui se trouvaient inhérentes au vieux système furent menacées ; une lutte s'établit entre l'antique armée féodale et les compagnies soldées, et s'il est permis d'ainsi s'exprimer, entre les services résultant d'un salaire, et les devoirs que créaient les concessions de fiefs ; il fallait de toute nécessité qu'un des deux systèmes

[1] Chroniq. Saint-Denis. Dom Brial, rer. Frenc. Script. t. xviii.

prévalût, et comme, dans la suite des temps, les rois trouvèrent plus de docilité, une obéissance plus facile dans les compagnies stipendiées que dans les troupes hautaines des barons et des vassaux, le service militaire féodal s'effaça peu à peu pour faire place à un nouveau mode d'organisation militaire.

Au milieu de ce chaos, de ces tendances diverses qui se heurtaient entr'elles, sera-t-il possible de rechercher maintenant la trace de quelques institutions publiques et nationales, d'un pouvoir central et protecteur, en un mot de ces libertés régulières qui, placées au sommet de la société, en embrassent tous les élémens? Dans les désordres de la seconde race, toutes ces garanties avaient entièrement disparu; un égoïsme local semblait prévaloir. Chaque baron, chaque possesseur de fief ne cherchait pas à étendre la sphère de ses droits et de ses devoirs politiques au-delà de ses donjons et de ses domaines. On ne voyait plus ces cours plénières, ces champs de mai ou de mars dans lesquels Charlemagne et ses premiers successeurs réunissaient les comtes, les évêques et les hommes élus par chaque district; les uns pour délibérer sur le gouvernement de l'empire, les autres pour recevoir l'impulsion d'une autorité centrale : on n'apercevait même plus de traces de ces institutions judiciaires jetées sur le modèle des mœurs germaines, où les *rachenbourgs*, sorte de jurés choisis par les hommes libres, décidaient, assis à côté du comte et sur son tribunal, de la vie et de la propriété des citoyens; tous les élémens de la liberté avaient péri, et la suzeraineté royale elle-même venait pour ainsi dire expirer aux limites de son patrimoine [1].

Cependant, à l'avènement de la dynastie capétienne, l'établissement régulier de la féodalité avait renoué quoiqu'imparfaitement la chaîne de l'organisation sociale; l'isolement du seigneur féodal avait fait place, comme on l'a vu, à une longue hiérarchie de droits et de devoirs résultant de la propriété elle-même. La société s'était constituée sur des bases grossières, sans doute, mais elle n'en avait pas moins une organisation qui, dans ses perfectionnemens successifs, devait produire enfin l'unité monarchique. Au haut de l'échelle, une suzeraineté,

---

[1] Préface du tome xi des Historiens de France, par dom Bouquet, MS. de l'abbé de Camps (Hugues Capet).

sinon toujours admise comme un fait, au moins toujours proclamée comme un droit. Au-dessous d'elle, et dans un ordre symétrique, une série d'autres droits et d'autres devoirs aussi disputés par la force victorieuse, mais accordés en principe. Tel était l'état social, et on doit avouer qu'à travers les accidens anarchiques, on pouvait y trouver quelque espérance d'ordre et d'unité. La grande difficulté était de mettre en jeu cette machine à mille ressorts, et d'accorder entre elles toutes ces forces différentes pour les faire marcher vers un but commun.

Aussi on ne retrouve jusqu'au règne de Philippe-Auguste aucune trace d'un pouvoir législatif régulier, s'exerçant par le concours du suzerain et des barons sur toute la monarchie féodale. Les actes du prince, comme ses droits, ne s'étendent qu'à ses propres domaines; lorsqu'il veut les rendre exécutoires au-dehors, c'est en vertu d'un accord spécial, d'une sorte de traité avec le baron sur le territoire duquel l'ordonnance doit s'exécuter.[1] » Il était de principe que le roi ne pouvait mettre

[1] Voyez le traité avec la comtesse de Dampierre, même sous Philippe-Auguste. (Ordonnances du Louvre, tome 1.)

ban (faire un acte) dans la terre du vassal, et le vassal dans la terre du vavasseur (arrière-vassal.) ».[1] Quelquefois cependant, de grandes cours plénières, réunies à l'époque des tournois, délibérèrent sur les guerres nationales, ou sur les grandes entreprises religieuses, telles que les croisades.

L'unique institution qui portait avec elle-même un principe d'unité au douzième siècle, fut celle du plaid royal, ou *cour des pairs*, devant laquelle le suzerain évoqua quelquefois les grandes causes féodales. Le plaid royal se composait de tous les barons qui relevaient immédiatement du suzerain, et qui par conséquent prenaient le titre de *pares* ou *égaux*, parce qu'ils étaient, par rapport à lui, au même rang dans la hiérarchie féodale. Un des premiers devoirs du suzerain était de faire justice en sa cour; celui-ci dans la suite changea ce devoir en un droit, car il sentait peut-être que l'exercice de cette haute juridiction serait favorable à l'extension et à l'affermissement de

---

[1] On trouve cette disposition reproduite dans les établissemens de St.-Louis.

la suzeraineté royale et à la reconnaissance incontestable de sa supériorité.

Le premier exemple d'une cour des pairs régulièrement convoquée se trouve sous le règne de Louis VII, en 1154. Les barons du royaume furent appelés à Moret pour décider le différent qui s'était élevé entre Eudes, duc de Bourgogne, et Geoffroi, évêque de Langres. Il s'agissait de deux puissants seigneurs possédant de vastes fiefs hors du domaine du roi. Voici la charte de ce procès :

Louis par la grâce de Dieu, roi des Français et d'Aquitaine. Nous voulons qu'il soit connu de tous que Godefroi, évêque de Langres, et Eudes, duc de Bourgogne, sont venus à Moret, devant notre cour où étaient présents un grand nombre d'archevêques, d'évêques et de barons. Voici comment l'évêque a parlé :

L'Évêque. Je me plains du seigneur duc, parce qu'il s'est emparé des fiefs qui m'appartiennent, qu'il retient en captivité mes prêtres et mes hommes et brûle les églises [1] : je de-

[1] Quero quæ mihi abstulis, capiendo presbyteros et aliosque homines nostros, incendendo etiam ecclesiam que vocatur Oce (Cartul. de Langres, f° 181, V°).

mande que le duc me livre Hugues Dacel son majordome qui a fait tout ce mal. Je réclame la moitié des péages qu'il lève à Châtillon, car cette moitié m'appartient ainsi que le moulin dont il s'est emparé malgré l'excommunication; enfin je veux qu'il détruise les murs de Dijon, qu'il a élevés sur mes propres terres et vis-à-vis de mes châteaux.

Le Duc. Je réponds à ce que tu me demandes. Tu ne m'as pas voulu faire justice, et conséquemment je ne suis plus ton homme. Je demande à mon tour que tu combles les fossés de Moissy, et que tu rases les murailles.[1]

L'Évêque. Tu t'es fait mon homme de bonne foi. J'ai reçu ton hommage. Voilà pourquoi tu dois tenir à ce que tu m'as promis. J'ai refusé dis-tu de te rendre justice en ma cour. Tu mens par la gorge. Je t'ai désigné un jour pour te présenter devant moi. Qu'as-tu fait? au lieu de venir en personne, tu m'as envoyé un de tes hommes. C'est en personne qu'il fallait te

---

[1] Respondere volo, rectum mihi facere denegavis unde hominio renuntiavi, sed quero ut destruas mihi calman et fossatum quod factum est apud Moissi. (*Ibid.*)

présenter en ma cour. Je n'ai pas voulu entendre ton serf; en quoi suis-je répréhensible? Quant aux remparts de Moissi, j'avais le droit de faire ce que j'ai fait. Mon frère les avait commencés, et tu n'avais pas élevé la moindre plainte.

Le Duc. Ni moi, ni les miens ne sommes astreints de nous présenter en personne devant ta cour. Montre-moi une charte qui le constate.

L'Évêque. Mes prédécesseurs n'ont jamais répondu à de simples procureurs, mais aux ducs eux-mêmes. Tes ancêtres ne s'y sont jamais refusés. Toi-même, deux fois tu t'es présenté en ma cour.

Le Duc. Je l'ai fait par simple amitié et tolérance.

L'Évêque. Tu te trompes; tu n'as fait que reconnaître un droit.

Voilà, continue la charte, ce qui fut dit en la cour; le comte ayant fait défaut à trois nouvelles sommations, les barons le condamnèrent à remplir toutes les réclamations de l'évêque; la charte fut scellée par l'anneau de Guy le bouteiller, Mathieu le connétable, Pierre le chambellan, l'évêque de Soissons, l'évêque de Langres, Thibaut de Paris, Alain d'Autun; et Hugues le chancelier la rédigea.[1]

Les formes de ce procès portent avec elles-mêmes les premiers germes d'une grande institution qui dans sa marche à travers les siècles défendit les principes de l'autorité royale. C'est par l'action régulière de la cour des pairs *ou plaid royal*, que Philippe-Auguste réunit à la couronne les plus belles provinces de la monarchie; c'est par l'exercice de la justice que la royauté a marqué sa place au sommet de nos anciennes institutions; ce que la force arrachait, la force pouvait le reprendre; mais cette habitude de trouver protection et justice

[1] Voici le texte : Hiis dictis, itum est ad judicium sed judices de judicio alium diem dicere quæsierunt. Et nos præfiximus alium diem. Episcopus venit; dux commandavit. Iterum dedimus alium diem; Episcopus venit. Dux venire comtempsit, habito adhuc concilio, nuntium nostrum misimus ad ducem qui eum reperit incolumen et equitantem et ipsa de parte nostra nominavit quartem diem ad quem venit Episcopus, sed dux non veniens suum misit nuntium qui eo solo excusabat dominum suum non venisse quod tantas dietas facere non poterat. Hiis de causis, judicio curiæ adjudicavimus duci querelas suas episcopo suas reddi debere judicavimus: (On peut trouver dans cette formule quelques idées de la procédure féodale.)

à la cour du suzerain fit plus de conquêtes que les armes victorieuses des monarques.

Telle était la société depuis l'avénement des comtes de Paris à la couronne des carlovingiens; suivons maintenant l'histoire d'un règne qui modifia si sensiblement toute cette organisation politique.

CHAPITRE II.

DE LA NAISSANCE AU COURONNEMENT DE PHILIPPE-AUGUSTE.

1165 — 1179.

Naissance de Philippe-Auguste. — Éducation du jeune prince. — Ses premières armes contre les barons. — Son association à la couronne. — Sacre de Reims.

Louis VII avait atteint sa 54ᵉ année sans obtenir d'héritiers mâles; quoique la succession directe au trône fût plutôt encore une tolérance qu'une loi fondamentale, Louis souhaitait vivement un fils, afin de l'associer de son vivant à la couronne [1] dans une de ces grandes solennités où les barons de France reconnaissaient leur supérieur féodal et leur chef militaire. Le roi avait eu trois femmes; la première était cette Éléonore de Guyenne, fameuse par

[1] Divers. de Reb. franc. Epistol. 256. — Duchesn., t. IV, p. 657. — Histoire de Louis VII, *ibid.* t. IV, p. 419. — Rigord, Gest. Philippi-Aug. *ibid.* t. V, p. 4.

ses amours, et qui avait apporté à la cour d'un roi « simple comme une colombe et humble comme un moine, »[1] les mœurs légères et les habitudes élégantes des châtelaines de la Guyenne et de la Provence. Eléonore lui avait donné deux filles : Alix et Marie de France. Un divorce pour cause de parenté avait couvert les soupçons d'un mari jaloux, et la duchesse d'Aquitaine avait porté dans la maison des Plantagenets la plus belle partie des fiefs de la couronne. Le roi prit en secondes noces, Constance de Castille; elle succomba en devenant mère, et, au retour d'un pélerinage à Saint-Jacques-de-Compostelle, où l'avaient suivis un grand nombre de barons et de troubadours, laissant aussi deux filles, Marguerite et Alaïs. Par un troisième mariage, Louis VII s'unit avec Adèle de Champagne, et depuis quatre ans que cette union durait, « rien ne faisait soupçonner que les espérances d'un mari vieux et très-affaibli dussent être accomplies [2]. »

Cette circonstance rendait le roi fort triste; on ne voyait plus, comme au temps de la reine

---

[1] Chronique de St.-Denis. — [2] Cartulaire de l'abbé de Camps. MS. Biblioth. du roi (famille de Philippe-Auguste), t. 1.

Éléonore, les tournois, les paladins et les ménestrels embellir les fêtes et les cours plénières du suzerain. Louis était sans cesse en oraison et aumône. Un jour que le chapitre de Cîteaux s'était réuni au son de la cloche du soir, pour la prière, on vit entrer dans l'église le roi suivi de son sénéchal ; il se prosterna la face contre terre devant l'abbé, et ne voulut se relever que lorsque le chapitre en corps eut fait [1] des vœux pour la naissance d'un fils. Le moine Rigord qui vivait alors dans le palais, l'avait entendu s'écrier dans son oratoire : « Sire, aie merci de moi, selon ta grande miséricorde, et donne-moi un fils issu de mon cor, noble gouvernor du royaume de France [2]. »

Enfin, la reine devint enceinte ; elle accoucha d'un fils le samedi, jour de l'Assomption de la Vierge, 1165. Louis en éprouva une joie bien vive. « Nous demandions un fils, car nous étions affligés d'une multitude de filles ; Dieu a comblé nos vœux ; c'est pourquoi nous avons donné à Otger, serviteur de la reine qui nous

---

[1] Alberic Triafont. Ad Ann. 1165, p. 344. — [2] Rigord Gest, Phil.-Aug. Ad ann. 1165. Chroniq. de St-Denis. — Ad ann. 1165. — Dom Brial, Histor. de France, t. XVII, p. 343.

est venu annoncer cette nouvelle, trois mesures de froment à prendre chaque année, à la fête de Saint-Remi, dans notre ferme de Gonesse. »[1]

Dans cettte occasion solennelle le roi affranchit les habitans de Paris, de plusieurs coutumes pesantes : Il était d'usage, lorsque le suzerain venait habiter la tour nouvelle du Louvre, que les Parisiens lui fournissent, comme à leurs anciens comtes, deux lits de plume durant tout le séjour, le roi en dispensa les habitans de *sa comté* tant il était heureux d'avoir un fils.[2]

Les bourgeois, les monastères et la plupart des barons partagèrent la joie du roi ; « les consuls et les hommes de la commune de Toulouse et des faubourgs lui écrivirent que tous les citoyens, depuis le plus petit jusques au plus grand, adressaient des vœux de reconnais-

[1] Charte scellé du sceau du Roi, du sénéchal, et du bouteil'er. En voici les expressions :

« Itaque notum facimus universis presentibus pariter ac futuris quod Otgiero servienti reginæ, qui nobis annuntiare festinavit natum nobis esse filium pro admirabili gaudio, ipsi et heredibus suis singulis annis, ad festum sancti Remigii in grangiâ nostrâ de Gonessâ tres modios frumenti donavimus. Duchesn, t. IV, p. 657. —
[2] Sauval. Antiquité de Paris. l. 4.

sance à Dieu, depuis surtout que le bruit s'était répandu dans ce pays que le seigneur-roi avait obtenu un fils¹. » « Celui qui nous apporta cette nouvelle dans nos cellules, dit un moine de l'abbaye de St-Germain, arriva au moment où nous finissions matines par ce cantique du prophète : Dieu a béni Israël et visité son peuple; ce qui nous fit voir que l'événement répondait à l'oracle². »

Manassé, évêque d'Orléans, fit à cette occasion une fondation de trois chanoines prémontrés, auxquels il assigna pour revenus un grand nombre de brocs de vin³. Arnould, évêque de Lisieux, écrivait à Louis, son cher seigneur, « qu'il ne croyait pas qu'il existât aucun baron assez fier, assez rebelle pour refuser l'obéissance à cet enfant nouveau-né.⁴ » Expressions qui montrent encore que l'hérédité n'était pas incontestablement admise.

Selon l'usage, l'enfant royal fut l'objet des prédictions de l'astrologie. Les savans, dans les

---

1 Divers. Reb. franc. Epist. *ibid*, t. IV, p. 714. — 2 Hist. anonyme de Louis VII, *ibid*, t. IV, p. 419. — 3 Brequigny, Collect. de chartes et dipl. — Ann. 1165 — 4 Cartul. de l'abbé de Camps. MS. Bibliothèque du roi, t. 1. (Famille de Philippe-Auguste.)

quatre arts libéraux, s'empressèrent de tirer son horoscope; chacun des barons le doua, en vidant la coupe de St.-Gréal,[1] de quelque qualité de vaillance, et les dames lui prédirent le *don d'amour et de constance* qui formaient les qualités du chevalier accompli; le trouvère Hélinant, qui amusait les dames par ses poëmes et ses tensons, lui souhaita la science de l'enchanteur Merlin, la fierté d'Agramant, et la galanterie de Renaud et de son cousin Astolphe. Louis VII raconta lui-même qu'il avait eu une vision en songe; « que son fils tant désiré lui était apparu tenant en sa main droite une coupe pleine de sang humain. Les barons la vidaient avec lui tandis que les prélats chantaient matines d'une manière très-harmonieuse. » Le roi fit cette confidence à Henri, évêque d'Albano, légat du Saint Siége, et tous deux jugèrent qu'il fallait tenir cette vision secrète; car cet enfant serait un vaillant homme qui réprimerait les barons et les vassaux[2].

---

[1] Coupe fameuse parmi les chevaliers du roi Arthus et de la Table rónde; la plupart des romans du moyen âge, d'origine bretonne, ont pour objet la conquête du St.-Gréal. — [2] Rigord de Gest. Phil.-Aug. Duchesn. t. v, p. 4.

Le jeune prince fut baptisé le troisième jour de sa naissance par Maurice, évêque de Paris, dans l'église de St.-Michel-de-Laplace. Philippe, comte de Flandres, fut son parrain d'épée, et Constance, femme de Raymond V, comte de Toulouse, sa marraine. Mais ses véritables parrains, car alors l'église en admettait plusieurs, furent Eude, abbé de Ste.-Geneviève, Hervé, abbé de St.-Victor; deux veuves de bourgeois de Paris le tinrent avec eux dans un vase de cuivre rouge, qui servait de fonts baptismaux à la porte de l'église. « Quant ly enfant fut né, il fut appelé Philippe *Dieudonné;* car ly roi Loys son père, qui étoit un saint homme et bon chrétien, s'étoit converti en aumône et oraison, et Dieu notre sire, qui pas ne refuse à ses procères, li donna un fils par quoi fut nommé *Dieudonné* [1]. »

L'éducation du nouveau-né fut confiée au vieux Robert-Clément de Metz, chevalier plein d'expérience des choses de la guerre, et qui possédait par hérédité la dignité alors unique de maréchal. Philippe reçut toutes les leçons qui

[1] Chronique de Saint-Denis. Apud dom Brial. Hist. de France, t. xvii, p. 348.

formaient les varlets royaux : les exercices du corps, les joûtes, les tournois, la lecture des livres saints, de quelques chroniques et des romans pleins de prouesses et d'aventures extraordinaires, que les trouvères normands avaient chantés à la cour d'Angleterre et de France. Le jeune prince, au sortir de l'enfance, put aussi s'instruire par les scènes qu'il avait sous les yeux. Il vit les longues querelles de son père avec Henri, roi d'Angleterre, à l'occasion des fiefs de la Tourraine et de l'hommage de la Normandie, les fureurs et les caprices du roi anglais, la résistance fanatique et la mort déplorable de Thomas Becket, archevêque de Cantorbéry; les révoltes des fils de Henri, les pillages et les désordres commis dans les provinces par les Cotteraux et les Brabançois, *ramas de robbeurs et de pillards qui ardoient les monastères et fustigoient les clercs* [1]. A l'âge de treize ans il accompagna son père qui allait à l'aide des églises de Clermont, des religieux de Cluny et de Vezelay persécutés par les seigneurs et les bourgeois des communes.

Sous Louis-le-Gros, le domaine royal qui

[1] Chronique de Saint-Denis, t. ii, ch. 2.

ne se composait encore que de Compiègne, Melun, Étampes, Orléans et Bourges, était envahi et comme coupé par une multitude de seigneuries féodales, telles que les châteaux de Montlhéri, la Ferté-Baudoin, Puiset, Corbeil, Melun et surtout par les donjons redoutables des Burchards de Montmorency; les Burchards, seigneurs de très-petits domaines, ne s'occupaient alors, comme on l'a vu, qu'à piller les voyageurs et à rançonner les moines de l'abbaye de Saint-Denis, située non loin de leurs fiefs. Pendant le règne de Louis VII, grâce aux efforts de Sugger[1], la plupart de ces vassaux avaient été domptés et la suzeraineté du roi s'était mieux assise dans ses propres domaines; quand le roi des Français fut un peu plus puissant que les comtes de Paris, les églises invoquèrent son patronnage dans la lutte qu'elles soutenaient contre l'esprit de la féodalité; les rois à leur tour ne le refusèrent pas aux églises, car elles tendaient avec lui vers un but commun, l'affaiblissement de la puissance des feudataires.

L'église de Clermont avait écrit au roi qu'elle était sans cesse exposée au pillage et aux

[1] Voy. Anonym. Vita Sugg. et Ludov. VII.

roberies des comtes du Puy et du vicomte de Polignac; Louis et son fils marchèrent contre les fiefs de ces vassaux, qui dépendaient des comtes de Toulouse; les seigneurs du Puy et de Polignac furent obligés de se rendre à discrétion. Les hommes d'armes du roi entrèrent dans leur domaine et les firent jurer sur les saintes reliques qu'ils n'insulteraient plus désormais les propriétés des évêques et des monastères [1].

La vengeance contre le comte de Châlons, surnommé *le destructeur des églises*, fut encore plus complète; ses aïeux avaient comblé de biens, de fiefs et de services les moines de Cluny; mais, suivant peu leur exemple, le comte actuel se livrait à tous les excès, car il avait massacré un grand nombre de moines et bu du vin dans le *batistaire du Moutier* [2]. Le roi le priva de sa seigneurie, qu'il partagea entre le duc de Bourgogne et le comte de Nevers. Il paraît que le comte de Nevers fut peu frappé de cet exemple d'une consfication violente prononcée par le suzerain; et la révolte

---

[1] Anonym. Vita Ludov. VII. — [2] Chronique de St.-Denis.

t. 2

des bourgeois de Vézelai, qu'il excita contre le monastère de ce nom, prouve que ces habitudes de pillages des seigneurs contre les riches monastères étaient inhérentes aux mœurs féodales, et que la force cherchait à recouvrer dans la jeunesse de la vie ce que la fraude avait arraché à la faiblesse au moment de la mort.

Le monastère de Vézelai avait été fondé en 846 [1] par Gérard, comte de Roussillon, et doté par le pape Nicolas Ier de tous les priviléges de la juridiction ecclésiastique. C'est précisément au sujet de cette juridiction qu'un différent s'était élevé entre le comte de Nevers et l'abbé de Vézelai.

Le comte disait : « L'église de Vézelai est sous ma tutelle : je veux que, toutes les fois que je l'aurai ordonné, l'abbé fasse justice à moi et à mes hommes, selon le jugement de ma cour. »

L'abbé répondait : « Je ne ferai en rien ce que tu me dis, car je ne tiens pas de toi l'abpaye de Vézelai, et mes hommes ne sont pas de ton fief. D'ailleurs, quelle protection ac-

[1] Chroniq. de Vézelai, par Guill. de Poitiers, dans la collection des mémoires publiés par M. Guizot, t. 8. C'est un des plus curieux monumens des mœurs domestiques du moyen âge.

cordes-tu dans tes domaines? tu arrêtes et tu pilles les Juifs et les marchands qui parcourent les chemins publics, en payant les péages et les droits depuis Auxerre jusqu'à Vézelai. »

— « Ce que je fais ainsi, je l'ai fait de tout temps, et aucun abbé n'a élevé de réclamation; tes hommes n'enlèvent-ils pas aussi tout le vin d'Auxerre dont ils peuvent s'emparer? »

Ces griefs, que l'abbé et le comte s'imputaient réciproquement, s'étendaient aux forêts, aux péages, en un mot à toutes les questions que le système féodal pouvait faire naître entre deux seigneurs voisins, dont l'autorité, découlant de deux sources différentes, s'appuyait sur des élémens divers, et qui prétendaient à une égale indépendance. Les contestations, qui s'étaient d'abord bornées à des enquêtes et à des informations par témoins, devinrent bientôt plus violentes : le comte de Nevers attaqua l'abbaye de vive force, et en brisa les portes en mille pièces à coups de hache d'armes; il pénétra dans le cellier de l'hôtellerie du monastère, et là, malgré les larmes et les excommunications des religieux, les chevaliers servirent leur seigneur avec le vin de Cluny et les bons poissons du vivier de l'abbé; enfin, pour terminer d'un seul coup la querelle sur la juridiction des bourgeois de Vézelai, le comte chercha à les soulever et à les réunir en *commune ;* ses messagers leur promirent une exemption absolue de tout péage, s'ils voulaient se placer sous la juridiction du comte de Nevers ; « *ces maudits bourgeois ajoutèrent foi* [1] *à ces paroles perverses,* et prirent parti pour le comte contre l'abbé; alors les *bons pères voyant que la viande leur était tollue et soustraite, et se voyant en tel point qu'ils n'avaient plus de quoi manger, ils s'en allèrent tous à Paris se jetter aux pieds du bon roi Louis* [2] ». Le roi les rassura ; il écrivit d'abord au comte de Nevers, et ce baron n'ayant point répondu à son suzerain, Louis et son fils marchèrent contre ses domaines et le contraignirent ainsi que ses bourgeois à rendre au monastère la juridiction qu'ils lui contestaient.

Dans ces exercices militaires, les forces du jeune Philippe se développaient avec vivacité;

---

[1] Guillaume de Poitiers, chronique de Vézelai. (Loc. cit.) —
[2] Merveill. des Hist. Règne de Louis VII.

il joutait déjà avec adresse contre les chevaliers expérimentés, et dans les tournois on avait déjà plusieurs fois distingué ses coups de lance, qui faisaient présager « un prince très-accompli pour le fait des batailles et prouesses ». Depuis long-temps le roi Louis, selon l'usage de ses prédécesseurs, songeait à l'associer à la couronne. Ces associations royales, mélange des traditions germaines et des institutions de l'ancienne Rome, avaient pour objet tout à la fois d'engager par avance la foi des barons envers l'enfant-roi qu'ils choisissaient, pour ainsi dire; en même temps, d'habituer le jeune monarque au poids des affaires publiques, dont il entrait immédiatement en partage. Dans l'année 1179, Louis, qui avait déjà 70 ans d'âge, et était *aggrégié d'une maladie que les physiciens nomment paralysie*[1], convoqua à Paris une assemblée générale de tous les archevêques, évêques, barons de France; les communes n'avaient point encore assez d'importance pour recevoir une convocation spéciale; quelques bourgeois se rendirent néanmoins dans la maison de Maurice, évêque de Paris, où se tenait l'assemblée; dès que tous

[1] Chroniq. de St.-Denis, Apud Dom Brial, t. XVII, p. 357.

les seigneurs furent arrivés, Louis entra seul dans la salle, où des siéges étaient préparés; puis, appelant l'un après l'autre les archevêques, évêques, abbés et barons de France, il leur dit : « Je voudrais, avec votre consentement et volonté, associer, au royaume, mon fils, qui m'a été donné par Dieu et qui commence à grandir; je vous convoque pour le jour de l'Assomption de la bienheureuse Marie.

« Bien dites, sire roi, répondit l'assemblée, et sois fait ainsi que vous le dites [1]. »

Après avoir obtenu ce consentement préliminaire, Louis fit des présens à chacun, les invitant à ne point manquer la prochaine assemblée, dans laquelle les barons reconnaîtraient tout à la fois leur jeune suzerain et assisteraient à son couronnement dans la ville de Reims.

Vers le premier jour de juillet, le roi et son fils vinrent à Compiègne pour se préparer à la grande solennité de l'association; mais un incident qui appartient aux mœurs de ces temps,

---

[1] MSS. de la Chronique de Saint-Denis, cité par Dom Brial, et sur lequel il a corrigé l'ancienne édition des Chroniq. T. XVII de la Collection des historiens de France, p. 349.

vint en suspendre les préparatifs. Le jeune Philippe avait obtenu de son père la permission de chasser à la lance et à l'épée dans la forêt du château. Au milieu des taillis épais il aperçoit un sanglier qui fuyait précipitamment poursuivi par les chiens et les chasseurs; aussitôt il court à sa poursuite; dans l'ardeur qui l'anime il va dans toutes les directions de la forêt, sans prendre garde qu'il s'est séparé des jeunes pages qui l'avaient accompagné. Au milieu du jour il s'aperçoit qu'il n'a plus personne avec lui; à mesure que la nuit approche, sa peur augmente; il erre çà et là où son cheval le porte. Il commence à faire le signe de la croix avec des gémissemens et des soupirs; il invoque les reliques du martyr saint Denis, protecteur des rois de France. Cependant le jeune prince s'égare de plus en plus. Il était 9 heures, et la nuit préparait ses plus épaisses ténèbres au milieu de la forêt de Compiègne, alors une des retraites les plus sauvages des environs de Paris. Tandis qu'il faisait retentir l'air de ses cris, il vit venir à sa droite un homme d'une taille élevée, d'un aspect horrible, tout noir et contrefait, tenant d'une de ses mains une grande hache sur l'épaule, et de l'autre un brâsier ardent qu'il soufflait. La peur de l'enfant redouble lorsqu'il voit cet homme s'approcher de lui.

« Dieu te gart; où vas-tu à cette heure, enfant? lui dit-il d'une voix forte. »

« Sire, je suis un gentilhomme qui viens de chasser en la forêt; j'y ai tous mes compagnons perdus qui me devoient garder. Pour ce, sire, je vous prie et requiers de me conduire en la ville; vous y aurez bon bénéfice. »

« Soit fait ainsi que tu le dis, enfant, » répondit le vilain; et remettant sa hache sur son épaule, il le conduisit, tout tremblant, jusqu'à Compiègne [1].

La faim, la fatigue et la frayeur réunis causèrent une maladie violente au jeune Philippe; tous les physiciens et les astrologues furent consultés. Quelques-uns prétendirent que le diable s'était caché sous la peau du sanglier, selon l'usage, pour perdre l'espoir de la France, et que Dieu avait suscité le vilain avec sa hache pour préserver un prince qu'il chérissait; mais

---

[1] Cette aventure est racontée par Rigord, traduite dans la Chronique de Saint-Denis; mais la conversation qu'on vient de lire ne se trouve que dans le manuscrit sur lequel D. Brial a travaillé. p. 349.

ces conjectures des physiciens ne diminuaient pas le mal : on eut alors recours aux miracles et aux révélations. Le tombeau de Thomas Becket, archevêque de Cantorbéry, inspirait une vénération générale, et plus la conduite de ce prélat avait été violente envers les couronnes, plus les souverains pontifes, qui visaient à cette domination que donne tôt ou tard la force de volonté, avaient rehaussé l'éclat de ses vertus et l'efficacité de ses miracles. Le roi apprit par un songe que, s'il faisait le pélerinage au tombeau de saint Thomas de Cantorbéry, son fils guérirait promptement. Louis n'y fit d'abord aucune attention; mais, la seconde nuit, le vieillard qui lui était apparu se présenta de nouveau devant lui avec une figure menaçante, et dès-lors il n'hésita plus. Malgré son grand âge, il se décida donc à visiter l'église et le monastère où les saintes reliques de Thomas Becket étaient déposées. Comme il ne pouvait pas trop se fier au roi d'Angleterre, Henri II, il lui demanda un sauf-conduit tant pour aller que pour revenir, ce qui lui fut accordé. Le monarque se rendit en toute hâte à Withsand, et vint débarquer à Douvres le 22 août. Henri le reçut sur le rivage, et lui renouvela l'hommage pour les fiefs qu'il tenait de lui en France. Le 23, Louis était déjà dans la vaste église de Cantorbéry, poussant des gémissemens sur le tombeau gothique de l'archevêque. Selon la coutume, il lui offrit une coupe d'or artistement ciselée et d'un grand prix; en même temps, par une charte scellée de l'anneau royal, il concéda en aumône aux religieux de Cantorbéry, qui avaient prié avec lui, cent muids de vin à prendre chaque année dans la ferme royale de Poissi [1]. Le 26, le roi était de retour à Withsand, où il apprit que la force du tempérament de son fils avait dompté la maladie, et qu'il était entièrement rétabli.

A peine le roi était-il arrivé à Compiègne qu'il songea de nouveau à l'association royale à la couronne retardée par l'accident de la forêt. L'époque de l'assomption était passée, et la plupart des barons venaient de retourner dans leurs fiefs; il hâta donc une

---

[1] Robert Du Mont. Roger de Hoveden et Math. Paris, ad ann. 1179.

convocation nouvelle, d'autant plus qu'il venait d'éprouver de nouveaux symptômes d'une violente paralysie. On fixa l'époque du couronnement à la Toussaint de cette même année, dans l'antique cité de Reims. Louis ne put pas s'y rendre en personne; sa maladie faisait de trop graves progrès, et il vint chercher un abri contre les douleurs dans l'abbaye de Saint-Denis.

Cependant il envoya ses chartes revêtues de son scel à Guillaume, archevêque de Reims, pour lui annoncer que Philippe son fils et les barons de France arriveraient dans la métropole de son diocèse la veille de Tous-les-Saints. En conséquence les chanoines se préparèrent à recevoir *l'avocat et le patron des églises*, car c'est ainsi que le clergé considérait alors la dignité de roi de France. Un échafaud fut dressé dans la cathédrale : on y prépara un siége couvert de drap rouge pour le roi ; des bancs moins élevés furent destinés aux principaux barons du royaume. Lorsqu'on apprit que le suzerain approchait de la ville, l'archevêque, et tout le clergé, précédé des serfs d'église, des bourgeois de Reims et de tous les vassaux de la métropole, vinrent processionnellement au devant de lui; le jeune roi descendit de cheval, se prosterna en présence de l'archevêque, et se joignit au nombreux cortége qui était venu le recevoir; le soir même, les hommes d'armes au blason de France prirent possession de l'église, selon l'usage, et la gardèrent conjointement avec ceux de la métropole. Le roi n'entra point dans l'enceinte sacrée; il vint habiter le manoir de l'archevêque en vertu du droit *de giste*[1], toujours dû au patron des églises par les évêques et les abbés[2].

Le lendemain, dès que matines furent sonnées, les hommes d'armes avec leurs masses et leurs arbalètes, se placèrent au devant du monastère, et bientôt le chant des chanoines et des clercs se mêla au bruit des cloches; ce jour-là les serfs n'allèrent point à leurs travaux. Les bourgeois, selon leur charté municipale, se réunirent en armes, afin d'empêcher que les hommes du roi n'attentassent à leurs priviléges[3].

---

1 Hébergement. — 2 MSS. de l'abbé de Camps (famille de Philippe-Auguste). Dutillet, recueil des Rois, p. 187. Cérémonial de France, t. 1, p. 1 et suiv. — 3 MSS. déjà cité.

Avant l'aspersion de l'eau bénite, le roi sortit du manoir de l'archevêque accompagné d'une multitude de prélats et de barons; les premiers en chappes et en mitres, les autres, vêtus de tuniques ou dalmatiques de toile d'argent à grand feuillage rouge, et sur le tout le grand manteau d'escarlate doublé d'hermine; les ducs portaient sur leur chef la couronne d'or à fleurons, et les comtes seulement le cercle à boutons émaillés de blanc en façon de perle, marque de leur dignité respective.

On vit dans ce cortège royal, Henri II, roi d'Angleterre, qui comme duc de Normandie, élevait sur ses mains la couronne destinée au jeune Philippe, un de ses devoirs féodaux. Le comte de Flandre tenait la *bonne joyeuse* vieille épée de Charlemagne, aussi pour le service de son fief. Le duc de Bourgogne portait les éperons. Chacun des barons et des prélats remplissait aussi un office à raison de sa tenure et des services auxquels il était obligé envers le suzerain[1]. Des hérauts d'armes dévançaient le roi criant d'une voix forte : « que ceux des barons qui ont été convoqués et ne se sont point rendus

[1] Rigord Gest de Philippe-Aug., ad ann. 1179.

sans légitime excuse, soient condamnés à l'amende par le jugement de leurs pairs. »

Tandis que le cortége royal s'avançait vers la métropole de Reims, une députation de barons et de chevaliers, désignée par le roi, s'était rendue, précédée de leurs gonfanons et penonceaux, à l'église St.-Remi, pour y demander la sainte ampoule. L'abbé, selon l'usage, vint sur le parvis de l'église et dit : Sires chevaliers, que requérez-vous de St.-Remi? — La sainte ampoule pour notre sire le roi de France. — Nous vous l'octroyons; mais jurez sur saint évangile que vous la reconduirez loyalement en sa chasse. — Nous le jurons, en pleige et caution du roi. Ce serment fait et les chartes scellées, les abbés et les religieux de St.-Remi accompagnèrent processionnellement la sainte ampoule que l'abbé portait en grand respect sous une draperie de soie, soutenue par quatre religieux vêtus en aube.

Lorsque l'abbé de St.-Remi vint dans la métropole avec la sainte ampoule, le jeune roi y était déjà arrivé, et tous ses suivans avaient pris les places qui leur étaient réservées autour du trône. L'archevêque vint au-devant de l'abbé, et jura qu'il restituerait la sainte ampoule, laquelle il recevait dans sa juridiction; les chants d'église commencèrent, et alors le prélat, revêtu de ses habits pontificaux et du pallium, vint devant l'autel, et se tournant vers le jeune roi, lui dit d'une voix éclatante:

« Philippe, nous te demandons que tu conserves à chacun de nous et aux églises qui nous sont confiées les priviléges canoniques, les droits de la juridiction dont nous sommes en possession, et que tu te charges de notre défense, comme un roi le doit dans son royaume à chaque évêque et à l'église qui est confiée à ses soins [1]. »

« Je le promets, dit Philippe, comme un roi le doit. Je promets encore, au nom de J.-C., de maintenir la paix dans l'église de Dieu, d'empêcher toute rapine et iniquités, de quelque nature qu'elles soient; de faire observer la justice et la miséricorde dans les jugemens, afin que Dieu qui est la source de la clémence, daigne en répandre sur vous et sur moi. Toutes les choses ainsi dites, je confirme par serment [2]. »

[1] Dutillet, recueil des Rois, p. 189. — [2] MSS. de l'abbé de Camps (famille de Philippe Auguste.)

En disant ces mots, le roi mit la main droite sur l'évangile. Alors les chants recommencèrent tandis que les barons plaçaient sur l'autel les couronnes royales précieusement conservées à St.-Denis, l'épée de Charlemagne dans son fourreau, les éperons d'or, le sceptre, la main de justice en ivoire, les bottines de soie couleur bleue azurée, la tunique et les dalmatiques de même couleur et de la même forme que celle des sous-diacres, enfin le manteau royal sur lequel se voyait parsemé des lis d'or. L'abbé de St.-Denis demeura tout à côté de ces ornemens, propriété de son abbaye, pour les garder *à vue*.

Philippe s'approcha de l'autel et se revêtit des habits royaux. Son sénéchal lui chaussa ses bottines, et le duc de Bourgogne lui mit les éperons, tandis que l'archevêque lui ceignant l'épée et la tirant de son fourreau, lui disait : « Prends le glaive afin de repousser tes ennemis et tous les adversaires de l'église. » Le comte de Flandres, faisant les fonctions de conétable, la prit des mains du roi, et la tint nue devant lui durant toute la cérémonie.

Immédiatement après, les onctions commencèrent au milieu des chants et des oraisons des prélats ; elles furent faites en sept endroits : au sommet de la tête, à la poitrine, entre les deux épaules, sur les épaules, aux jointures des deux bras ; et à chaque onction, l'archevêque disait : « Je te sacre d'une huile sanctifiée, au nom du Père, du Fils et du St.-Esprit. »

Le roi reçut ensuite de son sénéchal la dalmatique de bleu azuré et le manteau insigne de sa dignité, et de l'archevêque l'anneau royal, le sceptre et la main de justice. Alors les héraults d'armes appelèrent de leur nom les barons convoqués ; trois fois ils s'écrièrent : « Venez prendre part à cet acte ; » et, après ces trois sommations, la couronne fut posée sur la tête du roi aux acclamations des grands et des prélats et sans aucune opposition. La cérémonie ainsi terminée, Philippe retourna chez l'archevêque de Reims qui fut encore obligé de l'héberger ainsi que toute sa maison pendant trois jours et de le nourrir à ses propres frais.

Il paraît que les dépenses du sacre furent très-considérables, et, selon l'usage, elles demeurèrent toutes à la charge de l'archevêque. Guillaume fut obligé de s'endetter dans cette circonstance pour de très-fortes sommes, envers des Juifs et des Italiens. « Vous devez savoir que nous nous sommes très-obérés à l'occasion du sacre et du couronnement de notre très-cher neveu le roi Philippe; nous sommes donc venus au milieu de notre Chapitre, et lui avons demandé quelques secours pour nous tirer d'embarras ; les chanoines compâtissant comme de bons fils à notre misère, nous ont cédé quelques revenus de terres, et qu'il soit bien entendu qu'ils n'ont pas fait ceci comme une dette qu'ils acquittent, mais par simple libéralité et bonté envers nous. C'est pourquoi, nous qui n'entendons en aucune manière qu'on puisse nuire à celui qui fait du bien, nous avons dressé cette charte afin qu'on ne puisse pas tirer de ce pur don des conséquences pour l'avenir [1]. »

Cette charge imposée à l'archevêque de Reims de payer tous les frais du sacre, ne fut abolie que très-long-temps après. Louis VIII, cependant, déclara dans une ordonnance, que les

---

[1] Chart. orig de l'archevêque de Reims apud Marlot, *Hist. Remens. Métropol.* T. II, liv. 3, p. 134-137.

bourgeois de Reims, du banc et de la seigneurie de l'archevêque seraient tenus de contribuer avec lui aux frais occasionnés par le sacre des Rois [1].

[1] *Ibid*, t. II, liv. 3, p. 508.

CHAPITRE III.

SITUATION DE L'EUROPE, MINORITÉ DE PHILIPPE AUGUSTE.

1180 — 1185.

Princes contemporains. — Le pape Alexandre III. — L'empereur Frédéric Ier. — Manuel Comnène. — Henri II, roi d'Angleterre. — Rois maures et chrétiens d'Espagne. — Waldemar Ier, roi des Danois. — Grands vassaux de la couronne. — Philippe, comte de Flandres. — Comtes de Champagne, de Toulouse, de Normandie et de Guyenne. — Rivalité des maisons de Flandres et de Champagne pour la tutelle du roi. — Mariage de Philippe et d'Isabelle de Hainaut. — Administration de la maison de Flandres. — Les comtes de Champagne quittent la cour. — Le roi d'Angleterre intervient. — Paix avec le comte de Champagne. — Révolte des grands vassaux sous Philippe de Flandres. — Guerres du roi. — Traité de paix.

A son retour de Reims, le jeune roi couronné trouva Louis VII dans un état complet d'incapacité morale. La paralysie avait fait de rapides progrès, et Louis, malgré les prières continuelles des abbayes et des monastères, ne donnait plus d'espoir. Les barons allaient donc avoir pour suzerain un prince qui n'était pas même encore chevalier. Philippe, en effet, atteignait sa quinzième année, et les vassaux se promettaient déjà de profiter de la faiblesse inhérente à l'administration d'un enfant dont le bras ne s'était point encore essayé dans de sérieuses batailles, pour augmenter leur domaine et consolider leur indépendance féodale.

Avant de suivre les premiers actes de l'administration du nouveau roi, il nous paraît donc essentiel de dire quels étaient les princes contemporains et les grands vassaux de la couronne avec lesquels il allait se trouver en rapport.

A l'avènement du jeune prince à la couronne, Alexandre III portait la tiare des pontifes. Né à Sienne, de la maison des Bandinelli, il avait été promu au milieu des divisions du conclave; et tandis que les cardinaux de son parti l'intronisaient aux acclamations des abbés et des évêques, l'antipape Victor, élu par une autre fraction du collége pontifical, et par le peuple de Rome qui avait échangé la liberté du forum contre des élections ecclésiastiques, se précipitait sur son concurrent et lui arrachait devant l'autel, la chappe, l'étole et la tiare, insignes de sa nouvelle dignité. Vaincu par un rival heureux, Alexandre fut obligé de quitter l'Italie; il résida long-temps en France dans le monastère de Maguelone, à Sens et à Paris, où les rois de France et d'Angleterre avaient reconnu son autorité pontificale, en même temps que l'empereur Frédéric saluait l'élévation de Victor. Une succession d'antipapes avait long-temps disputé au vieil Alexandre le pouvoir pontifical, et ce n'était que depuis une année que Frédéric et les villes de Sicile s'étaient déterminés à le reconnaître[1]. Au milieu de ses abaissemens, le pontife avait conservé toutes les prétentions de son prédécesseur Grégoire VII, et lorsqu'il n'avait plus pour demeure que l'enceinte d'un monastère, il rêvait encore la souveraineté du monde. Henri II l'avait comblé de biens; cependant il s'était empressé de canonniser Thomas Becket, comme pour humilier l'autorité royale. Aux victoires et

[1] Baronius et le père Sagi, Annal. Ecclésiastiques 1171-1184. Art de vérifier les dates. T. 1, p. 403, in 4°.

aux conquêtes de Frédéric, il avait répondu par des excommunications, et au moment où Philippe-Auguste prenait le sceptre, Alexandre faisait déclarer dans le troisième concile de Latran, que la tiare était au-dessus de toutes les couronnes de la terre.

Frédéric Ier, qui gouvernait alors l'empire, était ce prince surnommé Barberousse, que ses lumières et ses opinions plaçaient bien au-dessus de ses contemporains; à peine affermi sur le trône, il s'était livré à tous les rêves de la puissance et de l'ambition; et plein des souvenirs de l'ancienne Rome, il tentait de faire renaître au milieu des morcellemens infinis du système féodal l'empire et le pouvoir des Augustes. Ses armées passaient les Alpes presque toutes les années, pour dompter l'esprit de liberté qui s'était réveillé avec énergie dans les confédérations des villes de Lombardie et dans Rome même. L'empereur, plusieurs fois excommunié, ne professait aucune croyance religieuse; il se mocquait de l'autorité pontificale, qu'il s'était efforcé d'avilir en multipliant les antipapes qu'il élevait et renversait à son gré. Ses contemporains lui attribuaient même le livre ou au moins l'idée première du livre des *Trois Imposteurs*[1], Moïse, le Christ et Mahomet, qui est devenu dans le dernier siècle l'objet d'un plus long développement. L'empire avait alors peu de rapport avec la France féodale. Frédéric cependant venait de se faire couronner roi d'Arles; mais il soutenait que cette principauté, quoique placée dans le territoire naturel du royaume des Francs, était indépendante de la hiérarchie des fiefs, et n'avait de seigneur supérieur que l'empire.

Alors finissait son regne sur un autre empire, celui d'orient, ce Manuel Comnène, que les croisés avaient appelé *le fils du diable*, à cause de sa perfidie[2]; les barons et les chevaliers l'accusaient d'avoir livré à Kilidge Arslan, sultan d'Iconium, l'armée chrétienne marchant pour la croisade sous les bannieres de Louis VII et de Conrad. Cette circonstance avait beaucoup contribué à nourrir la haine et les mépris

[1] On a attribué successivement ce livre à Frédéric Barberousse, à Frédéric II, à Pierre Desvignes, à Averroës, à Simon de Tournay, et à Pierre Arétin. (*Voyez* la Dissertation spéciale de Menagiana, T. IV, p. 283 à 312; dans la collectoin des *Scriptor. rerum eclesiast. sæcul.* XIII, p. 66 à 79.) — [2] Chronic d'Odon-de-Deuil, sur la croisade de Louis VII, en la comparant avec l'historien grec Nicétas, qui lui sert comme de critique et de commentateur.

des loyaux barons de l'Occident, pour les mœurs de la cour de Byzance; cependant le nom des Césars et les pompes impériales exerçaient encore un puissant ascendant sur les imaginations grossières des châtelains. Plusieurs alliances unirent les princes féodaux aux courtisans de Constantinople, et plus tard, Agnès de France devint la fiancée du César Alexis. L'empire d'Orient marchait à grands pas vers sa décadence; les révolutions du palais s'y succédaient, et les trouvères de la France et de l'Angleterre s'étaient souvent élevés « contre la déloyauté des hommes liges des empereurs, qui abandonnaient méchamment leur *droit sire et les varlets* (les Césars) *de Constantinople*[1]. » L'empire d'Orient n'avait quelque importance pour l'Europe que comme lieu de passage pour les expéditions nombreuses de chrétiens qui se dirigeaient vers la Palestine.

Le vieux Henri II régnait depuis trente ans sur cette Angleterre qu'une ancienne rivalité divisait déjà de la couronne de France. Henri, vassal de Philippe, devait naturellement devenir

---

[1] Vilhardouin, Conquête de Constantinople par les Francs, n'emploie jamais que cette désignation.

son plus puissant allié ou son plus redoutable adversaire. Il possédait, comme l'aîné de la maison des Plantagenets, la Normandie, l'arrière fief de Bretagne, l'Anjou, une grande partie du Maine et plusieurs fiefs dans le Berry, du chef d'Éléonore de Guyenne, il avait acquis le vaste duché d'Aquitaine et par conséquent les comtés particuliers du Poitou, du Limousin, le duché de Gascogne, les comtés de Bordeaux et d'Agen et toute la partie de la Touraine située sur la rive gauche de la Loire et la suzeraineté de l'Auvergne. Le roi d'Angleterre commandait, comme on le voit, à un territoire plus vaste que le domaine même de la couronne et il aurait pu facilement dominer son suzerain; mais sa longue administration avait été violemment agitée par la révolte de ses propres barons et la guerre contre l'Irlande et les sauvages écossais; la conduite d'Henri avec l'archevêque de Cantorbéry, qui avait été empreinte de ce double caractere si propre à inspirer le mépris, la cruauté et la faiblesse, lui avaient fait perdre l'estime de sa brillante chevalerie; d'un autre côté, il avait eu l'imprudence de confier de vastes fiefs à ses fils, Henri, Richard et Geoffroi, et ces fils ambitieux avaient agité son règne par des guerres continuelles. L'activité et la violence fesaient le fond du caractère de Henri; quoiqu'il fût d'une complexion tres-faible et défiguré par la grosseur énorme de son bas-ventre, il était sans cesse à cheval et poursuivait avec l'agilité d'un Gallois les animaux les plus légers [1]. Le roi ne pouvait supporter la contradiction; quiconque hésitait à suivre sa volonté était marqué comme sa victime. Sa furie était celle du lion, et du lion irrité [2]. Au milieu de ses accès de rage, ses yeux se remplissaient de sang et ses mains brisaient tout ce qu'elles pouvaient atteindre [3]. Dans un de ces momens de frénésie, un de ses pages lui ayant présenté une lettre, le roi se précipita sur lui et le mordit à l'épaule; dans une autre occasion, Humet, son ministre favori, ayant osé élever la voix en faveur du roi d'Écosse, Henri, plein de furie, le poursuivit à travers l'escalier de Wostoock jusque

---

[1] Pierre de Blois dit, dans une de ses lettres : « Usque ad vesperam stat in pedis, » p. 98. — [2] Est leo et leone truculentior dum vehementius excandescit. (Blcs. Epist.) — [3] Giraldus, 713.

dans sa chambre, déchira ses vêtemens et les couvertures de soie qui ornaient son lit, et ne pouvant pas faire un plus grand dommage, il se mit à rogner la natte de paille qui couvrait le plancher [1]. A cette violence de caractère, Henri joignait un ardent amour pour les femmes, et une noble passion pour les lettres; ce fut sous son règne que brillèrent la plupart de ces trouvères normands dont les poëmes plus graves, rivalisèrent cependant, avec les gaies chansons des troubadours de la Provence et de l'Aquitaine.

La plus grande partie de l'Espagne était au temps de Philippe Auguste encore occupée par les Maures; Cordoue, Grenade, Tolède, qu'embellissaient leurs palais embaumés et leurs mosquées à mille colonnes, obéissaient toujours aux princes musulmans; mais cachée d'abord au sein des montagnes, une vieille race de chevaliers chrétiens avait peu à peu étendu ses domaines par des conquêtes et les royaumes de Castille et de Léon s'étaient formés des le onzième siècle. Alphonse, surnommé

[1] Epist. S. Thomas, T. 1, p. 45.

le noble fils de Sanche III, avait été élu roi pour conduire cette brave noblesse. Toute la jeunesse de ce prince avait été occupée à combattre les Maures, et les plaines de Cuenca l'avaient vu, aidé des chevaliers de l'Aquitaine et du comté de Toulouse, rougir la terre du sang des Sarrasins. Le royaume de Léon, encore séparé de celui de la Castille, reconnaissait pour roi Ferdinand II, vieux chevalier connu par l'institution de l'ordre militaire de Saint-Jacques, et par le grand nombre de ses femmes, coutume qu'il avait empruntée aux Maures. Le royaume de Portugal devait son origine à une expédition chevaleresque. Alphonse Henriquez, fils de Henri de Bourgogne, avait vaincu les Maures, et pour récompense il reçut le titre de comte. Après la victoire de Rabase-dei-Reis, où cinq princes maures tombèrent sous ses coups, Alphonse fut revêtu des insignes de la royauté par les cortès de Lamégo. Sanche IV, fils aîné de Garcias IV et de Marguerite de France, sœur de Louis VII, occupait le trône de Navarre; prince turbulent et ambitieux, il avait souvent porté le désordre dans la croisade nationale contre les sarrasins d'Espagne. A l'avénement de Philippe-Auguste, Henri II, roi d'Angleterre, venait de terminer une guerre folle que don Sanche avait entreprise contre le roi de Castille[1].

A l'autre extrémité de l'Europe chrétienne se trouvait un royaume qui serait sans importance pour les événemens que nous avons à raconter, si le mariage d'Ingerburge avec Philippe-Auguste ne l'avait mis en rapport avec la France : nous voulons parler du Danemarck. Waldémar I, fils posthume de saint Canut, roi des Abodrites, y portait la couronne. Le Danemarck, autrefois la patrie et l'asile de ces pirates du nord qui dévastaient les monastères et pillaient les autels, s'était converti au christianisme, et plusieurs de ces fils d'Odin avaient échangé leur illustration et leur indépendance nationale contre le titre de saint et le vasselage de l'église. Waldémar était un prince faible et sans énergie, et l'on verra tout ce que sa conduite eut de timide lors de l'injuste divorce prononcé contre sa sœur.

Les rois de France ne se trouvaient pas seulement en rapport avec les princes étran-

[1] Art de vérifier les dates, t. III, p. 217, in-4°.

gers : il y avait encore pour eux une politique de tous les instans envers les grands vassaux de leur couronne. Les domaines du roi étaient pour ainsi dire cernés par de grands fiefs placés sous la dépendance de seigneurs puissans, et chacun de ces vassaux prétendait à toutes les prérogatives de la souveraineté.

Philippe, fils de Thierry d'Alsace et de Sibille d'Anjou, gouvernait le comté de Flandres, l'un des plus grands fiefs de la monarchie et qui comprenait toutes les terres qui portent encore ce nom aujourd'hui, et, selon quelques chroniques, l'Amienois et le Vermandois. La Flandres était pleine alors de villes florissantes et de communes libres : telles étaient Arras, Péronne, Hesdin, dévouées à leur seigneur, mais encore plus à la liberté que nourrissait l'esprit de commerce et d'industrie[1]. Philippe avait été le parrain d'épée de son jeune suzerain le roi de France; c'était un vassal actif, et le modèle de ces farouches seigneurs féodaux que les romanciers du moyen âge ont mis en scène. On raconte qu'ayant trouvé dans une tour de son château de Saint-Omer le jeune

[1] Meir, Annal. de Flandres ad ann. 1155, 1190.

et beau Gauthier des Fontaines aux genoux de sa femme, il fit pendre le malheureux chevalier par les pieds dans un cloaque infect, et livra son corps aux vautours sur la tourelle la plus élevée du château [1].

La maison de Champagne, la plus puissante après celle des comtes de Flandres, était alors représentée par Henri Ier dit le Large (libéral), un des vieux compagnons de Louis VII qu'il avait accompagné dans la croisade de 1147. La France comptait peu d'aussi vaillans chevaliers; il avait fait un règlement particulier pour les tournois, qui lui avait attiré l'excommunication de l'église; Henri voulait que l'on combattît toujours *à fer aigu et à outrance*. Il se distinguait par une générosité sans bornes, qui lui mérita le surnom de Large. On ne peut se faire une idée de ses prodigalités envers les églises et les vassaux. Il donnait tant, qu'il n'avait plus un denier. Un de ses vassaux s'étant adressé à lui afin d'obtenir une dot pour sa fille, Henri l'accorda; mais le garde de son trésor, qui était présent, lui

---

[1] Benoît Petersborough, ad ann. 1175; et Raoul de Dicet, ad ann. 1175.

dit : « Sire comte, je n'ai pas un écu. — Taistoi, vilain, tu mens par la gorge; j'ai encore à donner et te donne : si vaudra le don, car tu m'appartiens. Sire chevalier, prenez-le (ajouta-t-il, s'adressant à son vassal), et lui faites payer rançon tant qu'il y ait de quoi finer au mariage de votre fille, et ainsi fut fait [1]. » La maison de Champagne, qui comptait plusieurs princes, frères cadets de Henri, s'était alliée à la maison de France par le dernier mariage de Louis VII avec une princesse de cette famille.

Le duché de Bourgogne était dans les mains de Hugues III, de la race capétienne, et par conséquent parent de Louis VII, qu'il avait accompagné dans la guerre contre le comte Guillaume de Châlons, le persécuteur de l'abbaye de Cluny. Suivant les mœurs du temps, il avait fait un voyage en Palestine et comblé les églises de ses dons; cependant les chroniques nous le représentent comme *un enleveur de damoiselles et un baron de grands chemins.* Quand du haut des tourelles, ses hommes d'armes apercevaient des voyageurs et des marchands, ils en prévenaient leur seigneur, et Hugues, la lance au

[1] Chronique de Champagne, ad ann. 1152-1181.

poing, ne se faisait aucun scrupule de leur courir-sus pour les dépouiller. Lorsque Henri II envoya Jeanne sa fille, suivie d'un sénéchal et de quelques prudens barons, à la cour du roi de Naples auquel elle était destinée, le duc de Bourgogne attendit l'escorte de la jeune princesse sur la grande route, l'attaqua et pilla tout ce qu'elle transportait, tandis que ses chevaliers *caressaient* les damoiselles [1]. Ce qui fait dire à un chroniqueur *que Hugues fut moult bon chevalier, mais qu'il ne fut oncque tenu à sagesse ni à Dieu ni au monde.*

Les grands fiefs d'Aquitaine et de Normandie étaient, comme nous l'avons dit, au pouvoir de Henri, roi d'Angleterre. Cependant le fougueux et vaillant Richard, que nous retrouverons bientôt sur un plus vaste théâtre, avait reçu l'Aquitaine à titre de fief, et en avait fait hommage à Louis VII son suzerain le 6 janvier 1171. A l'avénement de Philippe-Auguste l'Aquitaine était soulevée, une coalition de vassaux s'était formée contre Richard; les comtes de la Marche, d'Angoulême, Geoffroy de Rancone, seigneur de Taillebourg, avaient secoué les liens de la

---

[1] Duchesne, Hist. de Bourgogne, t. 1, aux Preuves.

féodalité, et le prince anglais, suivi des barons demeurés fidèles, cherchait à réprimer la révolte. Quant à la Normandie, tantôt dans les mains du roi d'Angleterre, tantôt dans celles de Henri son fils, elle formait une des dépendances les mieux unies à la couronne des Plantagenets.

Le comté de Toulouse, fief le plus éloigné des terres de France, et que distinguaient des mœurs et des habitudes particulières, comprenait alors les comtés d'Albigeois, du Quercy, du Rouergue, le duché de Narbonne, les comtés de Nîmes et de Saint-Gilles, enfin le marquisat de Provence, qui embrassait tout le pays situé entre l'Isère, les Alpes et la Durance. Raymond s'était allié à la race des Capets par son mariage avec Constance, sœur de Louis VII et fille de Louis-le-Gros. Le comte de Toulouse se trouvait pour quelques fiefs vassal des ducs d'Aquitaine, mais pour son comté il relevait du roi de France : guerrier valeureux, il se distinguait encore par son amour des plaisirs et la pompe chevaleresque de ses cours plénières : toute la chrétienté célébrait ses magnifiques tournois, et le luxe de sa table, où chaque jour dix de ses nombreux vassaux s'asseyaient pour vider la coupe joyeuse. Le troubadour Pierre Raymond, qui vécut longtemps à la cour du comte de Toulouse son seigneur, déclare qu'il n'avait jamais vu châtelaine résister à un baron aussi magnifique, et que les maris trouvaient toujours *leur place chaude* lorsqu'ils s'absentaient du lit conjugal. Le comte de Toulouse pouvait lever de nombreux hommes d'armes. A sa voix les bourgeois de cinquante villes et de soixantes bourgs dépendans de sa comté se réunissaient sous son gonfanon, et mêlaient leur bannière communale, où se voyaient peintes les images de Jésus et de la Vierge, aux *penonceaux mi-partis* de cent-dix châtelains dont les fiefs relevaient du noble comte [1].

Tels étaient les souverains et les principaux barons avec lesquels Philippe allait se trouver en rapport; plus ou moins puissans, tous avaient une plus longue expérience de la guerre, et ce qui était plus à craindre encore pour le nouveau prince, c'est que par une longue habitude

[1] Dom Vaissète, Hist. du Languedoc, t. II, qui en donne une notice exacte aux pièces justificatives.

il s'était formé entre eux et leurs arrière-vassaux un échange de services et de protection qui ne permettait plus de diviser leur force comme l'avaient fait Louis-le-Gros et Louis VII pour les dominer plus facilement. Dans tous les rangs inférieurs, les liens de la féodalité étaient en pleine vigueur, et par cela seul la suzeraineté supérieure des rois de France était plus immédiatement menacée.

L'âge du jeune prince le plaçait sinon sous la tutelle légale, au moins sous l'influence naturelle d'une des maisons puissantes qui lui étaient attachées ou par les liens de la parenté, ou par le souvenir des services. A la mort de Louis VII, la cour du suzerain se trouva comme divisée en deux grandes factions; les comtes de Champagne, alliés au roi défunt par leur sœur, la reine-mère, exerçaient un immense ascendant sur tous les vassaux habitués à l'ancienne cour; le parti du comte de Flandres se fondait sur des liaisons plus récentes d'amitié et de chevalerie. Le comte avait été le parrain du Roi, et à ce titre, sacré dans les mœurs pieuses du moyen âge, se joignait une sorte de patronage chevaleresque sur les premiers exploits de Philippe Auguste; c'était le comte de Flandres qui avait présidé à ses jeunes batailles et à cette éducation des camps que le *noble Varlet* n'oubliait pas, même lorsque la couronne touchait sa tête.

Pour assurer leur influence sur l'esprit du nouveau suzerain, les comtes de Flandres et de Champagne sentaient tout l'intérêt qu'ils devaient mettre à diriger les premières émotions du Roi. Le choix d'une dame ou d'une épouse fait dans leur race pouvait assurer leur pouvoir et servir leur ambition. Il y avait long-temps qu'on songeait au mariage de Philippe; il touchait à peine à sa septième année que déjà l'empereur Frédéric avait proposé à Louis VII une de ses filles pour l'enfant roi; le bruit de cette proposition s'était répandu jusqu'à Rome; le pape Alexandre III, qu'un tel mariage effrayait dans ses conséquences, menaça le roi de France des foudres d'une excommunication commune avec l'impie Frédéric, s'il consentait à unir sa race à celle de l'ennemi du St.-Siège. Le Roi n'osa pas désobéir [1].

Au retour de Rheims, tandis que tous les

[1] Collect. des chartes et diplômes de M. de Brequigny, t. IV.

vassaux, au milieu des tournois, cherchaient à épier les regards du jeune suzerain, à étudier les couleurs et la devise de son écu, on apprit tout à coup que par une charte scellée [1] de son scel, Philippe s'était engagé à épouser Isabelle, fille du comte de Hainault, et nièce du comte de Flandres; elle devait recevoir pour dot tout le territoire voisin de la Lys, et la succession éventuelle de la Flandre, dans le cas où le comte mourrait sans héritiers mâles [2].

Ce mariage déplut beaucoup aux comtes de Champagne et à la reine-mère, que Philippe n'avait pas même consultée. On se plaignit dans la cour plénière de ce que le suzerain de tant d'illustres barons n'avait épousé que la fille d'un simple vavasseur du comte de Flandres [3]. Le chroniqueur de Saint-Denis, qui *avait vu les généalogies*, ne manque pas de dire que les ennemis du roi se trompaient, qu'Isabelle était du sang de Charlemagne, et issue de cette Judith, fille de Charles-le-Chauve, qui s'enfuit de la cour de son père pour suivre un

---

[1] (En 1180) *Nescio quo consilio*, dit la Chronique de Robert Du Mont, p. 803. — [2] Roger de Hoveden, Annal. Anglor. ad ann. 1180. — [3] Gervasius chronic. ad ann. 1180, p. 1457, ex edit. Londin.

simple chevalier, lequel devint ensuite comte de Flandres et de Hainault.

Le mariage fut célébré à Bapaume, et la jeune princesse fut conduite à Paris. Elle entra dans cette cité par le Petit-Pont, aux acclamations des bourgeois et du peuple [1]. Elle avait treize ans accomplis, son teint était éclatant et vif, son front était petit, ses yeux très-doux, son nez bien fait. Le moine de Saint-Denis qui la vit passer ajoute « que sa gorge commençait à peine à se former, et qu'elle avait la bouche un peu grande. »

La consommation du mariage eut lieu dans la grande tour du Louvre; Isabelle fut dépouillée de ses vêtemens, « car il est d'usage en France que quelque dame ou fille de hault seigneur soit regardée ou avisée toute nue par les dames, pour savoir si elle est propre et formée pour avoir des enfans [2]. » Le soir tous deux *saillirent* sur le lit; le prêtre les aspergea d'eau bénite, prononçant les paroles suivantes · « Bénis, seigneur, ce lit et tous ceux » qui l'habitent, afin qu'ils reposent en paix »;

---

[1] Rigord Gest. Philip. Aug., 1181. Roger de Hoveden, Ann. Angl. ad ann. 1181 — [2] Coutume de Beauvoisis.

il présenta ensuite aux deux époux une coupe remplie de vin et trois plats choisis sur la table nuptiale; « Philippe et Isabelle dormirent ensuite très-gentilment jusqu'au lendemain que les barons vinrent leur faire hommage. »

Il ne fut point difficile à la jeune Isabelle, dirigée par son oncle, le comte de Flandres, de prendre bientôt de l'ascendant sur le cœur de son époux. Elle obtint d'être sacrée et couronnée; l'on régla qu'une nouvelle onction imprimerait aux deux époux le caractère religieux de la puissance souveraine. On voulait d'abord renouveler les pompes du sacre de Rheims; mais l'archevêque Guillaume, de la maison de Champagne, s'y refusa, et obtint des bourgeois qu'ils ne permettraient pas l'entrée des hommes du roi dans la ville. Afin de hâter cette consécration tant désirée, Philippe déclara que le couronnement se ferait dans l'abbaye du bienheureux martyr saint Denis. Louis VII venait d'expirer, et le roi pensa peut-être que cette cérémonie, dans l'église du patron de France où les restes de son père étaient déposés, imprimerait un nouvelle force à sa puissance jeune encore.

Le jour de l'Ascension 1180, une foule immense s'était rendue à Saint-Denis; Isabelle, montée sur un dextrier tout blanc, et le roi, sur son cheval de bataille caparaçonné et surmonté de plumes et de banderolles, partirent du Louvre, et, traversant le bois qui séparait Paris de l'abbaye, ils arrivèrent devant le portail, ouvrage de Suger, et qu'on venait à peine d'achever. Isabelle était vêtue d'une robe en drap d'or, mi-parti de rouge et parsemé d'émeraude et de saphir; elle avait sur la tête une coiffure oblongue assez semblable à celle qu'on porte encore au pays de Caux, et un long voile lui descendait jusqu'aux talons. Le roi, revêtu d'un manteau bleu, portait en main une sorte de bâton de commandement, surmonté d'un ornement grossièrement travaillé, que l'on pouvait prendre ou pour une fleur de lis ou pour la pointe d'une pique. L'abbé de Saint-Denis, avec son clergé, vint au-devant des deux époux; il portait sur son chef la mitre épiscopale, et dans ses mains la crosse qu'Alexandre III venait naguère de lui conférer par une bulle [1]. Selon les priviléges du monastère, Philippe demanda la permission de

[1] Brequigny, Collect. des Chartes et Diplômes, T.

franchir le seuil avec ses hommes d'armes, ce qui lui fut accordé, « parce que les comtes de Paris avaient toujours été les *avocats* du monastère, et qu'il n'était pas à craindre alors qu'ils s'emparassent de l'église ou de ses fiefs. »

Les deux jeunes époux s'avancèrent en pompe vers l'autel orné de la châsse des martyrs, sur laquelle pendait l'oriflamme, couleur de feu, riche bannière de l'abbaye. L'église était ornée de lustres et de cierges qui jetaient une lumière éclatante, de sorte que les vitraux qui reproduisaient en images peintes de diverses couleurs, sinople, gueule et sable, les prouesses de la première croisade sous Godefroi de Bouillon, paraissaient comme des transparens magnifiques. La foule se pressait dans le milieu de l'église. Lorsque le roi et la reine se furent mis à genoux, on faisait tant de bruit qu'on n'entendait plus le chant des enfans de chœur et le son rauque de l'orgue[1]. Le chroniqueur Rigord qui assistait à cette bruyante cérémonie, rapporte qu'un des hommes du roi, chargé d'imposer silence, faisait mouvoir sa baguette çà et là dans les airs. Voilà que,

---
[1] Rigord Gest. Philip. Aug. ad ann. 1181.

la jetant un peu plus haut qu'il ne l'aurait voulu, il atteignit deux lustres qui étaient suspendus sur la tête de Philippe et d'Isabelle, et les brisa en mille pièces [1]. Les deux époux furent couverts d'huile et de graisse; cela fut pris à bon augure par les religieux et le peuple, car Salomon avait dit dans un de ses cantiques : « il sera oint au jour de son triomphe. » Tous les savans ne doutèrent pas que la prophétie ne s'appliquât au roi, et que l'huile et la graisse n'exprimassent la prospérité et l'abondance.

Le mariage du jeune roi avec Isabelle avait fait passer toute l'influence dans les mains du comte de Flandres. Tous les actes de la suzeraineté royale, les concessions de fief, la collecte des services d'argent, *les monstres* ou revues d'hommes d'armes s'y faisaient sous son autorité. Adèle de Champagne, l'archevêque Guillaume et les comtes, ses frères, voyaient avec jalousie que la puissance royale fut passée dans les mains de leur rival. Ils en murmuraient tout haut, et plusieurs barons se prononcèrent pour eux. Il paraît que le comte de Flandre mettait beaucoup de fierté dans sa con-

[1] Rigord Gest. Philip. Aug. ad ann. 1181.

duite, et qu'il offensait par ses manières les chevaliers qui visitaient la cour du roi; cette conduite hautaine devait nécessairement soulever des jalousies, et les comtes de Champagne cherchèrent un juste prétexte pour s'éloigner de la résidence royale [1].

Après la mort de Louis VII, les villes et châteaux compris dans le douaire de la reine-mère devaient lui être délivrés selon les coutumes de France; le comte de Flandres refusa de les lui rendre [2]: ce fut le prétexte d'une rupture. Un soir d'été (1180), Adèle de Champagne, les comtes, ses frères, Guillaume, archevêque de Rheims, s'enfuirent, non-seulement de la cour, mais encore des domaines du roi, et cherchèrent un refuge dans la Normandie, fief d'Angleterre. La reine demanda secours à Henri II, contre l'usurpation du comte de Flandres.

Il existait alors entre les deux couronnes de France et d'Angleterre des causes de dissention, mais éloignées. Plusieurs fiefs d'Auvergne étaient en litige; sur quelques autres on contestait la supériorité féodale. Henri II n'a-

[1] Roger Hoveden, Annal. Angl., ad ann. 1180, p. 593. —
[2] Raoul de Dicet, ad ann. 1180, p. 610.

TOME I.

vait pas encore rendu l'hommage à son jeune suzerain, pour les domaines qu'il tenait de la couronne; c'était même pour régler tous ces différens que le roi d'Angleterre avait envoyé auprès de Philippe-Auguste, Richard, évêque de Vinchester, et Gauthier de Coutance, son chancelier[1]. La négociation touchait à son terme, lorsque la fuite de la reine et des comtes de Champagne fit entrevoir à Henri la possibilité d'affaiblir encore la puissance naissante de son suzerain, et de conquérir à son profit cette autorité dont le comte de Flandres s'était emparée. Outre les intérêts généraux de sa politique, Henri avait encore un motif secret de dominer la cour de France et de comprimer les forces qui pouvaient être employées à venger un outrage personnel à la famille de Philippe son suzerain.

La princesse Alix de France, fille de Louis VII, avait été fiancée dès sa plus tendre jeunesse à Richard, second fils du roi d'Angleterre. Suivant la coutume, elle fut envoyée à la cour de Henri pour s'habituer aux mœurs et à la langue des barons d'Angleterre. Au milieu des fêtes et des plaisirs de Woodstoock

[1] Raoul de Dicet *Imag. Hister.* ad ann. 1180, p. 609.

et de Windsor, elle avait paru si brillante, qu'Henri lui-même s'en était vivement épris. Sa vieillesse libertine avait employé tous les moyens de séduction auprès d'une jeune princesse qui atteignait à peine sa quatorzième année. Il la visitait secrètement dans la forêt épaisse de Woodstoock et dans les tourelles du gothique château ; et c'était chose certaine, dit un naïf chroniqueur, *que déjà en ce temps, le roi lui avait tollu le doux nom de pucelle.*

On sent que dans les idées chevaleresques un tel crime était irrémissible; même d'après la législation féodale, comme on l'a vu, la séduction par un vassal *de la fille du suzerain en son châtel,* était puni de confiscation du fief; car cet acte était considéré comme un cas de haute trahison.

Quoique la triste aventure d'Alix et la conduite de Henri ne fussent point encore connues à la cour de France, le roi d'Angleterre n'en devait pas moins prendre des précautions : il accepta donc avec empressement les offres des comtes de Champagne, et n'hésita pas à entrer dans une lutte dont le résultat devait nécessairement affaiblir la puissance qu'il avait à craindre.

Un traité l'unit à l'archevêque Guillaume et à la reine-mère; il promit de les faire rentrer dans la possession de leurs droits, de faire restituer le douaire d'Adèle de Champagne, et de placer l'exercice de l'autorité souveraine dans les mains de l'archevêque. De leur côté, les comtes de Champagne s'engagèrent à faire maintenir Henri II dans la possession de tous ses fiefs de France, avec dispense de tout droit de rachat et mouvance féodale [1].

Immédiatement après la conclusion du traité, Henri convoqua les chevaliers de Normandie et d'Aquitaine. Il réunit en outre les Cotteraux et les Routiers, troupes mercenaires qu'il avait prises à sa solde et menaça d'une prochaine invasion les domaines de Philippe de France. Les hostilités allaient commencer lorsque, sur les exhortations du cardinal Chrisogon, légat du Saint-Siége, les deux monarques consentirent à traiter. Le crédit du comte de Flandres s'était affaibli avec l'amour du Roi pour Isabelle; le vieux Robert-Clément de Mets, à qui son enfance avait été confiée, se hâta de

---

[1] Le traité est du 28 juin.—Rog. Hoved., Ann. Anglor, p. 593. Raoul de Dicet *Imag. Histor.* ad ann. 1180, p. 610.

profiter de ce moment pour lui représenter combien la guerre qu'il allait entreprendre contre sa mère et le roi Henri serait odieuse et fatale au royaume. La fidélité des barons était incertaine, et Philippe comprit lui-même le besoin de la paix. Les deux Rois se virent à Fretteval : ils convinrent, par un traité signé de leur scel des articles suivans :

« Philippe, roi des Français, et Henri, roi d'Angleterre, se promettent réciproquement d'être bons amis et alliés ; ils confirment la convention conclue précédemment à Ivry en présence du cardinal Chrisogon par le roi Louis VII, et s'obligent à protéger réciproquement leur vie, leurs membres et leurs Etats ; ils ne donneront aucune retraite ni protection aux ennemis de l'un ou de l'autre ; ils se cèdent les prétentions qu'ils avaient à exercer l'un contre l'autre, sauf leurs droits respectifs pour la mouvance féodale de l'Auvergne, de Château-Roux, et des fiefs du Berry ; ils choisissent pour régler leurs différens, six arbitres, trois barons et trois évêques : pour le roi des Français, ce sont les évêques de Clermont, de Noyon et de Troyes, Thibaut, comte de Blois,

Robert, comte de Dreux, et Pierre de Courtenai : pour le roi d'Angleterre, les évêques du Mans, de Périgueux et de Nantes, Maurice de Craon, Guillaume Maingot, et Pierre de Montrevau ; les deux rois s'engagent à s'en tenir à la décision de ces douze arbitres, ou de huit d'entre eux, au cas où les autres ne pourraient se trouver aux conférences ; si le roi des Français ou celui d'Angleterre va outre-mer, celui des deux princes qui restera dans ses terres s'oblige de défendre la terre de l'autre ; en tous les cas, il y aura liberté de commerce entre les sujets respectifs. »

Scellé à Fretteval par les deux chanceliers [1].

D'autres conventions furent arrêtées par rapport aux prétentions des comtes de Champagne et de la reine mère. Le roi Philippe consentit à les recevoir dans son palais comme de fidèles vassaux, et à payer à sa mère, pour lui tenir lieu des revenus de son douaire, 7 livres parisis par jour jusqu'au moment où la délivrance de ses châteaux et de ses terres lui serait faite [2].

---

[1] Raoul de Dicet *Imag. Histor.* ad ann. 1180. — Roger de Hoveden Ann. Angl. ad ann. 1180. — Rimer nous a donné le texte

Ce traité opéra une véritable révolution. La suzeraineté royale, jusqu'alors exercée par le comte de Flandres, passa dans les mains de la reine-mère, sous l'influence de l'archevêque Guillaume, et particulièrement du roi d'Angleterre. On stipula même, dans une nouvelle entrevue, au gué St.-Remi (27 avril 1181), que Philippe gouvernerait son royaume et sa personne d'après les avis et les conseils de Henri II, roi d'Angleterre [1]. Dès ce moment, toute sa confiance se partagea entre ce prince, son vassal, le comte de Clermont et le jeune fils de Robert Clément, seigneur de Mets, devenus ses intimes favoris.

Philippe de Flandres, à son tour, quitta le palais du roi, emmenant avec lui la reine Isabelle sa nièce. « Lorsque le comte de Flandres eut appris l'alliance conclue entre les rois de France et d'Angleterre, il suscita contre son seigneur lige tout ce qu'il pût de Français et de Flamands, publiant partout que le roi avait résolu de raser leurs châteaux ou d'y en-

---

de ces lettres. — 2 Sept livres parisis, répondent, d'après le calcul de l'abbé de Camps, qui écrivait dans le dernier siècle, à 105 livres. — 1 Roger de Hoveden Annal. Anglor., p. 611 et 612.

voyer ses chevaliers pour s'en emparer. Il sollicita même l'empereur Frédéric de faire la guerre au noble roi des Français, parce que, dans l'impuissance où le jeune prince paraissait être de se défendre, il serait facile de le dompter, et par conséquent de reculer les bornes de l'empire jusqu'à la mer britannique. C'est ainsi que ce comte n'eut aucun égard pour l'âge de son seigneur, et ne respecta pas le serment qu'il avait solennellement prêté en présence de Louis VII, de protéger Philippe conformément aux bonnes lois de royaume [1]. »

Lorsqu'il y a irritation dans les esprits et que l'opinion se prononce pour la guerre, les prétextes ne manquent jamais. Le comte de Sancerre s'était emparé du château de St.-Brice, sur l'un des vassaux du roi de France. Au lieu d'en faire hommage au suzerain naturel, il se déclara, par rapport à ce fief, dans les mouvances des comtes de Flandres. Delà naquit un premier sujet de querelle. Le comte de Flandres, à son tour faisait valoir des prétentions de suzeraineté sur le château de Pierrefont, sur les terres de l'évêque d'Amiens et de Raoul de

---

[1] Raoul de Dicet. *Imag. Histor.*, ad ann. 1181, p. 612.

Coucy. On tenta d'abord de négocier, mais tous les efforts furent inutiles; les messagers convoquèrent les vassaux, et de toute part l'on se prépara à la guerre [1].

Le bruit qu'avait répandu le comte de Flandres sur les intentions du roi de raser les tours fortifiées de ses barons, l'espérance de reconquérir toute leur indépendance politique, de réduire enfin l'autorité royale à cette souveraineté nominale que Louis-le-Gros et son successeur avaient tenté d'agrandir, portèrent presque tous les vassaux du royaume à prendre le parti du comte de Flandres. On comptait en effet sous ses bannières le duc de Bourgogne, le comte de Sancerre, le comte de Namur, et tous les feudataires dont les terres relevaient de ces grands fiefs [2]. Cette ligue était formidable, et le jeune Philippe s'en plaignant au souverain pontife, s'écriait plein de douleur : « les barons de notre royaume nous attaquent pendant notre jeunesse et troublent les premiers jours de notre règne. Ceux qui, par tant de motifs devraient nous rester fidèles, se sont soulevés

---

[1] Guillaume-le-Breton, Philipeidos, liv. I. — [2] Chronic. du prieur du Vigeois, p. 2, cap. I. (Labbe Bibl. MSS., T. 1, p. 33.)

contre nous et font à notre royaume une guerre cruelle et nous forcent à chercher de nouveaux secours.*»

Dans cette situation déplorable, Philippe abandonné de la plupart de ses barons, eut recours à son allié et son protecteur, Henri II roi d'Angleterre. Le vassal ne refusa pas un secours qui assurait de plus en plus sa suprématie dans les états de son suzerain. Par ses ordres, le jeune Henri duc de Normandie, Richard duc d'Aquitaine, et Geoffroi comte de Bretagne ses trois fils, vinrent se réunir sous les bannières de France. Ils conduisaient les barons des fiefs d'Angleterre et dix mille Routiers et Brabançois armés de piques, qui suivaient le gonfanon rouge de leur chef. Les chevaliers de France et d'Angleterre réunis sous un commun étendard, envahirent d'abord les fiefs du comte de Sancerre. « Il possédait les riches campagnes du Berri, et plusieurs châteaux dont les tours élevées étaient la retraite des corbeaux et des faucons[1]. » C'est à Chatillon-sur-Cher, sorte de forteresse que protégeaient ses créneaux et ses murailles, que le comte

[1] Stephan. Tornac. Epist. 121. Guill.-le-Breton, Philip. liv. I.

avait réuni ses vassaux et ses chevaliers. Les barons de France et d'Angleterre eurent bientôt chassé *l'aigle de son nid*. Le comte de Sancerre rendit hommage et rentra sous la féauté de son suzerain [1].

Une guerre contre le duc de Bourgogne offrait de plus grandes difficultés. « Le duc était puissant par son peuple, riche en trésors, et plus riche encore en armes et en hommes vaillans que lui fournissaient le noble château de Dijon et la ville très-antique d'Autun; non moins joyeuse de son sol fertile, Beaune-la-Vineuse, Beaune dont les vins rouges disposent les têtes à toutes les fureurs de la guerre, Semur, Flavigny, Mulsau, Avallon, terres heureuses si elles pouvaient jouir de la paix, obéissaient aussi aux lois du duc; il possédait en outre Chatillon, bourg noble, l'honneur des Allobroges, le boulevard du royaume, que la Seine traverse et arrose de ses ondes rapides et qui contient une population qui n'est inférieure à aucune autre du monde par la chevalerie, l'esprit et le savoir, la philosophie, les arts libéraux, l'élégance des vêtemens et la beauté des fem-

[1] Guillaume-le-Breton, Philipeidos, liv. I.

mes. Le duc avait approvisionné ce château de toutes les choses nécessaires pour les batailles. Il avait aussi fait garnir les tours et les remparts de claies en bois, étançonner les murailles, et pratiquer des fenêtres longues et étroites, de telle manière que les braves servants d'armes et les archers cachés par derrière pussent lancer de loin les traits messagers de la mort[1]. »

Avant de commencer la guerre contre un ennemi aussi formidable, le jeune roi et ses nouveaux alliés lui firent faire les offres d'une réconciliation sincère, mais ces démarches ne firent qu'exciter ses ressentimens. « Ainsi Ovide rapporte dans ses fables que jadis les conseils des barons redoublèrent les fureurs de Penthée, lorsqu'il voulait supprimer les fêtes de Bacchus.[2] »

« Cependant, le roi enfant, indigné de se voir mépriser comme un enfant, vole sur le territoire de la Bourgogne accompagné seulement d'un petit nombre de chevaliers. Déjà il laisse loin de lui les plaines de la Cham-

[1] J'ai conservé le langage poétique de Guillaume-le-Breton, Philipeidos, liv. I. — [2] Philipeidos, liv. I.

pagne et les fertiles champs de Brienne. Il entre, cet hôte illustre, dans la vallée de Mulseau ; c'est là qu'apprenant les préparatifs du duc de Bourgogne à Chatillon-sur-Seine, il se décide à l'investir. A ce moment où l'on ne voit encore ni la nuit ni le jour, mais où l'on voit également l'un et l'autre, l'enfant intrépide choisit cette heure pour envelopper de ses bannières et de ses armes l'enceinte du château qui contient dans son circuit plusieurs arpens de terre. »

» Le lendemain en s'éveillant, les guerriers du duc de Bourgogne se trouvent investis de toutes parts. Ils montent en toute hâte sur les murailles, se précipitent en groupes confus pour barricader les portes; ils transportent sur leurs épaules des claies et des madriers. Partout sur leurs remparts élevés où ils aperçoivent quelques crevasses, ils s'empressent à l'envi de boucher toutes les fentes. Ainsi les fourmis se livrent à un travail du même genre, lorsque le voyageur ou le berger a frappé de son baton sur leur demeure; elles courent çà et là, sans ordre et comme pour défendre leur cité menacée. »

» Cependant ces précautions sont inutiles : déja Manassé-le-Mauvoisin (le mauvais voisin) et Guillaume des Barres sont montés sur les échelles, et, déployant toute leur valeur, parviennent au sommet de la muraille; les Bourguignons sont effrayés à cet aspect et vont se renfermer dans la tour la plus élevée, abandonnant toutes les richesses qu'enferme la très-opulente enceinte et que le roi livre bientôt à ses chevaliers et à ses satellites, digne récompense de leur valeur ; il ne se réserve pour les droits de son fisc, que le corps même de tous les prisonniers ; bientôt et plus promptement qu'on ne l'avait espéré, la tour fut renversée, car s'écroulant tout-à-coup par les efforts des mineurs, elle ouvrit un large passage aux chevaliers de France et d'Angleterre qui plantèrent leur bannière sur ses ruines[1]. »

La prise de Chatillon, l'impétuosité du roi de France, décidèrent la soumission du duc de Bourgogne; il confessa combien il était coupable envers son seigneur et déclara devant lui qu'il avait failli, puis fléchissant le genou,

[1] Guillaume-le-Breton, Philipeidos, liv. I.

il sollicita la peine des coupables. Le roi l'admit à son amitié, lui rendit ses terres et son noble château.

De tous les barons qui avaient pris les armes contre leur jeune suzerain, il ne restait plus que le comte de Flandres qui demeurât dans le ferme dessein de faire la guerre. Tous les autres avaient suivi l'exemple des comtes de Sancerre et du duc de Bourgogne. Le comte de Flandres était à lui seul plus puissant et plus redoutable que tous les autres vassaux domptés. Aussi le roi se bornait-il pour éviter la guerre à lui demander le retour à la couronne de quelques villes du Vermandois que Philippe occupait depuis sa retraite de la cour de son suzerain.

Le roi disait : « noble comte, restitue à mon domaine la province de Vermandois qui lui appartient en propre. »

« Ton père m'a donné ce pays, répondait le comte, et toi-même, tu as confirmé ce don de ton sceau royal; ne cherche donc pas à troubler la paix du royaume, afin que ceux qui sont tes fidèles, ne deviennent pas tes ennemis. »

« En peu de mots, je réplique, comte. Mon père ne t'a cédé ces terres que pour un temps; une si courte prescription ne peut perpétuer cette propriété en tes mains, et quant à ce que tu dis que j'ai moi-même confirmé ce don, la possession qui est accordée par un enfant, n'est, selon le droit, d'aucune force. »

« Il serait inconvenant, sire roi, que la promesse du suzerain fût aussi peu solide, que sa parole pût être ainsi reprise à sa volonté. Quand même je n'aurais aucun droit ancien sur ces choses, je les possède cependant par ton fait et celui de ton père. Un juste titre fonde donc mon droit et me disculpe de tout reproche. Il ne t'est pas permis d'ignorer que nul ne doit perdre les choses qu'il tient de son suzerain, s'il n'a point commis de faute selon la coutume. »

« Je le répète, comte, la possession est illégitime puisqu'elle vient d'un enfant. Un vassal demandait dernièrement par tes propres conseils, devant ta cour, la restitution du bien paternel. Le possesseur répondait que le fief lui avait été donné par le réclamant dans sa jeunesse; tu décidas que la donation faite pendant l'enfance n'avait aucune valeur, de sorte que ton homme s'en alla remis en possession. Voudrais-tu avoir deux règles : une pour toi, une pour les autres. Cesse donc tes propos. Veux-tu restituer le Vermandois à mon domaine? je te reçois en mon amitié; autrement je marche en armes, et nous verrons ce que la force peut donner de supériorité au suzerain qui demande une chose juste [1]. »

« Je ne crains rien, jeune roi; j'attends tes hommes et tes batailles. »

Le comte voyant bien l'imminence de la guerre, se rend en toute hâte dans Arras où il convoque ses barons et ses communes. « L'amour de la guerre fermente dans tous les cœurs. La commune de Gand, fière de ses maisons ornées de tours, de ses trésors et de sa population, donne au comte, à ses propres frais, deux fois dix mille hommes couverts de leurs boucliers et habiles à manier

---

[1] Guillaume le Breton. *Philipseidos*, Chant 2ᵉ, p. 42, édit. des Chroniques. Je suivrai souvent la traduction fidèle de ce poème, dont les fictions et les vers ne sont le plus souvent que des réminiscences classiques des poètes latins, et particulièrement d'Ovide et de Virgile.

les armes. Après elle, viennent la commune d'Ypres, dont le peuple est célèbre par la teinture de ses laines, et qui fournit deux légions à cette guerre exécrable; la puissante Arras, ville très-antique, remplie de richesses, avide de gain et se complaisant dans l'usure. Au milieu de ce fracas d'armes, Bruges ne manqua pas non plus d'assister le comte de plusieurs milliers d'hommes, Bruges qui fabrique des bottines pour couvrir les jambes des seigneurs puissans, Bruges, riche de ses grains, de ses prairies et du port qui l'avoisine. Après toutes ces cités, Lille déploie pareillement ses armes ennemies; cette ville agréable qui se pare de ses marchands élégans, et qui fait briller dans les royaumes étrangers les draps qu'elle teint, donne au comte plusieurs milliers de bourgeois en armes. Il en est de même de Saint-Omer, Hesdin, Graveline, Douai, qui toutes se lèvent pour la même cause. Leurs anciennes querelles ne retiennent plus ni les Isengriens, ni les Belges, ni les Blavotins : les fureurs intestines qui les divisent, ne les empêchent plus, comme au temps de César, de se réunir et de se précipiter ensemble dans les combats. »

A l'aspect de l'ardeur qui animait les villes libres de ses états, le comte de Flandres ne put retenir sa joie : « Il n'y aura rien de fait, s'écria-t-il, si je ne plante mon Gonfanon sur le Petit-Pont de Paris, et ma bannière dans la rue de la Calandre[1]. »

Cet orgueil habituel aux chevaliers et aux barons de ce siècle, pouvait paraître juste, quand on contemplait les bataillons épais couverts d'armes resplendissantes, qui marchaient aux ordres du comte. « Les bannières des chevaliers flottaient au gré des vents ; leurs casques et leurs cuirasses, frappés par les rayons du soleil, redoublaient l'éclat éblouissant de sa lumière. Le terrible hennissement des chevaux porte, par les oreilles, l'effroi dans le cœur des plus vaillans hommes ; sous leurs pieds ils broient la terre poudreuse, et les airs sont obscurcis des flots de poussière qu'ils soulèvent. A peine les rênes suffisent-elles pour les empêcher d'emporter au loin leurs cavaliers par une course vagabonde. Le farouche comte s'anime à la guerre, et déchirant déjà de sa gueule de

---

[1] Guillaume-le-Breton, Chant 2e, p. 48.

lion ses ennemis avec fureur, il brûle de se mesurer avec le jeune roi encore absent.¹ »

Les chevaliers du comte de Flandres se dirigèrent d'abord sur Corbie. La première enceinte fut enlevée de vive force, sans que les chevaliers opposassent aucune résistance; « car le poète Nason nous enseigne qu'il faut toujours se retirer devant le premier mouvement de la fureur. » Mais la Somme qui séparait les deux enceintes rendit impuissans tous les efforts des Flamands. Les ponts avaient été rompus par des citoyens précautionneux, qui causaient volontiers ce dommage à leur propre cité pour en éviter de plus grands. « Ainsi le castor se châtre de ses propres ongles, aimant mieux perdre une partie que le tout, et instruit, par un instinct de la nature, que le chasseur ne le recherche pas pour son corps, mais pour cette portion en laquelle il sait que réside une vertu curative². »

La longue résistance des habitans donna le

1 Philipeidos, Chant 1ᵉʳ, p. 45. — 2 Philipeidos, Chant 2ᵉ, p. 46. Le poète se rend ci l'interprète de quelques opinions superstitieuses du moyen âge, sur les vertus curatives attachées à certains animaux.

temps aux chevaliers de France de se réunir pour porter du secours à Corbie. Le comte de Flandres laissant alors une partie de ses hommes devant cette cité pour en continuer le siége, se jeta dans les terres de France. Ses vassaux brûlèrent sans pitié les châteaux et les monastères. Le comte Albéric, seigneur de Dammartin, fut surpris par les hommes de la commune de Gand, tandis qu'il mangeait une hure de sanglier; il n'eut que le temps de se sauver par une poterne.

Le comte de Flandres était occupé du siége de Béthisy, lorsque Philippe se décida, d'après l'avis de ses barons, à marcher en personne contre lui. Les Flamands à son approche se retirèrent par la forêt de Cuise, et les bourgeois, légèrement armés, échappèrent à la pesante poursuite des chevaliers bardés de fer. Le comte faisant bientôt une pointe en avant, vint assiéger Choisi-du-Bac; mais il se hâta de faire une prompte retraite en apprenant que le suzerain s'approchait pour le combattre.

« Le roi s'afflige alors de ce que le comte lui soit ainsi échappé; il ne peut contenir dans le fond de son cœur le mouvement de la colère. La rougeur qui lui monte au visage trahit la vive indignation de son ame. Telle dans les forêts de la Lybie une jeune lionne à la gueule écumante, aux griffes redoutables et aux dents crochues, que l'épieu du chasseur a par hasard frappée à l'épaule et légèrement blessée, hérisse sa crinière, et s'élance sur son ennemi, qui voudrait bien en ce moment ne l'avoir pas atteinte; elle ne prend plus ni délai ni repos jusqu'à ce qu'elle ait dévoré l'imprudent chasseur, à moins que celui-ci, dans sa sagesse, en lui présentant continuellement la pointe de son arme, en opposant un bouclier à ses griffes, ne poursuive ainsi sa marche rétrograde et ne parvienne enfin à se retirer dans un lieu où l'animal ne puisse l'attaquer. Tel le roi enfant se passionne de fureur contre le comte de Flandres, et le poursuit d'une course rapide en cherchant la trace de ses pas [1]. »

Les chevaliers de France, leur jeune suzerain à leur tête, s'avancèrent ainsi jusques sur sur les frontières de Flandres; mais l'attitude des formidables cités qui protégeaient les terres du comte arrêta l'impétueux courage des ba-

[1] Philipoidos, Chant 2e, p. 49.

rons. Ils se dirigèrent sur Amiens, dont la possession était alors un des objets en litige entre le comte de Flandres et le roi. Le château de Boves défendait la route d'Amiens; ce château, célèbre dans les annales de la chevalerie, car il avait vu naître le magicien Maugis et plusieurs des fils de la race d'Aymond, opposa une vive résistance. Il était alors au pouvoir du comte Raoul, un de ces seigneurs hautains et farouches, la terreur de leurs vassaux, et qui ne voulut point se soumettre au roi. Tandis qu'on se disposait à poursuivre un siége régulier, le comte de Flandres arrive en toute hâte avec ses hommes, et s'approchant du camp des Français de manière à se faire entendre, sonne du cor, puis s'écrie : « Me voici! me voici! je viens m'opposer à tes chevaliers pour protéger les citoyens. Abandonne ces assiégés sans défense; mesure tes forces aux miennes. Quelle gloire y a-t-il pour une multitude de triompher de quelques hommes? Viens dans la plaine soutenir une épaisse mêlée. — J'accepte, répond le roi, tu vas nous voir dans la campagne[1]. »

Aussitôt le clairon retentissant annonce le

[1] Philipeidos, Chant 2e, p. 53.

combat. Les chevaliers sortent en brandissant leur lance. Les armées, sous leurs bannières, se rangent l'une vis-à-vis l'autre, les archers en avant, l'arc tendu, les chevaliers bardés de fer en arrière, la lance haute. Alors Guillaume, archevêque de Rheims, se présente à la tente du roi et lui dit: « Sire roi, ce moment n'est point propre au combat; il ne faut pas ainsi se battre au temps de la nuit; tu dois d'abord disposer les escadrons, assigner des chefs à tes chevaliers et à tes bourgeois. O roi très-excellent, ne fais pas de telles imprudences!

—» Cesse tes paroles, mon cher archevêque, et va prier Dieu pour le combat.

—» Au nom du ciel! ne livre pas la France à une destinée incertaine; ne va pas l'exposer dans une lutte difficile. »

Le roi bouillonnait de colère; mais ses barons, auxquels Guillaume s'était adressé, vinrent lui répéter le conseil prudent de l'archevêque. La main sur son glaive, Philippe persistait toujours. « C'est ainsi qu'Alexandre le Macédonien était blâmé par tous ses barons, lorsque s'élançant du haut d'une muraille contre ses ennemis, il fut ramené dans le camp tout couvert de blessures [1]. »

L'espèce de suspension d'armes produite par les discours de Guillaume, et le conseil donné par les prudens chevaliers favorisa des rapprochemens entre le suzerain et le comte de Flandres. Henri II se déclara le médiateur de leurs querelles, et bientôt un traité de paix fut conclu sous les inspirations du cardinal évêque d'Albano, légat du saint-siége. L'évêque rappela aux princes chrétiens que leurs guerres intestines et leurs luttes d'ambition laissaient en péril leurs frères d'outre-mer, et cette considération fut toujours puissante sur les princes du moyen âge. On trouve les conditions de la paix qui fut conclue à la suite de ces conférences, dans une lettre que Henri II écrivit à l'évêque de Vincester, dont voici le texte :

« Henri, roi d'Angleterre, à Richard, évêque de Vincester :

» Votre sérénité saura que Philippe, comte de Flandres, rend à Philippe de France le château de Beaufort, et le roi le restitue à son tour

---

[1] Philipeidos, Chant 2e, p. 54. Tradition fabuleuse sur Alexandre, roi de Macédoine.

à l'évêque de Soissons, qui le remet à Agathe, veuve de Hugues d'Oisi; celle-ci le tiendra comme sa propriété, mais relevant de l'évêque de Soissons, et l'évêque de Soissons de la couronne de France. Amiens reste à l'évêque de cette cité qui la recevra en fief dudit roi; et s'il survient quelques différens à ce sujet, ils seront décidés par la cour du suzerain. Les comtes de Clermont et de Coucy ne seront plus, pour aucune terre, dans la vassalité du comte de Flandres; ils deviendront tout-à-fait les hommes du roi Philippe. C'est ainsi que les Flamands sont rentrés dans le devoir par notre médiation [1]. »

[1] Hoveden, Ad., ann. 1185.

CHAPITRE IV.

COUR DE PHILIPPE-AUGUSTE.

Portraits du Roi et d'Isabelle de Hainault.—Le cardinal de Champagne. — Les sires de Montmorency, de Montlhéry, de Coucy. Famille de Philippe-Auguste.— Dignités et hiérarchie de la Cour. —Le sénéchal. — Le chambellan. — Le bouteiller. — Le connétable. — Le maréchal. — Le chancelier. — Les pairs. — Fêtes de la Cour. — Les jongleurs et les ménestrels. —Contes et féeries. La chasse, les jeux de hasard.—Plaisirs de la table.— Les astrologues. — Tournois. — Mariage d'Agnès de France et du César de Constantinople.

Le traité de paix arrêté entre le roi et le comte de Flandres, permit à Philippe-Auguste de revoir Paris et sa cour. C'était vers le mois de juin, à cette époque de l'année« où la rose épanouie embaumait le jardin, quand toutes les fleurs venaient lui faire hommage comme à leur suzeraine [1].» Les fêtes de la chevalerie se

---

[1] Les cours plénières se tenaient vers la Pentecôte; *Voy.* le fabliau du *Court Mantel*, et le Lay de Guelan, mess. du roi, 7218. 7615. 7989.

succédaient dans tout leur éclat, et le vieux palais de Notre-Dame, la nouvelle tour du Louvre, les parcs de Vincennes et de Fontainebleau étaient les témoins de ces brillantes pompes dont les rois aimaient alors à entourer leur cour plénière.

— Philippe touchait à sa vingtième année, il était d'une taille élevée et bien proportionnée dans toutes ses parties. Son teint était vermeil et très-animé; ses cheveux blonds, naturellement bouclés, tombaient flottans sur ses épaules, à la manière des hommes de race normande. Il avait le nez épais, mais bien fait; la bouche un peu grande; ses yeux étaient brillans quoique marqués de quelques taches. Il aimait à rire et à conter des prouesses, et les éclats de sa joie bruyante retentissaient de l'extrémité d'un camp à l'autre. Comme ses nobles aïeux, Philippe excellait dans les jeux de l'épée et de la lance. Emporté jusqu'à l'excès, il ne supportait pas la contradiction. Ses désirs étaient comme de la fureur. Alors ses écuyers fuyaient ses regards comme la foudre dans la tempête. Déjà, malgré sa jeunesse, on remarquait en lui un penchant pour les exactions et l'avarice. Il repoussait la plainte de ses vassaux avec une sorte d'insensibilité, et son sénéchal annonçait aux hommes du roi qu'ils auraient un seigneur inéxorable [1].

Isabelle de Hainault, sa femme, avait alors seize ans. Unie trop jeune au roi, elle avait perdu dans un hymen précoce cette brillante fraîcheur qu'avaient admirée sur le petit pont les bourgeois de Paris. Elle était cependant un peu grossie, et le moine de Saint-Denis n'aurait pas alors remarqué la maigreur de son sein. Les yeux de la reine avaient perdu leur plus vif éclat, mais une douce langueur se manifestait dans tous ses traits. Au milieu de la cour de son époux, elle avait acquis le doux empire que les suzeraines exerçaient alors sur l'esprit de la chevalerie; plus d'un paladin l'avait prise pour sa dame et portait ses couleurs; plus d'un trouvère l'avait comparée « aux fleurs qui régnent sur la prairie, ou à la vierge du voisinage [2]. » On disait même qu'elle n'était pas insensible aux doux éloges du poète Hélinant, et qu'elle lui avait accordé la faveur de per-

---

[1] Anonyme de Philippe Auguste, p. 81. — [2] Fragmens attribués à Hélinant, mess du roi, 7615.

mettre qu'il lui adressât, comme à sa dame, les inspirations de sa galanterie poétique.

Le bruit courait alors parmi les barons que la reine était enceinte, et cette nouvelle répandait dans les châteaux une joie sincère. On se promettait de célébrer par des jeux et des tournois la naissance d'un jeune suzerain.

Le personnage le plus influent à cette époque, celui sur qui allait reposer l'administration du royaume, était le cardinal de Champagne, archevêque de Rheims. Né en 1135, il avait été pourvu dès l'âge de trente ans de l'évêché de Chartres. L'ami, le confident du fameux Becket archevêque de Cantorbéry, il avait adopté les principes inflexibles du prélat anglais. Le premier il proclama la sainteté de l'archevêque et vint à son tombeau dans un pieux pélérinage. Le pape récompensa son zèle en le créant cardinal du titre de Sainte-Sabine. Le nouveau prêtre de l'église romaine fut en tout point la vivante image de son ami. Partout où il ne régnait pas, il se regardait comme en disgrâce; et dès qu'il régnait, triomphaient avec lui les prétentions des pontifes de Rome. L'hérésie n'avait pas de plus terrible adversaire; il la poursuivait même par des bûchers, « parce qu'il était nécessaire de couper un membre pour sauver le corps¹ ». On admirait à la cour la pompe de sa parure, la richesse de ses habits pontificaux; sa mitre brillante de saphirs; sa crosse d'or artistement travaillée; ses heures couvertes de bois parsemé d'escarboucles, et surtout ses blanches mains auxquelles il dut un surnom. et où brillait une large émeraude, anneau qu'il avait reçu de Louis VII et qui lui servait de sceau pour ses chartes.

Plusieurs jeunes seigneurs étaient venus à la cour plénière. Parmi eux on remarquait Raoul sire de Coucy, fils aîné d'Enguerand et l'héritier de cette race illustre. Robert de Born l'avait dépouillé, encore enfant, de ses châteaux et de ses fiefs. Devenu chevalier, il les conquit avec l'épée et la lance. Raoul avait quelques années de plus que le roi : il était l'époux d'Agnès de Hainault, sœur d'Isabelle, qu'une triste infirmité avait fait appeler *la dame boiteuse*. Un amour infortuné absorbait toutes les pensées de Raoul : il aimait la dame de Fayel et en était aimé. Dans les tour-

---

¹ Duchesne, *Histoire des Cardinaux français*, in-fol., à l'article *Guillaume aux blanches mains*.

nois il portait ses couleurs, et le symbole qu'on voyait sur ses armes annonçait « qu'un mari jaloux veillait nuit et jour comme le hibou de la vieille tourelle[1]. »

Mathieu, fils de Burchard V, seigneur de Montmorency, était alors l'un des plus fidèles compagnons du roi. Il avait à peu près son âge; sa stature était élevée; des cheveux noirs tombaient par masses plates sur ses épaules, et son extérieur martial se montrait tel, en un mot, que le reproduit encore sa statue sur son tombeau à l'abbaye de Laval. Mathieu avait été élevé à tous les arts de la chevalerie dans le chateau de Colombe, et les solitaires de cette abbaye, que les premiers barons de Montmorency avaient dotée de plusieurs familles de serfs, l'instruisirent dans la science des livres saints. Il venait d'arriver à la cour de son suzerain, et ses premiers exploits lui avaient déjà attiré la tendre amitié du jeune prince. Mathieu portait alors les couleurs de Gertrude, fille de Raoul, comte de Soissons, et l'on voyait briller sur sa poitrine quatre alérions (aiglons) d'azur,

[1] Roman du Chatelain de Coucy et de la dame de Fayel, MSS. du roi, n° 195.

et une croix de gueule; plus tard il ajouta douze autres alérions à ses armes héréditaires, en mémoire de seize gonfanons dont le sire de Montmorency s'empara à la bataille de Bouvines [1].

La famille du roi était nombreuse, mais elle ne comptait que des femmes. L'aînée des sœurs de Philippe, Marie, avait été fiancée en 1153 à Henri Ier, comte de Champagne. Adélaïde était l'épouse de Thibaut V, comte de Blois. Marguerite, la troisième et la plus belle des filles de Louis VII, avait épousé en 1170 Henri, dit au court mantel. Alix était cette jeune et malheureuse princesse unie à Richard et déshonorée par le vieux roi d'Angleterre. La dernière portait le nom d'Agnès; elle atteignait sa huitième année, et bientôt une union malheureuse devait l'éloigner de la cour de France et du monastère de Saint-Maur où elle avait été élevée.

Quoique le pouvoir des rois des Francs n'eût encore rien de régulier, cependant la cour offrait cette hiérarchie de fonctions civiles et domestiques, qui déjà sous les précédentes ra-

[1] Art. de vérif. les dates, in-4°, t. III., p. 177.

ces, s'était organisée par suite de la conquête. La première dignité était celle de sénéchal. Il présidait à l'hôtel du roi et commandait à tous ses hommes : « Sénéchal a l'autorité sur toutes les recettes du roi ; il doit château et forteresse visiter, changer sergens d'armes, sauf les châtelains ; en cas d'absence du suzerain tout se fait par le sénéchal. » Cependant sa principale fonction était « de dresser les tables et les mets. Lorsque le suzerain voulait manger, il disait : sénéchal je veux mes vivres. Aussitôt celui-ci disait : chamberlans, donnez-moi l'aigue pour laver les mains au roi ; puis il commandait aux sergens de servir les écuelles du dîner [1].

>Quand le roi fut sous le dais assis,
>A la coutume du pays,
>Assis sont li barons autor,
>Chacun de l'ordre du signor,
>Le sénéchal qui était bon,
>Vêtu d'hermine et pelisson [2],
>Servit le mangier du roi [3].

[1] Assises de Jérusalem. — [2] Petit manteau ou pelisse. — [3] Roman d'Arthus.

La dignité importante de sénéchal était héréditaire dans la maison des comtes d'Anjou. Ils l'avaient obtenue du roi Robert de France pour les secours qu'ils lui avaient donnés lors de l'invasion de l'empereur Othon. Bientôt le poste de sénéchal devint comme une sorte de mairie du palais. Cet officier disposait des fiefs militaires, recevait les hommages des vassaux, de sorte qu'un tel pouvoir héréditairement transféré, fit bientôt ombrage au roi des Francs. Louis VII tenta de dépouiller la maison d'Anjou de cet immense privilége ; Anselme de Garlande en reçut le titre, et scella les chartes en cette qualité. Mais il advint une guerre avec Henri II d'Angleterre, et le roi somma le comte d'Anjou de le suivre dans les batailles. Je ne te dois aucun service, répondit le comte, tu m'as dépouillé de ma charge. Comme Louis VII avait besoin des hommes d'armes d'Anjou, il répondit : Sire comte, reprenez votre droit en ma cour. Il fut arrêté par des chartes scellées que les comtes d'Anjou auraient toujours la dignité de sénéchal, mais que les sires de Garlande en rempliraient l'office pendant leur absence. Lorsque le comte d'Anjou voudrait venir en la cour, il devait se faire annoncer, et les maréchaux lui prépareraient et délivreraient hostellerie, en laquelle devait être un banc rempaillé et garni de tapisserie. Le comte desbouclant son manteau le donnait comme gage d'amitié et de munificence au dépensier. Le pannetier lui remettait alors deux pains et un septier de vin pour ses menues nourritures. On lui préparait un pavillon capable de cent chevaliers avec ses cordes et piquets, et un homme avec deux chevaux pour les porter. C'était là que tous les vassaux du sénéchal, le sire de Senlis, de Cléry et plusieurs autres devaient serment de féauté. « Tel fut l'arrangement conclu entre le roi et le sénéchal; Louis VII en parut très-satisfait, et il s'écria en présence de sa cour : Dieu merci! je suis bien avec mon sénéchal le comte d'Anjou[1]. »

Le chambellan était la seconde dignité de la cour. «Cet état de chamberlan ou de chambrier était vieil, car il est dit, que Gontran voulant savoir qui avait occis Chilpéric, son frère, en chargea Enroul chamberlan. Durant la première et la seconde race, l'état de chambrier fut

[1] *Voy.* livre ou procès-verbal de Saint-Albin d'Angers, rapporté par le président Fauchet, *origine des dignités de la couronne*, p. 32.

octroyé à personnes honorables et nobles, car nous trouvons que Bernard, frère de la reine Judith, était aussi chamberlan du palais, et commandait aux portiers. » Sous la troisième race, les fonctions de chamberlan consistèrent surtout à soigner le linge et toute la garde-robe du roi. Il avait la clef de son trésor comme plus tard les argentiers [1].

> Du roi je suis le chamberlan,
> Je garde son or et son argent [2].

Il obéissait au sénéchal pour tout le service de la table.

> Le sénéchal commande au chamberlan Geoffroi
> De servir les barons à table avec le roi,
> Li ne fit point attendre le chamberlan Grégoire [3].

Plusieurs beaux priviléges étaient assignés à la dignité de chamberlan. « Il était de coutume que li chamberlans eussent la dixième partie de ce qui venait en la bourse du seigneur. Ils avaient de belles terres tenant fiefs et censives, à cause de leur office, car la plupart des vignes

---

[1] Fauchet, p. 36. — [2] Rom. du *Tournoiement d'Antechrist*. — [3] Rom. *de Doolin de Mayence*.

vers Saint-Mandé et le bois de Vincennes se tenaient du chamberlan. Outre cela, comme garde vestiaire du roi, il avait juridiction sur les pelletiers, merciers, marchands de draps et sur tous autres officiers ou gens de métiers qui se mêlent de vêtemens à Paris [1]. »

Le bouteillier était chargé de la coupe du roi et de toute la sommellerie. Placé derrière lui dans les festins, il devait veiller à ce que « joyeux convive, le suzerain, roi des ribauds, vidât souvent sa large coupe, comme Roland et l'archevêque Turpin [2]. L'office de bouteillier s'obtenait comme fief de la couronne, et le baron à qui le roi l'accordait, avait l'intendance des vignobles, des tonneaux et des caves. Le bouteillier le suivait partout dans ses voyages. Il montait un cheval élégamment caparaçonné, et portait devant le roi une large coupe.

> Bouteillier devant il allait,
> Ki la coupe du roi portait [3].

Cet office était d'autant plus important sous le règne du roi Philippe, qu'il aimait le bon vin. « Voulez-vous entendre une histoire bien

---

[1] Fauchet, p. 38. — [2] Rom. d'Arthur. — [3] Rom. du Brut.

jolie qui arriva au gentil roi Philippe? écoutez-moi[1]. Ce prince, vous le savez, aimait le bon vin : il l'appelait l'ami de l'homme, et quand il en rencontrait l'occasion, il manquait rarement de renouveler l'amitié. Néanmoins, comme en telle circonstance on ne doit pas prodiguer la sienne, il entreprit de faire un choix, et envoya chercher par toute la terre ce qu'offraient de meilleur les vignobles les plus renommés. Tous briguèrent l'honneur de désaltérer le monarque : chacun d'eux députa donc vers lui. Il se trouva en ce moment un prêtre anglais, son chapelain, à cervelle un peu folle, qui, l'étole au cou, se chargea d'un examen préliminaire. D'abord se présentèrent à lui Beauvais, Etampes et Châlons; mais à peine notre chapelain les eut-il aperçus, que les reconnaissant aussitôt, il leur défendit d'entrer jamais. Ce début sévère fit une telle impression sur ceux du Mans et de Tours qu'ils se sauvèrent sans attendre le jugement; il en fut de même de

---

[1] C'est ainsi que parle un trouvère normand dans ce joli fabliau de la bataille des vins. Le grand d'Aussi l'a donné par analise, t. 2, p. 156.

ceux d'Argence et de Chablis : un seul regard que le chapelain jeta de leur côté suffit pour les déconcerter.

« La salle étant un peu débarrassée de cette canaille, Beauvoisin parut; il fut reçu d'une manière distinguée. Bordeaux, Saintes, Angoulême, Saint-Jean-d'Angéli, et le bon vin blanc de Poitiers s'avancèrent pour demander l'honneur du choix. Mais Cluni, Montmorillon, et Reims les arrêtant, soutinrent contre eux la gloire des vins français[1]. Si vous avez plus de force que nous, dirent-ils, en revanche, nous avons un fumet et une finesse qui vous manquent. Les autres voulurent répliquer, on se querella : c'était une jolie guerre que celle de ces champions disposés en ordre de bataille. Il n'y a personne, chevalier ou moine, chanoine ou bourgeois, eût-il été éclopé ou aveugle, qui ne fût venu là briser une lance, et je gage qu'aucun d'eux n'eût demandé la trêve du roi.

» Philippe, dont toutes ces querelles ne faisaient qu'augmenter l'irrésolution et l'embar-

---

[1] Bordeaux et toute la Guyenne étaient alors en dehors du territoire de la France.

ras, déclara qu'il voulait faire lui-même l'essai de tous les aspirans. Le chapelain anglais l'imita, et trouvant que le vin de France valait un peu mieux que toutes les méchantes cervoises faites en Angleterre, il prit une chandelle selon l'usage et lança l'excommunication contre toute espèce de boisson faite à Londres. A chaque gorgée qu'il avalait, il criait à haute voix : *Is good* (c'est bon). Bref, il goûta si bien qu'on fut obligé de le poser sur un lit où il dormit trois jours et trois nuits sans se réveiller.

» Le roi, après de mûres réflexions, donna la papauté au vin de Chypre; le cardinalat à celui d'Aquilée : quant aux vins de France, il choisit parmi eux trois rois, cinq comtes et douze pairs. Celui qui pourrait s'assurer d'avoir tous les jours un de ces comtes ou de ces pairs à sa table, n'aurait plus à craindre aucune maladie. Si parmi nous, cependant, quelqu'un était privé de cette consolation, je ne lui conseillerais pas pour cela d'aller se pendre. Bon ou mauvais, buvons-le tel que Dieu nous l'a donné, couchons-nous le soir auprès de notre mie, et vivons long-temps. »

Après le service de la table affecté au bouteillier, venait celui des écuries, auxquelles le connétable (*comes stabuli*) présidait. Souvent il avait sous ses ordres toute l'ost et la chevauchée du roi. Lorsque Louis VII partit pour la Guyenne afin de conclure son mariage avec Aliénor, il fit inviter et semondre jusqu'à sept cents chevaliers les meilleurs, et fit d'eux seigneur et connétable, le noble comte Thibaut de Champagne, son cousin. La charge de connétable n'était point uniquement confiée à un seul vassal : lorsque le suzerain marchait à la tête de ses barons, l'armée se divisait quelquefois en plusieurs corps, chacun desquels avait un seigneur et connétable.

> Dix mille hommes eurent chacun,
> Et en chacun dix connétables,
> Tous à cheval, preux et notables[1].

Le connétable jouissait d'une juridiction très-étendue sur toute la chevalerie; il jugeait les différens entre les hommes du roi, et maintenait la paix dans les camps. Il tenait l'épée du

---

[1] Roman de Judas Machabée.

suzerain en fief, et la conservait pour lui en faire hommage dans les occasions solennelles, telles que son sacre et les hauts tournois de chevalerie.

Au-dessous de lui étaient les maréchaux, dont il est déjà question dans la loi salique : « Si un maréchal qui commande à douze chevaux est tué, on paiera onze sous de composition.¹ » Un vieil auteur s'exprime ainsi sur la dignité de maréchal : « Pausanie, auteur grec, dit que mackre signifiait cheval en vieil langage gaulois, ce qui me fait croire que celui qui ferre et médecine chevaux en a pris son nom. » Il paraît que les maréchaux se trouvaient chargés, sous l'autorité du connétable, de ce service de guerre, « parce que ces gentilshommes nourris à l'écurie étaient plus forts et mieux dressés à mener et piquer les chevaux². » Dans un siècle où le coursier du paladin était son compagnon le plus cher, les fonctions de l'étable ou de l'écurie devaient être très-élevées dans l'ordre des dignités féodales; aussi les maréchaux com-

---

¹ Si Marescallus qui super duodecim caballos est, occiditur, undecim solidus componitur (Lex Alleman. Tit. 79, § 4). — ² Le président Fauchet. *Origine des Dignités*, p. 75.

mandaient l'avant-garde, ordinairement garnie d'un brillant baronnage.

Charle[1] appelle Fageon le piqueur,
Maréchal est de l'ost et son guideur [2].

Le maréchal portait un gonfanon particulier, et quelquefois le gonfanon royal.

Son maréchal fait devant chevaucher [3].
Désormais porterez mon royal gonfanon [4].

Il faut bien remarquer que le maréchal n'était alors que le maréchal du roi, et non maréchal de France. Ce n'est que postérieurement, sous le règne de saint Louis, qu'ils prirent dans les chartres le titre de *marescallus franciæ*.

La dignité de chancelier n'était pas moins importante, quoique fondée sur un autre ordre d'idées. Chargé du scel des chartes royales, il présidait aux clercs des archives et aux livres tenus pour les revenus royaux. Sous la première race, celui qui était chargé de ces fonctions domestiques prenait le titre de grand référen-

---

[1] Charlemagne. — [2] Roman *de la conquête de Bretagne*. — [3] Roman *de Gérard de Nevers*. — [4] Roman *de Guy de Nanteuil*.

daire; il avait les noms de protonotaire, apocrisiaire sous la seconde; quelquefois on l'appelait aussi chancelier. Le chancelier avait tout pouvoir avec l'apocrisiaire sur la garde des archives et sur les clercs. Sous lui étaient rangés les hommes qui écrivaient les capitulaires du roi [1]. » Comme l'instruction était alors le patrimoine exclusif du clergé, on choisissait toujours le chancelier parmi les archevêques ou évêques qui visitaient la cour et assistaient aux grandes assemblées publiques. Toutes les chartes royales sont revêtues du sceau du chancelier (*cancelarius*) pendu à un ruban dont les nuances effacées ne permettent pas de voir la couleur. Quelquefois le sceau est de cire jaune, quelquefois de cire verte, mais on n'aperçoit point encore ces caractères distinctifs qui plus tard signalèrent l'objet de la charte et l'autorité qui l'avait concédée.

La cour de Philippe-Auguste voyait alors dans tout leur éclat les douze pairs du royaume. La dignité de pair était inhérente au système

---

[1] Hincmar *de ordine palatii* : erant illique subjecti viri prudentes et intelligentes qui præcepta regis scriberent. (Compar. avec Adelard, Epist. 2).

féodal; dans cette longue hiérarchie de fiefs, qui partait du suzerain jusqu'au dernier vavasseur. tous ceux qui étaient égaux en tenure (*pares*), c'est-à-dire relevant du même seigneur, étaient pairs de sa cour, parce que tous lui devaient un même hommage et les mêmes devoirs féodaux[1]. Ainsi, dans le principe, tous les vassaux qui tenaient des fiefs des rois capétiens, comme comtes de Paris, tels que les sires de Montmorency, de Coucy, de Montlhéry, Nanterre, Montreuil, étaient pairs en leur cour, aussi bien que les grands feudataires, tels que les ducs de Normandie, de Bourgogne et de Guyenne, les comtes de Flandres, de Champagne, de Toulouse. L'élévation des comtes de Paris à la suzeraineté royale avait créé cette parité entre des feudataires qui plus tard n'eurent pas la même importance. En effet la situation des petits vassaux relevant immédiatement des comtes de Paris, n'était point assez relevée pour lutter d'éclat et de puissance avec les possesseurs des vastes duchés de Normandie ou de Guyenne, des comtés de Champagne ou

[1] Ne sont mie appelés *pers* pour ce qu'ils soient pers au roi, mais pers sont entr'eux ensemble. MSS du roi rapporté par le père Simplicien.

de Flandres. Ils n'avaient pas des revenus assez considérables, une chevalerie assez nombreuse pour donner des fêtes et des tournois, et pour tenir des cours plénières en leur château. Tandis que les sires de Montlhéry et de Nanterre ne comptaient que huit ou dix fiefs de Haubert dans leur domaine, et qu'ils ne menaient sous leurs bannières que douze chevaliers, les ducs de Normandie, possesseurs de l'arrière fief de Bretagne, étaient les suzerains de cent cinquante-sept châtellenies, et pouvaient mettre au besoin mille chevaliers complets sous les armes [1].

Cette situation des pairs de la cour du roi faisait donc naître une distinction entre eux : elle fut bientôt fixée par le choix de douze pairs, dont parlent toutes les vieilles légendes de notre histoire. Les romanciers attribuent à Charlemagne l'institution de ces douze pairs. Dans toutes les merveilleuses aventures que la chronique de Turpin raconte de ce prince, soit qu'il aille en Espagne, trahi par le perfide Ganélon ; soit qu'il assiège les fils de Boves ou d'Aymon, dans le château de Montauban;

[1] Histoire de la Pairie, par Laboureur.

soit qu'enfin dans ses périlleux combats contre le géant Zorobastre, il le pourfende avec sa bonne Joyeuse; le preux empereur est toujours suivi de ses douze pairs ou barons.

> Assez de mal me fit votre oncle Ganelon,
> Qui trahit en Espagne li douze compagnons [1].

Cependant, il est incontestable qu'il faut placer long-temps après l'avénement des comtes de Paris, et l'organisation du système féodal, la distinction des douze pairs. C'est le caractère des chroniques et des romans de cette époque, de revêtir les temps passés du costume des temps présens, et de leur attribuer des mœurs et des institutions qui ne leur appartiennent pas. De même que les miniatures du moyen âge nous reproduisent les personnages de l'Ancien-Testament revêtus des attributs chevaleresques, avec armoiries et cimiers; de même, ils donnent à Alexandre, à Darius, et, à plus forte raison, à Charlemagne, les douze pairs ou compagnons de vasselage. Dans les livres du saint Évangile écrits à cette époque, les

[1] Roman de Philomela écrit au 12ᵉ siècle et celui de Gaultier d'Avignon, de l'année 1202.

douze apôtres sont appelés les pairs de Jésus-Christ, *avec lesquels il tient cours plénières, et donne force tournois.*

Il est incontestable que ce ne put être qu'au milieu de ce mouvement d'ordre et de régularisation, qui depuis le règne de Louis VII se manifestait dans la société monarchique et féodale que la pairie dût prendre ses distinctions et ses prérogatives ; les six plus puissans parmi les vassaux du roi, devinrent les uniques pairs de sa cour dans la hiérarchie territoriale.

Alors aussi, le pouvoir ecclésiastique avait assez d'importance pour trouver sa représentation dans cette pairie, choisie parmi les vassaux immédiats de la couronne ; de sorte qu'on divisa les pairs en deux classes : six laïques et six ecclésiastiques. Les laïques furent : le duc de Normandie, possesseur de l'arrière-fief de Bretagne, le duc de Guyenne et le duc de Bourgogne, les comtes de Champagne, de Toulouse et de Flandres ; quant aux six pairs ecclésiastiques, ce furent : l'archevêque de Rheims, les évêques comtes de Laon, de Langres, de Noyon, de Châlons et de Beauvais.

Cette représentation du clergé ne fut point

réglée par les mêmes principes que la pairie des barons. Si le choix avait été déterminé par l'éclat du siége épiscopal, comme il l'était par l'importance du fief, il n'est point douteux qu'on eût préféré les archevêques de Sens et de Tours, les plus antiques métropolitains de la Gaule, à de simples suffragans de l'archevêché de Rheims. Mais la féodalité qui se mêlait à l'organisation toute entière de la société, n'avait point permis cette préférence naturelle. Les pairs de la cour du roi devaient être, avant tout, possesseurs de fiefs relevant immédiatement de la couronne, et les archevêques de Sens et de Tours n'étaient point dans cette catégorie. Le pouvoir des évêques leur donnait droit sans doute à une représentation publique; mais les pairs étaient choisis parmi les possesseurs de fiefs, et c'était comme ducs de Rheims, comtes de Laon, de Noyon et de Beauvais qu'ils venaient siéger à côté du roi dans les grandes assemblées nationales.[1]

Au milieu de cette cour, où commençait à se former une hiérarchie de rangs et de dignités

---

[1] Dissertation sur l'institution des pairs de France, par Bullet.

politiques, le roi Philippe venait de proclamer des tournois et des fêtes.

C'était vers le mois de juin 1184, tout le baronage de France s'était réuni à Champeaux, pour y célébrer, par des pompes chevaleresques, les fiançailles de Robert de Dreux, neveu du roi, et de Iolande de Coucy; le jeune Robert devait recevoir les éperons de chevalier des mains de son oncle et de son suzerain. Le mariage de Baudouin, comte de Flandre, avec Marie, sœur du comte de Champagne, et celui d'Agnès, héritière du comté de Nevers et d'Auxerre, avec Pierre de Courtenay, causaient une commune joie dans la royale famille, et l'arrivée de Henri, l'aîné des comtes de Champagne, long-temps captif en Palestine, mettait le comble à cette ivresse de plaisir qui animait la cour plénière [1].

De toutes les parties de la France féodale on s'était réuni à Champeaux; les barons, leur faucon sur le poing, suivis des nobles dames et damoiselles, vêtues de leurs plus beaux atours, avaient quitté leur manoir, et s'é-

---

[1] Cartulaire de l'abbé de Camps — S. Famille du Roi.

taient dirigés vers la cour plénière. On comptait parmi ce haut baronage, Henri, comte de Sancerre, sire très-hardi, mais pillard. Il avait enlevé, dans sa jeunesse, Hermesende, fille de Geoffroi III, seigneur de Donzi, et qui, depuis trois jours seulement, s'était unie au sire de Trainel; on racontait ses prouesses et ses galantes aventures dans le royaume d'Arménie, où cependant le pauvre sire avait été dépouillé; il s'en était revenu dans son petit comté sur un mauvais cheval bay, mendiant l'hospitalité de châteaux en châteaux [1].

A son haut cimier noir, à sa taille gigantesque, on pouvait facilement reconnaître le sire de Valentinois et du Diois; son père, bâtard du comte de Poitiers, avait secouru la comtesse de Marsanne contre les évêques de Valence et de Die, et après avoir conquis plusieurs châteaux et villes du Valentinois et de Diois, il reçut cette terre en fief et propriété. Guillaume, son fils, courait les cours plénières, cherchant aventure à dénouer; et ses prouesses avaient tellement étonné le comte de Toulouse,

[1] Voyez les pièces recueillies dans un mémoire de la collection de l'Académie des Inscriptions, T. XXVI, p. 680.

que celui-ci le reconnut comme son cousin et son bon parent, quoique de race bâtarde¹.

On remarquait aussi Guillaume, comte de Mâcon, grand dévôt et faiseur d'oraisons; il était fils du fameux Gérard, comte de Mâcon, le plus grand voleur des églises que oncque ne fut jamais. On disait de Gérard une singulière aventure; un jour qu'il était entré de force dans l'église de Saint-Philibert de Tournus, et qu'il s'approchait de l'autel, un moine de haute taille sortit du chœur, et prenant le comte par les cheveux, le traîna, le ballota, en lui disant : « Comment as-tu été si hardi d'entrer dans mon église ? » Le pauvre comte, depuis cette aventure, était devenu la risée de ses hommes d'armes, et son fils s'était jeté dans la plus profonde piété².

Robert, comte de Meulan, s'était fait aussi une grande renommée par ses aventures hardies; il avait, dans sa jeunesse, fait un pélerinage armé en Sicile, où ses formes hautaines et légères, tout à la fois, lui avaient attiré la haine de tous les habitans du pays; il vivait en

¹ Preuves de la généalogie des comtes de Valentinois, p. 5.
² Acta. Sanct. ordin. S. Benedict par. 3, p. 563.

paix dans son riche comté, faisant force bien aux monastères ; chaque année son habitude était de leur accorder quelques dons ; et avant de partir pour la cour plénière, annoncée par Philippe-Auguste, il avait concédé aux religieux de Valence la permission d'ouvrir les vendanges à Mantes ainsi et quand ils le trouveraient convenable [1].

Les plus remarquables en toute cette chevalerie, dont il est impossible de rapporter tous les noms, étaient Geoffroi, comte de Bretagne, et Richard, comte de Poitou, fils du roi d'Angleterre Henri II. Ils étaient liés d'une étroite amitié avec Philippe, par haine et par ambition contre leur père, dont ils convoitaient les riches héritages. Telle était l'intimité chevaleresque qui unissait le roi de France aux deux héritiers des Plantagenets, que chaque jour, selon le chroniqueur Roger de Hoveden, Philippe et Richard mangeaient à la même table et au même plat, et la nuit ils couchaient dans le même lit [2].

La réunion d'un si brillant baronage, les

---

1 Cartulaire de St. Wandrille, 1175. — 2 Roger de Hoveden, ann. 1184.

fêtes annoncées, avaient aussi attiré à la cour du roi toutes les joyeuses bandes de troubadours, trouvères, ménestrels et jongleurs; quoique les vieux moines et les barons dévots, eussent arraché au roi, il y avait déjà bien deux années, qu'il ne donnerait plus robes, pelisses et bijoux aux jongleurs et ménestrels, cependant, aux approches des pompes et des fêtes, ils accouraient tous à la cour de Philippe, qui les recevait gaiement et en joyeux baron.

Quand la guerre, en effet, avait suspendu ses fureurs, et que l'hiver appelait les châtelains autour de leur immense foyer, le ménestrel venait embellir des soirées trop longues. Là, en présence d'un nombreux baronnage de dames et de demoiselles, *il fablait les romans d'aventures*. Tantôt il racontait les prouesses de Guillaume au court nez, d'Aimeri de Nanteuil, d'Ogier le Danois, de Regnaud de Montauban, *qui conquist l'Ardenois;* de Gauvain *le bon chevalier,* neveu du roi Arthus. Tantôt il faisait entendre les rauques accens de la vielle, de la gigue et du psaltérion; souvent il joignait aux agrémens

[1] Chroniq. de S.-Denis, an. 1181.

de la voix une facilité extrême pour les tours d'adresse, et il excitait les éclats de rire de l'assemblée par de grosses plaisanteries. « Dames et chevaliers, quel tour voulez-vous du jongleur? car je suis le bon seigneur des chats, je fais des gants pour les chiens, des coiffes pour les chèvres, et de bons haubertspour les lièvres.

> Et ganz à chiens, coifes à chièvres,
> Et sait faire haubert pour les lièvres [1].

Le ménestrel était, en général, à la tête d'une troupe ou ménestrandie qui le suivait dans ses courses vagabondes; on y distinguait les trouvères ou fabliers, qui composaient les romans et les fabliaux; les conteurs, qui les débitaient; le chanteur ou ménétrier, qui devant la noble assemblée accompagnait sa voix du son des instrumens de musique; enfin les jongleurs, sorte de joueurs de gobelets, « qui ne s'occupaient qu'à mille singeries et grimaces. » Quand une de ces ménestrandies arrivait dans un château, ce n'était partout que fêtes et plaisirs. On se réunissait de vingt lieues à la ronde. Après le festin, où les vas-

---

[1] Fabliau des deux ménétriers. Legrand-d'Aussi. T. 1, p. 269.

saux étaient invités, les ménétriers commençaient leurs chants, et les jongleurs leurs tours. On les gardait quelquefois toute une semaine, au milieu de la joie et des gaies chansons. Lorsque l'instant du départ était arrivé, le baron et les dames les accablaient de présens, et les payaient comme ils le désiraient [1].

> Au matin quant il fut grant jor,
> Furent payés li jongleor,
> Li un orent biaux palefrois,
> Beles robes et biaux agrois (bijoux).

Les mœurs de ces bandes joyeuses se ressentaient de leur gaie profession. « A Sens, vivait jadis un ménétrier, le meilleur humain de la terre, et qui, pour un trésor, n'eût pas voulu avoir querelle avec un enfant; mais homme sans conduite, et dérangé s'il en fut jamais. Il passait sa vie au jeu ou à la taverne, à moins qu'il ne fût dans des lieux encore pires. Gagnait-il quelque argent, vite il le portait là. N'avait-il rien, il laissait son violon chez le juif en gage. Aussi, toujours déguenillé, toujours sans le sou, souvent même nu pieds

---

[1] Lay de Laval, par Marie de France. MSS. du roi, 7987.

ou sans chemise, par la bise ou la pluie, il vous eût fait compassion ; malgré cela, gai, content, la tête en tout temps couronnée d'un chapel de roses, il chantait sans cesse, et ne demandait à Dieu qu'une seule chose, de mettre toute la semaine en dimanches[1]. »

Ces troupes de ménestrels et de jongleurs donnaient des représentations scéniques pour égayer les dames et les barons. « On y voyait différens mystères qui montraient Adam et Ève, les trois rois, le meurtre des innocens, notre Seigneur *riant avec sa mère et mangeant des pommes*, les apôtres disant avec lui leurs patenôtres, la décolation de saint Jean-Baptiste, Hérode et Caïphe en *mîtres*, Pilate lavant ses mains ; un paradis dans lequel se pressaient quatre-vingt-dix anges, un enfer noir et puant où tombaient les réprouvés aussitôt saisis par cent diables[2]. » A ces pièces graves venaient se joindre des entremets ou intermèdes propres à égayer le sérieux de la pièce sainte. Ces intermèdes étaient remplis par des ribauds qui dansaient et chantaient en

---

[1] Fabliau de St.-Pierre et du jongleor. Legrand-d'Aussi. T. II. p. 26. — [2] Même collection, T. I.

chemise. « On y voyait un roi de la fève, des tournois d'enfans, un homme sauvage, un loup qui filait; enfin la vie entière de maître renard, d'abord médecin et chirurgien, puis clerc, et chantant une épître et un évangile, puis évêque, archevêque, puis pape, et toujours mangeant poules et poussins[1]. »

Les ménétriers racontaient dans leurs chansons toutes les histoires et les légendes qui avaient cours dans la contrée. C'étaient tantôt les miracles de l'enchanteur Merlin qui s'était rendu secourable à maints chevaliers, à maintes dames, et même aux vilains[2]; tantôt les merveilles des cours plénières du roi Arthus dans la cité de Carduel. Une femme s'était présentée montée sur sa mule sans licol et sans frein : le roi Arthus l'interroge; elle lui déclare en pleurant qu'elle est ainsi condamnée à voyager jusqu'à ce qu'un preux chevalier lui rapporte le licol de sa mule. Le beau Gauvain demande un baiser à la belle et part pour cette périlleuse aventure, se confiant à son

---

[1] Chroniq. MSS. à la suite du roman de Fauv. MSS. du roi, 8612.

[2] Legrand-d'Aussi. T. 1, fabliaux de la Table-Ronde.

courage pour la mettre à fin. Il rencontre sur sa route des lions, des serpens, des murs d'airain et des géants; enfin après avoir surmonté tous les obstacles, il rapporte le licol, et obtient pour récompense le joli don d'amour et la fleur de la demoiselle. Arthus lui offre maint château, mais Gauvain les refuse [1].

> Lors l'en a Gauvain remercié :
> Sire, dit-il, bien suis payé,
> Et de la pucelle seulement.

Ils racontaient encore comment Lancelot du Lac, éloigné de la belle reine Genèvre sa mie, avait délivré des chevaliers, secouru des dames, exterminé des brigands, aboli de mauvaises coutumes; comment le grand Aristote, amoureux d'une jeune bergère, s'était laissé séduire.

> Dans un verger, sur l'herbette nouvelle,
> Car amor tôt et tôt vaincra,
> Tant come li monde durera [2].

Le pauvre clergé n'était point épargné dans ces chansons des ménétriers: Comme ils avaient

[1] Fabliau de la Mule sans licol, Legrand-d'Aussi. T. 1, p. 15.
[2] Le Lay d'Aristote se trouve en entier dans la bibliothèque amusante et instructive. T. 11, p. 15.

beaucoup voyagé et vu de bizarres usages, ils disaient comment[1], dans l'église de Strasbourg, on trouvait un pourceau portant un bénitier, des ânes revêtus d'habits pontificaux, des singes tenant dans leurs griffes divers attributs de la religion, et un renard renfermé dans une châsse. A Soissons, un prêtre avait donné le baptême à un crapaud ; à Corbeil, les habitans n'entendaient la messe qu'avec un chien dont la dévotion les édifiait, et qui jeûnait comme moine en paradis. Ils racontaient la solennité de l'araignée au Mans, mêlée aux cérémonies sacrées de l'Eucharistie; comment dans l'église de Rheims les chanoines rangés sur deux files, précédés de la croix, traînaient derrière eux un hareng, mystère ineffable qui excitait la piété de toute la contrée; comment dans une église de Paris, un renard couvert d'une espèce de surplis fait à sa taille, portant sur son chef mitre et tiare, était conduit en procession, précédé d'un nombreux clergé,

---

[1] Toutes ces superstitions ont été recueillies par le père Théophile Renaud, dans ses *Heteroclita spiritualia et anomalia pietatis cælestum et infernorum.* Ce traité particulier se trouve dans les Œuvres complètes du père Renaud. Lyon, 1665.

et comment on lui jetait de temps en temps des poules qu'il dévorait en présence des assistans, pour signifier les exactions du pape sur les églises [1].

Tous ces récits excitaient le gros rire des chevaliers. « Sénéchal, disait l'un, le ménestrier est joyeux; comte Guy, j'ai vu ce qu'il raconte là, dans ma jeunesse à la suite du bon roi Louis VII. » Dans la cathédrale d'Auxerre, j'ai assisté aux divertissemens des bons chanoines, à leurs danses avec des religieuses et à l'élection de l'évêque, de l'archevêque et du pape des foux. Moi-même j'ai pris l'habit de chanoine et mangé de la viande le jour de la Saint-Etienne près du célébrant [2]. Mes hommes d'armes ont prié le jour de Noël, disait l'autre,

---

[1] Le roman du renard est un monument de Mœurs infiniment curieux. Il a été publié par M. Méon, 4 vol. in-8; cette fable eut une grande vogue; un trouvère reproche aux prêtres de faire plutôt peindre sur l'autel l'image de maître renard, que celle de Notre-Dame.

« En leur moustier (église) ne font pas faire
Si bien l'image Notre-Dame
Que ceux de renard et sa femme.

[2] Ducange *V. Kalendæ*. (Concil Basil. Sess. 21, *Summ. Concil.*, p. 450).

à la fête de l'âne; mon clerc leur a fait réciter pendant huit jours l'antienne :

> Ha sire âne, ça chantez,
> Belle bouche rechignez,
> Vous aurez du foin assez,
> Et de l'avoine à plantez [1].

Ces propos joyeux se répétaient au milieu des éclats d'une joie bruyante, et les ménétriers fêtés, caressés par les dames et les chevaliers, quittaient le château où pendant long-temps on parlait encore de leur bonne venue.

La cour plénière de Philippe-Auguste vit toutes ces scènes de ménétriers et de jongleurs; mais une multitude de plus nobles trouvères et de troubadours s'y trouvait réunie; on avait vu arriver à Champaux, les preux chanteurs de la langue d'oc et d'oil, les poètes de Normandie, de Champagne et de Provence.

On distinguait parmi ces troupes élégantes, Lambert li court, et Alexandre de Paris; ils avaient fait de concert un poëme d'Alexandre le grand où le nom du héros macédonien n'était qu'un moyen de déguiser les prouesses du jeune Philippe-Auguste. C'est ainsi que

[1] En abondance.

le poëte supposait qu'à l'âge de treize ou quatorze ans, Alexandre fut fait chevalier et associé à la couronne de Macédoine par son père, qu'il eut à combattre de nombreux vassaux et confisqua les biens des Juifs; puis le roi marche contre Darius, et en décrivant les superbes tentes du monarque de Perse, le poëte oublie tellement l'époque d'Alexandre qu'il affirme que ces pavillons étaient brodés de la main d'Isabelle, femme de Philippe[1].

Toutes les dames parlaient aussi du poëte Hélinant, noble trouvère de la reine Isabelle; le roi aimait à entendre sa douce voix; et lorsque, à table avec ses barons, il se livrait à de joyeux ébats, le suzerain commandait à Hélinant de lui raconter des aventures héroïques, « et comment Jupiter frappa les géants avec sa foudre bruyante[2]. »

L'amour, le triste amour avait aussi rendu poëte le sire de Coucy; tous ses chants respiraient une douce mélancolie; c'était la nature, le printemps, le rossignol, la violette, qu'il invoquait au nom de sa passion malheureuse;

---

[1] MSS. de la bibliothèque royale, n° 7987—7190—2 et 4.
[2] Poëme d'Alexandre.

il desirait aller outre-mer pour le service de la croix, mais avant il demandait à Dieu « de monter en tel honneur qu'il pût tenir entre ses bras *nuette* (toute nue) celle qu'il avait en son cœur et son *penser*.¹ »

Quelques troubadours de la Languedoc étaient aussi arrivés en la cour plénière de Philippe. Guillaume de Balazun et Pierre de Barjac, amis inséparables; l'un riche baron de Montpellier, l'autre simple chevalier; le premier aimait la dame de Joviac et en était aimé, l'autre avait connu une jeune damoiselle au même castel. Pierre Barjac s'étant brouillé et raccommodé avec sa dame, soutint dans un sirvente que le raccommodement valait mieux que premier amour. Guillaume voulut éprouver si cette maxime était vraie, et bien que sa jeune maîtresse vînt le trouver dans sa chambre, et jusque dans son lit, il lui résista pour avoir à se *renamourer* plus tard; ces deux troubadours chantaient depuis le bonheur du raccommodement².

---

¹   Que cele où j'ai mon cœur et mon penser
       Tienne une fois entre mes bras nuette.
                      (Poésies du sire de Couci.)
² Nostradamus, à l'art. *Guill. de Balazun.* p. 217.

Pierre, seigneur de la Vernègue, au service du dauphin d'Auvergne, comme échanson, aimait Assalide, sœur de son seigneur, mariée à Beraud, baron de Mercueur; il fit si bien par ses chants et ses tensons, qu'il sut toucher le cœur de la jeune Assalide; mais Beraud s'étant avisé de devenir jaloux, contraria tellement ces amours, que la dame fut obligée d'éloigner son troubadour chéri du château de Mercueur; le seigneur de la Vernègue parcourut la France et l'Angleterre, et il était alors à la cour de Philippe-Auguste [1].

On y voyait aussi Guillaume de Saint-Didier, sire d'un petit château en Velai; il avait aimé Adélaïde, femme du vicomte de Polignac, et fut payé de retour; mais, pour tromper les soupçons d'un mari jaloux, Guillaume déguisait, sous des noms supposés, l'objet de son amour, de telle manière que la dame de Polignac crut qu'infidèle à son premier attachement, il en aimait une autre qu'elle; pour se venger, Adélaïde irritée dit à Hugues le maréchal, un de ses poursuivans, « je veux aller en Velai, dans le château de sire Guillaume,

---

[1] Nostradamus appelle ce troubadour *Peyre de Vernègue*.

venez m'y conduire; » chose dite et chose faite, la dame partit pour le château, accompagnée de ses damoiselles, et coucha en public avec Hugues le maréchal, dans le propre lit de son premier amant. Guillaume de Saint-Didier, en apprenant cette triste vengeance, se mit à voyager et parcourut cours plénières et castels, chantant sa déconfiture[1].

Les tensons de ces nobles hommes, leurs lays, leurs sirventes étaient tous inspirés par le sentiment le plus exalté; ils disputaient entre eux sur des points de jurisprudence amoureuse sur la décision des cours d'amour.

Dans six châteaux de France existaient alors de nobles assemblées de dames; on citait celle de la dame de Gascogne, d'Ermengarde, vicomtesse de Narbonne, de la reine Eléonore, de la comtesse de Champagne, de la comtesse de Flandre, et des dames de Pierrefeu de Signe, et de Romanin. On y discutait des questions de galanterie. La cour de Romanin se composait, de Stephanète de Gantelme, dame du lieu, la marquise de Malespina, de Saluce, de la dame de Baulx, Laurette de

[1] Nostradamus, art. *Guilhem de Sainct-Desdier*.

Saint-Laurens, Huguone de Sabran, comtesse de Forcalquier, Hélène, dame de Monparon, Isabelle de Borrilhons, Ursine de Ursières, dame de Montpellier, Aloete de Meholon, Elyse, dame de Meyrargues [1].

On rapportait avec respect leurs décisions souveraines; plusieurs furent produites dans la cour plénière de France. « On demanda si le véritable amour peut exister entre gens mariés. »

Voici quel fut le jugement de la comtesse de Champagne : « L'amour ne peut étendre ses droits sur des personnes mariées; car les amans s'aiment et se livrent volontairement; les époux sont tenus par devoir de ne se refuser rien l'un à l'autre. [2] »

Une damoiselle, attachée à un chevalier, se marie à un autre, doit-elle refuser au premier ses faveurs?

Jugement d'Ermengarde, vicomtesse de Narbonne : « Le mariage n'exclut pas les faveurs d'un premier attachement. [3] »

Ces jeux d'esprit et d'une morale facile,

[1] Nostradamus, p. 131;—[2] MSS. d'André le chapelain. Bibliothèque du Roi, n. 8758.—[3] Ibid.

qui excitaient les applaudissemens des dames, furent suivis, dans les pompes chevaleresques de la cour de Philippe-Auguste, par l'exercice de la chasse.

Une chevalerie naturellement active devait se livrer sans réserve à ce noble apprentissage des batailles.

Tous les barons rivalisaient d'ardeur, d'éclat et de dépenses pour courre le cerf ou le daim. Lorsqu'un voyageur arrivait dans le manoir d'un châtelain opulent, ce qu'il entendait d'abord, c'était l'aboiement des chiens, le son du cor, le cri des éperviers et des faucons. C'était le luxe du baronnage de France que de réunir une bonne meute de chiens anglais, exercés à la piste et à la course. Plusieurs chevaliers prodigues aliénaient leur fief ou leur serf pour quelques levriers agiles. Le clergé lui-même, comme on l'a vu, n'avait pu résister à cet engouement général, et les églises retentissaient souvent du jappement des chiens du sire abbé, ou du cri aigu de ses oiseaux de proie [1].

[1] Philippe-de-Vitri, évêque de Meaux, et Denis le grand, évêque de Senlis, ont écrit deux traités sur la chasse.—2 Liv. MSS. de fauconnerie sous le titre : *Le déduit de la chasse au cerf*.

Durant ses grandes fêtes plénières, Philippe convia ses barons aux plaisirs actifs de la chasse; il venait de faire entourer le bois de Vincennes de murs hauts et forts, « de manière que bêtes et gens ne pussent aller parmi. Henri, fils aîné du roi d'Angleterre, avait fait cueillir et amasser parmi les forêts de Normandie et d'Aquitaine, jeunes faons et bêtes sauvages, cerfs et biches, daims et chevreaux; » Philippe les avait dispersés dans le bois de Vincennes, et c'était vers cette épaisse forêt que devait se diriger la chasse royale. Dès l'aube du jour, le son du cor, parti de la tour du sénéchal, prévint tous les officiers du roi de se tenir prêts, d'accoupler les chiens et de préparer les chevaux. Quelques minutes après, Philippe arriva, suivi de ses joyeux amis. Tous étaient vêtus d'un léger justaucorps et portaient un petit glaive en forme de poignard. On raisonna d'abord, à l'aide des renseignemens qu'on avait pu recueillir, sur les voies qu'avait tenues le cerf. Quand on connut ses allures, on entra dans la forêt; les chiens furent découplés, et le noble animal, bientôt forcé par la meute agile, reçut le coup de la mort des mains du roi et de Richard d'Angleterre.

Le lendemain on se livra au courre du sanglier. Les chasseurs étaient tous vêtus d'une veste courte, fourrée de gris, serrée d'une ceinture de cuir d'Irlande; ils portaient un couteau appelé *queniret;* un cornet d'ivoire pendait à leur cou; leur chaussure était étroite et bien tirée, ce qui faisait [1] briller la beauté des jambes et la forme élégante des pieds. Cette chasse fut sanglante, et l'animal n'expira qu'après avoir déchiré avec ses dents meurtrières des serfs, des limiers et des chevaux.

Ces exercices, tout guerriers, étaient accompagnés de trop de périls pour que les dames y fussent associées. La galanterie de ce siècle inventa la fauconnerie, sorte de délassement qui convenait à la faiblesse de leur sexe. Dans l'intérieur de chaque manoir, les dames, les demoiselles, et les varlets *qu'on élevait dans le doux servage d'amour,* occupaient leur loisir à dresser des oiseaux de proie, à façonner la docilité des éperviers et des faucons. Lorsqu'ils étaient bien appris, on attachait une chaîne d'or ou d'argent à une de leurs pates, et captifs

[1] Ste-Palaye, chap. 1er.

dans la tourelle, ils ne sortaient qu'avec le châtelain ou la dame du lieu. Pas un seigneur de haut parage, pas une demoiselle bien élevée qui ne connût le *déduit* ou l'art de la chasse au faucon. Le béfroi sonnait à peine la sixième heure du jour que, déjà montées sur leur haquenée docile, les chatelaines s'avançaient, le faucon sur le poing, vers la forêt voisine. Lorsqu'un malheureux petit estournel, une colombe timide, le passereau des bois, faisaient entendre leur cri à travers le feuillage, la dame lâchait son faucon, qui, déployant son vol, poursuivait le faible oiseau ; lorsqu'il le tenait dans ses serres, on le rappelait ; le faucon revenait se poser sur le poing ou sur l'épaule de sa maîtresse et lâchait la proie entre ses mains[1].

Les tours d'adresse, les traits de courage et d'agilité des chiens et des levriers dans la chasse du roi, firent la conversation des barons et des dames durant le dîner qui succéda aux courses. On apporta la tête du cerf, on considéra l'étendue et la hau-

---

[1] Livre de Gasse de la Bigne. Roman des *déduits de la chasse*. MSS. du roi n° 7626 ; c'est un écrit complet en vers sur tous les amusemens de la chasse féodale.

teur du bois, l'épaisseur et la grosseur des membres, la pesanteur de la hure du sanglier. « Sénéchal, quel est celui qui a détourné la bête? C'est Torre le maître-veneur; il voudrait bien être gratifié d'un arpent de bois. Eh bien! sénéchal, faites dresser ma charte [1]. » Chacun se vanta ensuite de ce qu'il avait fait, et les moins habiles ne furent pas les plus laconiques dans leur rapport.

Alors commencèrent les contes, et joyeux propos sur la chasse; chacun des barons et convives fit son récit sur les vieilles légendes de la forêt. On raconta qu'une meute de chiens, après avoir chassé toute la journée, se trouva arrêtée le soir comme par une force surnaturelle devant un lieu saint où le cerf s'était réfugié; qu'un lièvre, ayant épuisé toutes ses ruses pour échapper aux levriers, s'était jeté dans les bras d'un saint homme qui lui sauva la vie; ailleurs, on avait vu un ours aux abois grimper sur un arbre où un ermite avait jeté son habit, et trouver son salut sous ce respectable froc. On avait aperçu saint Hubert parcourir la forêt sonnant du cor et suivi d'une meute

[1] Mémoire de M. de Ste.-Palaye sur la chasse, liv. 2.

nombreuse de chiens; l'ombre d'un seigneur renommé par ses chasses hardies, d'un nouveau Robin Wood, était apparue, l'arbalète sur l'épaule, au sire du château voisin, dans l'épaisseur d'un bois. Il n'était pas une veillée de seigneurs et même de serfs où il ne fût question de ces légendes populaires [1].

Ces fatigues et ces exercices violens laissaient encore bien des loisirs aux barons et aux chevaliers. Il y a dans les habitudes de la guerre une sorte de prodigalité aventureuse qui fermente dans l'oisiveté des camps et la vie des manoirs. Sous la tente comme autour du foyer domestique, les châtelains et les hommes d'armes ne s'exerçaient pas seulement aux nobles jeux de la lice. Un penchant non moins impérieux les portait vers les chances de hasard. Tantôt les dés roulaient sur les tables de noyer ou sur le sol couvert de nattes, tantôt les échecs absorbaient l'attention des vieux chevaliers. Charlemagne lui-même aimait à se délasser du poids des affaires publiques sur un pesant échiquier : il s'y amuse avec le

---

[1] Voyez les légendes rapportées par Ste.-Palaye, liv. 1er.

vieux Aimon, avec Roland, son neveu, et le traître Ganelon de Mayence[1]. Quelquefois les hommes d'armes préféraient les osselets, jeu où l'adresse pouvait lutter contre les caprices de la fortune. Les cartes proprement dites, étaient encore inconnues; mais on se servait d'une série de figures empruntées aux Maures d'Espagne, qui les tenaient eux-mêmes des Orientaux[2].

Le jeu devenait souvent un délassement funeste. Les barons y hasardaient tout ce dont les avaient dotés leurs ancêtres. Les paladins jetaient au sort d'un dé, leurs fiefs, leur châtellenie, leurs armes, leurs chevaux de bataille, les clercs eux-mêmes y perdaient leurs presbytères, et plus d'un abbé engagea les vases sacrés à des juifs pour satisfaire un penchant irrésistible. Aussi les conciles, les capitulaires, les lois et les coutumes locales prohibent formellement les jeux de hasard : « Nous défendons aux fidèles de jouer aux dés, sous peine de déposition pour les ecclésiastiques et d'excom-

[1] Roman de Charlemagne ou la Chronique de Turpin
[2] Dissertation de Bullet sur les cartes à jouer. Lyon, J. Deville. 1757.

munication pour les laïques ¹. » Quant aux coutumes, elles interdisent même la fabrication des dés, et toute académie ou école dans laquelle on enseignerait les échecs.

Ce qui appelait surtout l'attention des lois, c'étaient les rixes et les disputes qui s'élevaient entre les chevaliers. Il suffit de se bien pénétrer du caractère bouillant des barons de France pour comprendre avec quelle impatience ils devaient subir les coups du sort, et combien de combats singuliers les dés purent causer. Dans le roman de Renaud de Montauban, le vaillant fils d'Aimon, jouant avec un des fils de Charlemagne, prince lâche et méchant, lui jette le damier aux échecs à la tête, et le tue du coup. Cette aventure sanglante donna lieu au siége du château de Montauban et aux tours d'adresse de Maugis, qui trompa le grand Charles jusqu'à le mettre dans un sac et à le transporter dans la ville assiégée ².

1 Concile d'Elvire, can. 79. — Statuts synodiaux d'Ebles de Sully, évêque de Paris. 1201. — Concile de Latran, can. 16. — Concil d'Albi, can. 48. — Statuts synodiaux de Milon, évêque d'Orléans.

2 Cette aventure a fait le sujet du roman si populaire des Quatre fils d'Aimon.

Les plaisirs de la table étaient aussi une affaire d'ostentation dans la vie des châteaux et dans les mœurs de la chevalerie. La cour de Philippe-Auguste, comme celle du grand roi Arthus, de célèbre mémoire, se faisait remarquer par le luxe des repas. Son compte de dépense au trésor des chartes, porte une somme de 40 livres parisis pour le poisson d'Étampes à l'usage de la table du roi, 2 livres pour des potages à la purée, au lard, aux légumes et au gruau; 3 livres pour des oiseaux rôtis à l'eau rose avec un peu de vin et de sel; 4 livres pour des échaudés, des gauffres, achetés aux marchands qui s'établissent à la porte des églises; 2 livres pour les fruits secs, avelines, et gimgembre confit, et 3 livres pour un superbe paon, oiseau tout royal [1].

Lorsque le roi réunissait ses barons, il se disposait à leur faire bonne chère autour de la table d'honneur ou table ronde. Dès que nonne sonnait au monastère, des siéges en noyer, rembourrés de jonc peint en rouge et en jaune, et dont le sommet se terminait en ogive, étaient rangés autour de la table, sur laquelle était dis-

[1] Brussel, De l'usage des fiefs, t. 2, pièces justificatives.

posé un service de grossière vaisselle. Au moment où les chevaliers entraient, le roi, plein de civilité, les conviait à s'asseoir. Devant eux étaient rangées des coupes assez élevées et d'une vaste capacité. Au moment où l'on servait le potage à la hure de sanglier, et quelquefois à la volaille [1], le chapelain commençait le *benedicite* à haute voix; et tous les chevaliers l'accompagnaient dans cette prière; puis il faisait d'autres lectures pieuses, tandis que les plats de gibier, les bons poissons d'Étampes ou des viviers de Vincennes, Saint-Maur et Saint-Mandé, paraissaient sur la table, arrosés de nombreuses libations des vins du Clos-Voujeau et de Cluny. Au milieu du repas, les portes s'ouvraient, et l'on voyait avancer les damoiselles suivies des écuyers portant sur un plat d'argent, revêtu des armoiries royales, le paon rôti, encore tout brillant de son riche plumage; on accueillait avec enthousiasme le magnifique oiseau, qui arrivait escorté du héron et du pluvier doré. Alors le chapelain cessait

[1] MSS. du roi n° 7218. Le Fabliau du cuvier parle aussi d'une soupe au vin :

Or ça fait-il la soupe en vin.

sa lecture. Les dits et les bons mots circulaient. Presque tous les chevaliers faisaient des vœux et juraient sur le paon d'entreprendre quelque périlleuse aventure : « Sire roi, je jure bien sur le paon de pourfendre trois géans en l'honneur de ma dame ; je me mets en sa captivité, disait l'autre ; j'irai en Palestine, comme l'empereur Charles ; je ne coucherai jamais dans mon lit que je n'aie conquis épée enchantée et armes invulnérables [1]. » Les ménétriers faisaient ensuite entendre leurs chansons et les récits de vieilles prouesses. Puis commençaient les jeux du festin : un grand pâté était servi, rempli de petits oiseaux encore vivans ; à la prière des dames, qui suppliaient pour les pauvres captifs, on ouvrait le pâté, les oiseaux s'envolaient dans la salle ; alors les damoiselles lâchaient leur faucon et leur épervier qui rapportaient les petits passereaux tout tremblans.

> Pastés de vifs oiselets ;
> Et quand ces pastés brisaient,
> Li oiselets partout volaient ;

[1] Roman des Vœux du Paon et le retour du Paon. MSS. du roi, 7975, 7689, 7990 et 7992.

A donc vissiez-vous faucons,
Austour et esmerillons
Voler après les oiselets [1].

Après ces jeux finis, le repas se terminait par des chants et des prières, et les dames et les chevaliers se retiraient dans l'intérieur du manoir.

Pour couronner la fête de sa cour plénière, le roi Philippe annonça qu'un tournois serait célébré; il fit, en conséquence, dresser des chartes de convocation par son clerc. Ses hommes d'armes, revêtus de pelisses fourrées d'hermine, portant sur leur poitrine les armoiries de France, émaux, cimier et supports, se rendirent dans tous les lieux de ses domaines et vers tous les prud'hommes en chevalerie. Dans chaque château, ils annoncèrent leur mission: le pont-levis se baissa; le nain sonna du cor, et les arbalétriers détendirent leur arme meurtrière. Le seigneur et les demoiselles accueillirent les héraults avec distinction. On publia le lendemain dans la contrée que tel jour le

---

[1] Roman de Florès-de-Blanchefleur. MSS. du roi n° 1830, fond de l'abbaye St.-Germain.

bon roi Philippe se proposait de *faire jouter*
en un tournois, et que les chevaliers y étaient
attendus pour donner *force coups de lance*¹.

Cette nouvelle fut reçue avec joie. Toute la chevalerie apprêta ses armes, ses devises, ses grands chevaux de bataille noblement caparaçonnés. Les dames songèrent à leurs atours, au beau chevalier qui avait pris leurs couleurs. Ce n'était partout que préparatifs pour assister à cette grande fête militaire, seul moyen de communication que la noblesse eût alors sur le territoire morcelé de la monarchie féodale.

Lorsque le temps du tournois fut arrivé, le roi fit préparer les lices pour la bataille, et les estrades pour les dames et pour les vieux chevaliers juges du combat. A mesure que les paladins et les barons se présentaient, il les recevait dans le manoir royal; les écuyers et les valets logeaient dans les hôtelleries de la ville voisine ou des villages qui relevaient de ses domaines. Le dimanche

---

¹ Il existe à la bibliothèque du roi un manuscrit fort curieux où sont reproduites en miniature toutes les cérémonies des tournois; il porte le n° 678. Quoiqu'il appartienne à une époque plus moderne il n'en donne pas moins une idée exacte des grandes lices de chevalerie.

qui précéda le tournois, toutes les armoiries, les couleurs et les bannières des chevaliers qui se proposaient de combattre, furent exposées aux fenêtres du château et des tourelles; les dames et les juges du camp les examinèrent l'une après l'autre pour s'assurer que parmi les combattans il ne s'était glissé aucun chevalier discourtois et félon [1]. Le nombre de ces armes, artistement rangées, fit l'admiration des vieux paladins.

En effet, les bannières et les écus, richement armoiriés, présentaient une ingénieuse et brillante variété d'emblêmes chevaleresques. On y voyait la licorne, signe de loyauté, de l'honneur et de l'amour épuré; le lion, symbole du courage et de la magnanimité; les alérions, aiglettes sans bec ni serres, figurant les ennemis désarmés ou mis hors de combat; les merlettes, image des croisés qui avaient passé la mer comme ces oiseaux voyageurs, et que l'on peignait de même sans bec ni ongles, pour exprimer la pénitence et la résignation des humbles pélerins d'Orient; le griffon, assemblage fantastique et monstrueux des

---

[1] Favin, théâtre d'honneur et de chevalerie, t. II, p. 1747.

formes de l'aigle au regard perçant, avec celles du lion intrépide, et qui réunissait ainsi les emblêmes de la force, de la vitesse, de la vigilance et de la domination.

Les écussons féodaux étaient encore chargés de diverses pièces dites *honorables*; telles que la *bande*, ligne diagonale, la *fasce*, ligne transversale, image de l'écharpe et de la ceinture, dont elles reproduisaient la couleur et les ornemens; le *pal*, ligne perpendiculaire, indication du poteau surmonté d'armoiries que chaque baron faisait dresser devant sa tente ou devant les ponts de son château; le *chevron*, pièce de charpente qui était comme le hyéroglife des machines de guerre et des tours de bois alors en usage dans les siéges; les *tourteaux*, pains de forme ronde; signe des subsistances militaires, devenu une marque d'honneur pour ceux qui avaient enlevé un convoi à l'ennemi, ou ravitaillé l'armée des croisés, si souvent exténuée de privation; les *créneaux* et les *tours*, expression naturelle des villes et des forts emportés d'assaut; les *besans* d'or ou d'argent, pièce de monnaie, signifiant la rançon exigée des guerriers que l'on avait faits prisonniers dans les combats, ou celle que l'on avait payée soi-même pour se racheter des infidèles ; et enfin l'*échiquier*, symbole non moins ingénieux, qui représentait une armée rangée en bataille.

Tous ces emblêmes brillaient de vives couleurs appelées *émaux;* c'était le *gueule*, nom donné au rouge par analogie avec la gueule ardente des animaux féroces, l'*azur* ou couleur saphirique, attribut des célestes vertus et des perfections chevaleresques ; le *sinople*, vert musulman, adopté depuis les croisades, en mémoire des guerres contre les infidèles; le *sable* ou le noir, figurant la terre, et qui exprimait l'humilité, la sagesse, le détachement du monde, ou le deuil et la tristesse d'âme du chevalier qui le portait.

La simplicité de l'écu héréditaire s'était compliquée de génération en génération par des mariages ou par de nouveaux exploits, qui avaient motivé l'addition de pièces nouvelles au blason primitif. Les paladins joignaient souvent encore aux armes de leur famille des devises particulières qui annonçaient l'état de leur cœur ou quelque projet formé. Ici, c'était la passion inspirée par une noble dame ; là, une vengeance jurée contre un châtelain déloyal ; quelquefois un vœu de prendre la croix, ou d'accomplir un pélerinage au saint Sépulcre, à Rome, à Saint-Jacques de Compostelle [1].

Après l'inspection d'honneur, les prud'hommes, juges du camp, visitèrent la lice. Ils examinèrent si le terrain était bien choisi, si les barrières fermées par des cordes pouvaient arrêter la multitude des serfs et des vilains accourus de toutes les contrées environnantes ; s'il n'était pas à craindre que sur une terre inégale les coursiers excités par le combat ne fissent des chutes malheureuses. Puis ils virent la lance, l'épée des combattans, jugeant si la pointe en était émoussée, de manière à ne point faire de blessures profondes et à ne point ensanglanter les jeux.

La veille du tournois, les chevaliers montés sur leurs coursiers élégamment caparaçonnés, et précédés des juges du camp, firent leur entrée publique dans le château royal par le pont

---

[1] Le père Ménétrier, origine des ornemens et armoiries, ch. 15.

levis, au son du cornet et de la trompette. Les gonfanons de mille couleurs étaient suspendus aux murailles et aux tourelles; la multitude accueillit par de bruyantes acclamations les paladins dont on connaissait déjà les prouesses. Les écuyers et les valets simulèrent une joute avec des hampes de lance ou des bâtons en dehors de la lice, pour servir de prélude aux combats plus sérieux du lendemain[1].

A peine l'aurore avait-elle doré l'horizon, que les chevaliers se préparèrent au tournois. Les écuyers fourbissaient les armes, lavaient les chevaux. Les dames, sortant du château, vêtues de leurs plus beaux atours, allèrent prendre place sur des échafaudages ornés de banderolles et de tentures purpurines. Le seigneur, les juges du camp, les vieux barons, experts en prouesses, se rangèrent à leur côté. Au signal donné, les barrières s'ouvrent, et les chevaliers se précipitent dans la lice. Ils fournirent d'abord pêle-mêle quelques coups de lance, sorte d'essai de leur

---

[1] Voyez la description brillante d'un tournois, dans le roman de Percefoiest, 1 vol. f° 155.

force et de leur valeur; puis s'engagèrent les combats singuliers où brillaient l'adresse et l'expérience de chacun.

Rien n'était plus agréable au baronage de France que ce grand spectacle des tournois. « Sénéchal, disait l'un, le chevalier au lion porte de fiers coups de lance. En voilà un autre qui est certainement de noble race, car il culbute à tort et à travers. »

Les damoiselles accablaient aussi de dons les chevaliers qui se distinguaient dans la lice. Elles oubliaient dans leurs empressemens les lois de la décence et même les soins de la coquetterie : « A la fin du tournois, les dames étaient si dénuées de leurs atours, que la plupart étaient en pur chef (nue tête). Elles s'en allaient les cheveux gisans sur leurs épaules, plus jaunes que fin or, et avec leur cotte sans manche, car toutes avaient donné aux chevaliers, pour eux parer, guimpes et chaperons, manteaux et camises, manches et habits. Quand elles se virent à tel point dénuées, elles en furent ainsi comme toutes honteuses; mais sitôt qu'elles virent que chacune était au même point, elles se prirent toutes à rire de cette aventure, car elles avaient donné leurs joyaux et leurs habits de si grand cœur aux chevaliers, qu'elles ne s'apercevaient pas de leur dévestement [1]. »

Dans le tumulte de ces batailles simulées auxquelles le roi prit part, on distingua les grands coups de lance de Richard d'Angleterre et de Geoffroi duc de Bretagne; mais à la fin du tournois, le dernier de ces jeunes princes fut renversé de son coursier et foulé aux pieds des chevaux; il expira entre les bras du roi son suzerain, maudissant sa fatale destinée. La tristesse que cet évènement causa dans le haut baronage, fut encore augmentée par les sinistres prédictions qui circulaient alors dans la cour plénière. « Les astrologues de l'Égypte et de la Syrie avaient envoyé en diverses parties du monde, des chartes dans lesquelles ils affirmaient, que sans nul doute, au mois de septembre qui après viendrait, devait avenir moult pestillence, comme grande désunion de vents, tempêtes, croulement de terre, mortalité de gens, sédition et guerres, mutation de règne et moult autres tribulations. »

[1] Roman de Perceforest, vol. 1, f° 155, v° col. 1.

Tandis qu'une folle et imprévoyante jeunesse se livrait aux plaisirs, les vieux barons, les moines, les châtelains prudens réfléchissaient souvent en silence, aux grands malheurs dont ils étaient menacés. « Ainsi comme Dieu et la raison du nombre le démontraient, les hautes et basses planètes devaient se conjoindre en la balance du mois de septembre, et en cette année devait y avoir éclipse de soleil particulière et couleur de feu. Au même moment, naîtrait un vent grand et fort qui rendra l'air tout envenimé, et seront ouïes voix horribles qui épouvanteront les cœurs, et le vent lèvera poussière immense qui recouvrira les cités bien assises [1]. »

A la suite de cette prédiction, des prières furent faites en tous les monastères; les solitaires des bois de Vincennes conjurèrent les Saints par vœux ardens; et lorsque le mois de septembre arriva, aucun de ces malheurs ne s'accomplit, ce qui fut regardé comme un grand miracle parmi les hommes sages et prévoyans.

En ce moment venaient d'arriver à la

[1] Chronique de saint Denis, à l'année 1182.

cour de Philippe des envoyés de l'empereur de Constantinople. Les paladins étaient réunis à la cour de Champeaux, lorsqu'ils virent s'approcher du palais deux hommes vêtus de robes flottantes, en soie brodée d'or; ils étaient montés sur deux chevaux blancs, et suivis d'une multitude de prêtres dont les ornemens différaient de ceux des abbés et des moines de France. Quelques officiers portant des colliers d'or les précédaient; l'on reconnaissait à leurs bâtons, à leur coiffure surmontée d'une sorte de mître, et surtout à un petit étendard où se déployait le dragon impérial, qu'ils appartenaient à la cour de Constantinople. Les messagers s'empressèrent d'annoncer au roi leur bonne arrivée, et ayant été introduits, ils présentèrent au monarque des chartes écrites en encre pourprée et revêtues d'un scel ou bulle d'or.

L'empereur Manuel demandait au roi la jeune Agnès de France pour le césar Alexis. Les prud'hommes furent consultés [1]. La plupart des chevaliers avaient vu les pompes impériales et l'éclat de Constantinople; si quelques-uns

[1] Anonyme, Vie de Philippe-Auguste.

avaient éprouvé la perfidie de Manuel, beaucoup avaient connu ses largesses; et l'on ne parlait en toutes les cours plénières que des trésors et du cérémonial de la cour de Bizance. De l'avis des barons, la princesse, qui atteignait à peine sa neuvième année, fut accordée. On célébra devant les *illustrissimes* vieillards et les comtes efféminés de Constantinople des fêtes, des tournois, des processions, des jeux, des farces scéniques; et les menestrels cherchèrent à égayer la gravité orientale par leurs chansons.

Après un séjour de courte durée, les ambassadeurs partirent, emmenant avec eux la jeune Agnès, qui n'abandonna pas sans pleurer la cour de France et ses beaux jardins de Paris. Montée sur une haquenée blanche comme ses belles mains, et suivie de quelques prudens chevaliers, elle prit la route d'Italie. Elle se détourna de son chemin pour aller, selon la coutume, humble et pauvre pélerine, accomplir un vœu à l'abbaye de Saint-Benoît sur Loire. Agnès y pria long-temps au pied de l'image en bois peint du pieux solitaire; elle y déposa ses atours, ses colliers d'or, son voile de lin. Tandis que retirée dans sa petite cellule, elle se disposait au sommeil, un affreux incendie éclate dans l'abbaye. Le béfroi appelle à coups redoublés tous les serfs d'alentour. On se précipite pour sauver la jeune princesse. Elle fut retirée du milieu des flammes par les efforts du comte Gui, son sénéchal, sous la garde duquel le roi l'avait placée. Les religieux et le peuple firent à ce sujet de tristes conjectures. On avait remarqué que le feu s'était manifesté dans la chambre de la princesse, et l'on ne doutait pas que cette circonstance n'annonçât de grands malheurs dans son union avec le césar. Plusieurs fois les vieux chevaliers se rappelèrent la perfidie de la cour de Constantinople, et la conduite cruelle de Manuel envers les pélerins. Cependant trois mois après, on apprit qu'Agnès était arrivée et que son union avait été célébrée immédiatement avec Alexis [1].

[1] Anonyme, *ibid.*

CHAPITRE V.

ADMINISTRATION DE PHILIPPE-AUGUSTE.

1180—1186.

Chartes du roi sur les communes. — Jugement des discussions entre les bourgeois et les seigneurs. — Entre les bourgeois et les églises. — Entre les églises et les barons. — Patronage du roi. — Règlement sur les finances. — État des revenus du roi Philippe. — Juifs et commerce. — Administration municipale de Paris. — Ses embellissemens. — Métiers et corporations. — Cris de Paris. — Répressions des troupes armées.

Au milieu de ces pompes chevaleresques de la cour, et des tournois en l'honneur des dames, Philippe-Auguste marqua par quelques actes d'administration publique le gouvernement féodal du royaume de France. Tout était pour ainsi dire dans le chaos qui précéda la création. Le mouvement populaire des communes n'avait pas encore pris une forme régulière ; une lutte sourde, mais opiniâtre, s'était engagée entre les nobles, le clergé et les bourgeois, invoquant chacun leurs priviléges, leurs juridictions, et chacun à leur tour employant, pour le triomphe de leurs intérêts, la puissance de droit ou de fait que le temps et leur situation particulière avaient mise dans leurs mains. Les finances de l'État, bornées aux seuls revenus du domaine personnel du monarque, ne trouvaient de ressources que dans des exactions violentes. Les services militaires imparfaitement accomplis ne laissaient aucun moyen d'entreprendre de grandes expéditions nationales, et donnaient cependant assez d'énergie aux forces disséminées pour troubler dans leur action isolée, et toujours égoïste, la société tout entière. C'est au milieu de cette organisation turbulente qu'il faut suivre la marche de l'administration de Philippe-Auguste.

Les premiers actes du nouveau roi sont presque tous relatifs aux libertés communales. Louis VI et Louis VII avaient concédé une commune aux habitans de Soissons, mais des difficultés s'étaient élevées par rapport à la juridiction et aux priviléges de l'évêque : « Or, on veillera à ce que dans l'enceinte des murs et des tourelles de Soissons, chacun prête secours à l'autre comme dans une loyale commune. Les habitans seront tenus de faire crédit à l'évêque pour le poisson et la viande, et pendant quinze jours ; s'il ne paie pas après ce temps, ils pourront s'en prendre sur ses biens. Les hommes de la commune devront demander à leur seigneur la permission de se marier ; si le seigneur la refuse et qu'ils s'unissent néanmoins avec une bourgeoise, ils seront quittes moyennant 8 sous d'amende. Les jurés ou magistrats de la commune se saisiront de tout homme qui a fait injure à un autre, pour tirer vengeance de son corps, à moins qu'il n'ait payé le dommage et la forfaiture. Si celui qui a fait le dommage se réfugie sur la terre d'un seigneur, les hommes de la commune doivent s'adresser à ce seigneur et dire : Beau sire, rendez-nous celui qui a fait l'injure à un de nos hommes ; et si le seigneur le refuse, la commune pourra lui déclarer la guerre, et envoyer des archers sur ses terres. »

« Si un marchand vient dans la commune et qu'on lui fasse injure, il doit s'écrier : Aidez-moi ! de manière à ce que les maires et jurés l'entendent ; alors on lui donnera secours, à moins qu'il ne soit ennemi de la commune. S'il apporte son pain et son vin pour demeurer dans la ville, et qu'il s'élève une guerre entre son seigneur et la commune, il aura quinze jours pour vendre les denrées qu'il a dans sa maison, et pourra emporter son argent et ses autres effets. Si l'évêque voulait maintenir dans la ville quelqu'un qui aurait forfait à la commune, les habitans pourront l'en expulser. Aucun citoyen ne pourra prêter de l'argent aux ennemis de la commune; ils n'auront même de rapport avec eux que sur la permission des gardiens et magistrats. Les jurés promettront sur l'Évangile de ne jamais déporter personne hors de la cité par haine ou par ressentiment. Dans les murs de la ville, aucun citoyen ne pourra être arrêté, si ce n'est de l'ordre du maire et des jurés [1]. »

A Noyon, « Ni l'évêque, ni le châtelain ne pourront rien recevoir pour les fossés et for-

---

[1] Diploma Philippi II, reg. franc. quo communiam ex ore suo et consuetudines a patre suo concessas Burgensibus Sucssionibus confirmat. (Ex. MSS. Colbert Recueil des Ordonnances, t. xi. p. 219.)

tifications de la ville, si ce n'est un peu de vin ou quelque chose de tel. Tous les habitans qui possèdent une terre et une maison devront le guet et la garde. Le châtelain ne pourra demander la cire que les habitans lui donnaient chaque samedi, ni le droit perçu sous le nom de tonlieu sur les marchandises dont la valeur n'excède pas huit deniers. Ceux qui sont dans la voie des saints (les religieux), les veuves qui n'ont pas de fils adulte et capable de porter les armes, les filles sans défenseurs, sont généralement dispensées des obligations de la commune ».

« Si quelqu'un possède un fief ou une habitation pendant un an et un jour sans contradiction, il l'aura après le délai comme chose à lui propre. S'il ne la détient que comme gage, il se présentera au terme indiqué pour le paiement devant le maire et les jurés, et leur dira : Sires jurés, voilà ce qui m'a été donné en gage ; ceux-ci le mettront en possession définitive, moyennant qu'il paie huit deniers aux juges et aux échevins. Si un boulanger fait du pain plus petit que de coutume, il perdra le pain et paiera l'amende : il y aura dans la commune des mesures publiques dont on devra se servir exclusivement ; toutes les autres sont prohibées [1]. »

« Notre très-cher père a donné une commune aux bourgeois de Château-Neuf, et leur a promis qu'il n'exigerait d'eux aucun argent, soit par rapine, soit par toute autre violence, et qu'il ne les poursuivrait ni pour l'usure, ni pour toute autre multiplication d'argent. Nous confirmons ces coutumes, et nous voulons de plus, que les bourgeois choisissent dix prud'hommes en chaque année pour gérer les affaires de la commune [2]. »

« Ceux qui demeureront dans la ville de Chaumont, seront exempts de toute taille et impôt injuste ; il y aura commune en la cité et fauxbourgs, et si quelqu'un, châtelain ou prélat, fait tort aux bourgeois, ils pourront s'en venger en armes. Toutes les dépenses municipales, telles que la garde, les chaines des ponts-levis, l'entretien des fossés, seront supportées en commun, de manière que les moins riches contribuent le plus faiblement possible, et

[1] Fontainebleau, 1181, collect. du Louvre, t. XI, p. 224.
[2] Laferté, 1181, collect. du Louvre, t. XI, p. 221.

qu'on exige le plus de ceux qui possèdent de grands biens. Tous les services militaires que nous doivent les bourgeois, sont maintenus; cependant ils ne pourront jamais être appelés au-delà de la Seine et de l'Oise, ni pour l'ost ni pour la chevauchée[1]. »

« Tout citoyen de Bourges et de Dun-le-Roi, qui sera arrêté, pourra requérir sa mise en liberté, moyennant caution. Nous voulons que le prévôt royal ne puisse condamner les bourgeois que sur bon témoignage et sans jamais choisir pour témoins des hommes de sa table et de sa nourriture. Tout habitant sera libre de bâtir où bon lui semblera, même près des murs de la ville, pourvu qu'il ne les endommage en aucune manière. Personne, même les barons haut-justiciers, ne pourra chasser à cheval ni à pied au temps des fruits, sous peine, pour le manant d'avoir l'oreille coupée, et pour le seigneur de cinq sous d'amende, sans qu'il puisse recourir au combat singulier contre le maire ou les prud'hommes. Par la même raison, si on les trouvait ramassant des fruits, ils seraient l'un et l'autre soumis à une

[1] Collect. du Louvre, t. XI.

peine semblable. Lorsqu'on verra un porc dans les vignes, on le tuera, quel qu'en soit le seigneur : la moitié sera réservée au propriétaire du champ, l'autre à celui de la bête. Pour surveiller les terres, nous ordonnons que les travailleurs aux vignes ne quittent leur ouvrage qu'à l'heure fixée par les prud'hommes, sous peine de perdre leur salaire. Quant à la police des vivres, nous établissons qu'il sera permis à tout homme de la commune d'apporter et de vendre des pains à Bourges, sous la condition de nous en donner deux par semaine [1]. »

« Puisque, par l'instinct du démon, nous sommes tombés misérablement de la source éternelle de la sagesse dans cette vallée de larmes et de misères; et que parmi nos défauts nous avons celui de l'oubli, de telle sorte que nous pouvons à peine nous rappeler ce qui s'est passé tout nouvellement, nous avons résolu d'écrire les coutumes que notre père a établies à Bois-Commun en Gatinois. Tout homme qui aura maison en la ville, payera six deniers de cens par année, moyennant quoi il sera exempt de

[1] La Charité-sur-Loire, 1181, collect. du Louvre, t. XI, p. 222.

tout impôt sur sa nourriture, sur le vin et le fourrage. Aucun d'eux ne sera requis pour le service militaire à moins qu'il ne puisse revenir le soir même dans sa maison. Les marchands de Bois-Commun qui arriveront aux foires, ne pourront être inquiétés par nos justiciers s'ils n'ont commis un forfait dans la même journée ; ils ne seront traduits que devant les prud'hommes, même pour les crimes royaux. Nous seul aurons le droit de vendre le vin au son de la trompette dans la ville ; mais nous ne pourrons, nous et la reine, exiger des bourgeois, un crédit plus long que quinze jours pour les vivres que nous achèterons. Si l'habitant a reçu un nantissement pour une dette du roi, il pourra le vendre huit jours après ce délai. Aucun d'eux ne nous doit de corvée, si ce n'est une fois par an pour conduire notre vin à Orléans ; et qu'ils soient bien avertis, les bourgeois, que nous ne les nourrirons pas, et qu'ils doivent apporter en même temps du bois pour notre cuisine. Quiconque même de nos serfs aura demeuré un an et un jour dans la paroisse de Bois-Commun, deviendra libre. Dès ce moment il aura tous les priviléges des bourgeois et ne pourra être retenu prisonnier s'il donne caution. Lorsqu'un noble ou l'un de nos sergens trouveront dans nos forêts des chevaux, ânes ou autres animaux appartenant aux hommes de Bois-Commun, ils les conduiront devant le prévôt de la ville, qui ne devra pas condamner à l'amende si le propriétaire vient à prouver que l'animal est entré dans le bois piqué par des mouches ou poursuivi par un taureau; en un mot, sans la faute du gardien. Les habitans pourront prendre dans nos forêts du bois mort pour leur usage. Ils ne seront justiciables sous aucun prétexte de l'abbaye de Saint-Benoist, et jouiront de tous les priviléges de la liberté [1]. »

« Pour le bien de l'âme de notre père le roi Loys, et de la nostre, et de l'âme de tous nos antécesseurs, tous les serfs que nous appelons hommes de corps, quiconque sont à Orléans et aux villettes d'environ, absolvons à toujours de tout le joug de servitude, eux, leurs fils et leurs filles; voulons que ils soient aussi francs, que si nuncque ils ne fussent nos serfs. Nous nous engageons à ne plus faire violence aux ha-

[1] Bréquigni, collect. de diplom., t. IV.

bitans d'Orléans, à ne plus nous emparer par force de leurs femmes ou filles, au profit de nos hommes d'armes. Ci fut fait à Paris, en l'an de l'incarnation de N. S., 1180, en nostre palais; si fut présent le comte Thibaut, notre sénéchal, Gui, le bouteiller, Renault, le chamberier, Raoul, le connétable, et fut donné par la main de Hue, le chancelier[1]. »

Outre ces concessions immédiates des libertés municipales, Philippe-Auguste confirma plusieurs chartes des barons et des abbayes en faveur de leurs hommes.

Charte de l'illustre seigneur Guy, comte de Nevers, d'Auxerre et de Tonnerre : « J'ai fait écrire, du consentement du roi Philippe, les coutumes que j'ai accordées à mes hommes de Tonnerre. Je leur remets à perpétuité la taille que j'avais coutume de recevoir moyennant qu'ils me donnent chaque année la dîme de leur blé, et du vin qu'ils auront eu de leur terre. Je recevrai leur blé en gerbe s'il me plaît, ou bien lorsqu'il aura été secoué. Quant au vin, je le prendrai à mon choix dans les caves ou au cellier. S'ils veulent bâtir une maison, ils paye-

[1] Collect. du Louvre, t. XI, 215, 226.

ront cinq sous; les étrangers me donneront une somme pareille; mais les juifs en acquitteront vingt pour avoir la permission de séjourner. L'amende pour les coups donnés sera de soixante sous; pour rapt, adultère, viol, homicide, elle sera à ma volonté. Il est entendu que moi, comte, pourrai sommer les bourgeois de me servir à la guerre ou de me fournir d'autres hommes : moyennant quoi je jure d'observer les coutumes de Tonnerre; et si Renaud, mon frère cadet, venait à obtenir cette ville par le droit ou succession, il jurera comme moi, car je veux que ce soit chose ferme et stable [1]. »

« Hugues, par la grâce de Dieu abbé du bienheureux saint Denis en France : Voici notre charte approuvée par le roi Philippe: Nous pensons qu'il nous importe beaucoup de veiller principalement au profit de ceux qui, par les avantages qu'ils acquièrent et l'augmentation de leur fortune, peuvent accroître nos revenus; nous voulons donc faire connaître à tous les fidèles de Dieu présens et à venir, que les bourgeois de notre ville où le très-saint

[1] Chartes de Tonnerre, p. 17, Recueil du Louvre, t. XI, p. 217.

corps du bienheureux martyr repose, se sont présentés devant nous en nous suppliant dévotement de les exempter de toute rapine ; car il y avait de bien mauvaises coutumes dont l'existence les exposait sans cesse à perdre leur marchandise, de sorte que ceux du dehors craignaient de venir dans cette ville. Comme cela nous était très-nuisible, nous avons donc jugé leurs prières honnêtes et aussi utiles à eux qu'à nous-mêmes : c'est pourquoi nous les exemptons, eux et leurs héritiers, de toute rapine, taille, prise, etc., moyennant qu'ils payent à nous ou à nos successeurs 128 l. de la monnaie de Paris, et de plus, 60 liv. pour la pitance des frères aux kalendes de janvier. Le cens fixé se recueillera de la manière suivante : l'Abbé, d'après le conseil des bourgeois, choisira dix hommes de bon témoignage, qui, après avoir prêté serment, feront la répartition du cens en même temps qu'ils en imposeront la levée. S'il y a retard d'un seul jour, les bourgeois payeront 60 sous d'amende sauf les exemptions de nos servans de corps[1]. »

En général l'église était peu favorable aux

---

[1] Doublet, hist. de Saint-Denis, t. I, aux preuves.

libertés municipales. Comme elle avait la seigneurie sur la plupart des cités, et que beaucoup d'habitans étaient serfs de l'évêché, du chapitre ou du monastère, elle voyait avec quelque déplaisir naître et s'accroître l'indépendance de ces *maudits* bourgeois qui diminuaient ses dîmes et ses priviléges. Elle s'agitait le plus souvent contre ces libertés naissantes, invoquant toutes les puissances du ciel et de la terre en faveur de ses droits. Les habitans de Château-Neuf près de Tours avaient formé une commune; les chanoines, qui étaient seigneurs de la ville, s'adressèrent d'abord au pape et obtinrent la bulle suivante :

« L'évêque Luce à ses chers fils les chanoines du chapitre de Tours, salut et bénédiction. Il nous importe que l'église de Tours ne perde aucun de ses droits par moyens illicites; c'est pourquoi, mes chers fils, nous décidons que tous les sermens communs, ou la conjuration que vos bourgeois de Château-Neuf ont faite sous le nom de commune, sera nulle et sans effet, et que ses principaux auteurs seront anathématisés, s'ils ne veulent pas abjurer. Nous détruisons en conséquence le serment par lequel le peuple s'est témérairement engagé ; et, si quelqu'un se refuse d'obéir à nos ordres sur l'avertissement qu'on leur donnera, nous vous accordons la faculté de les excommunier, nonobstant toute contradiction et appel. Quant à ceux qui auront juré de se soumettre à la juridiction du chapitre, selon les coutumes de votre église, vous les accueillerez avec bienveillance, et vous pourrez lever la sentence d'excommunication que vous aurez portée contre eux [1]. »

Les chanoines de Tours ne se contentèrent pas de cette bulle du pape ; ils sollicitèrent une ordonnance du roi Philippe-Auguste contre les bourgeois qui *fesaient mine* de ne point obéir à la bulle. Sur-le-champ, le roi écrivit aux bourgeois en ces termes :

« Philippe, par la grâce de Dieu, roi des Français, aux bourgeois de Château-Neuf de Tours, salut. Nous vous faisons savoir que notre saint père le pape nous a écrit que, par son autorité apostolique, il a rompu la commune ou la conjuration que vous aviez faite, par ce motif surtout qu'elle a été

[1] Recueil sur Saint-Martin de Tours, pag. 27.

conçue au préjudice de notre église du bienheureux Martin ; nous vous ordonnons en conséquence de rompre et dissoudre cette commune, et de ne pas différer à satisfaire les chanoines. Si vous voulez rester dans cette obstination sans vous corriger, sachez que nous y pourvoirons quand nous pourrons nous en occuper. »

Armés de ces deux ordres impérieux, de la bulle du pape et de la charte du roi, les chanoines vinrent en toute hâte à Tours, et comme les bourgeois firent quelque résistance, le chapitre se hâta de les excommunier, afin de rentrer dans la jouissance immédiate de ses priviléges. Cette précipitation fut si grande, que le pape en fut étonné : « Vous savez, dit-il à l'archevêque de Rheims que nous avons donné à nos chers fils, les chanoines de l'église de Tours, le pouvoir d'excommunier les fauteurs de la commune de Château-Neuf : ces chanoines, comme l'assurent les bourgeois, ont outrepassé les bornes de cette permission ; ils les ont excommuniés en toute hâte, sans remarquer que la plupart des citoyens étaient prêts d'obéir aux ordres ecclésiastiques. Nous vous prions en conséquence de les relever de l'excommunication, et de vous rendre vous-même à Tours pour examiner cette affaire¹. »

Guillaume, archevêque de Rheims, s'y rendit, et adressa au pape l'historique de la dissolution de la commune, conçue en ces termes :
« A notre très-saint père Luce, par la grâce de Dieu, souverain pontife, Guillaume, humble ministre de l'église de Rheims, salut et obéissance dévouée :

« Selon vos ordres nous sommes venus dans l'église du bienheureux Martin de Tours pour régler le différend qui s'était élevé entre les bourgeois et les chanoines. Nous avons voulu établir la paix entre eux, mais vainement. Voilà que, par miracle, une foule de peuple est entrée dans le chapitre, se plaignant de ce qu'ils étaient injustement chargés de taille et d'exaction par quelques bourgeois de Château-Neuf. Comme les cellules n'étaient pas spacieuses, et ne pouvaient contenir qu'un petit nombre de bourgeois, nous sommes venus dans le pré du cloître; là s'était réunie une multitude d'hommes qui crièrent : Déliez-nous de nos sermens en-

[1] Recueil sur Saint-Martin de Tours, p. 27 et suiv.

vers la commune ! Alors nous lûmes vos bulles et l'ordonnance de notre seigneur Philippe, et, prenant la parole, nous dîmes aux bourgeois : Vous avez fait une commune ou une conjuration, nous vous ordonnons de la rompre, Mais, comme les bourgeois restaient muets, nous avons relevé le peuple des sermens dans lesquels ils s'étaient témérairement engagés; lui enjoignant de n'avoir aucun égard dans l'avenir ni aux tailles, ni aux dépenses pour les gardes, ni à toutes autres exactions, imposées par les magistrats de la commune illégale. Ceci étant terminé, arrivèrent les plus puissans bourgeois, savoir : Thomas d'Amboise, Philippe d'Aimeri, Nicolas d'Engerand, Guy de Gatinelle et beaucoup d'autres qui, sur notre avertissement, abjurèrent la commune sur les saintes reliques. Tous ceux qui ne firent pas ce serment, et ils furent assez nombreux, demeurèrent sous le poids des excommunications; et ainsi, la commune de Château-Neuf a été rompue au profit des chanoines de Tours. »

Dans cette circonstance, comme on le voit, le roi servit le clergé contre les libertés naissantes des communes. Tout en accordant quelque franchise au peuple, le roi aimait à protéger en même temps les évêques, les moutiers, les pauvres frères que la fière indépendance des bourgeois ou la rapacité des seigneurs féodaux inquiétaient dans la jouissance de leurs droits, de leurs revenus, et même dans la possession de leurs terres.

« Dans les tribulations que nous suscite Gérard, comte de Vienne, à qui pourrons-nous nous adresser? écrivait au roi l'évêque de Mâcon. Le méchant comte réduit l'église à la misère et aux plus déchirantes angoisses. Aucun de nos hommes ne peut vivre en sûreté. Son château est un véritable sépulcre où il enferme ses victimes toutes vivantes. Comme nous ne pouvons réprimer un tyran que par les rigueurs ecclésiastiques, et que celui-ci ne craint ni Dieu ni ses saints, nous vous prions de nous envoyer deux prudens chevaliers dont l'un restera dans l'évêché et l'autre dans la ville pour sa défense. Nous croyons qu'à tout le moins le méchant comte déférera par crainte ou par prudence à la Majesté royale. Jusqu'à ce que la férocité de cette brute soit réprimée, nous et nos pauvres religieux, nous quittons la ville : qui pourrait rester au milieu de semblables périls ! Si vous ne vous opposez pas à une si grande peste, le mal s'emparera de tout le corps. »

Ce fut après la guerre de Bourgogne, que Philippe-Auguste vengea l'église de Vienne des pilleries du comte Gérard. « Assis sous les donjons de Saint-Maur, entouré des barons de notre royaume, nous faisons savoir à tous, présens et à venir, qu'on a récité en notre présence une charte de notre père, en faveur de l'évêque de Mâcon, et les lettres de Gérard contre l'évêque. Sur l'audition de ces chartes, nous confirmons l'ancien privilége qui porte que le comte n'a aucun droit dans les fermes des chanoines pour les choses tant immobilières que mobilières, et qu'il ne peut exiger le gîte pour lui et ses hommes d'armes. Il a été de plus arrêté par nous, que ledit comte ne doit avoir aucune forteresse ni tour à créneaux, aucun pont-levis, aucune chaîne de défense dans la ville de Mâcon, excepté l'ancienne tourelle. Il sera permis au contraire à l'évêque et aux clercs de fortifier, selon leur bon plaisir, l'église et toutes les maisons qui sont contenues dans l'enceinte du cloître, et d'augmenter toutes les clôtures qui protègent leurs champs. Ceci a été fait et jugé d'après notre arbitrage¹. »

Cette prédilection pour les priviléges et les droits de l'église se manifeste par un grand nombre de chartes contemporaines. Dans les quatre ou cinq premières années du règne du jeune roi, plusieurs donations signalèrent son zèle et sa piété. Il donna à l'église de Barbelle un rente annuelle de dix livres de cire, pour entretenir un luminaire devant le sépulcre de Louis VII, son père ¹; aux moines de Fortelo, à ceux de la Vallée-Profonde, à l'église de Laon, la dîme sur tout le pain et le vin qu'il consommerait, tant qu'il demeurerait à Vitry et à Montlhéri². Il confirma les donations faites par Mathilde, comtesse de Nevers, de quarante arpens de terre à l'église de Pontigny³; celle d'Éléonore, comtesse de Beaumont, qui avait concédé l'espace de plusieurs charrues

---

1 Martène, hist. XVII, 424. — 1 Gall. christian., édit. 2,, t. XII. col. 50, preuv. — 2 Gall ibid., t. VII, preuv., col. 212. — 3 Marten Thesaur. Anecd. t. III., col. 1239

à l'abbaye de Long-Pont; celles encore de Pierre de Courtenay, d'une rente annuelle de dix livres, desquelles Agnès, sa fille, devait avoir soixante sous pendant sa vie pour ses habits, le reste étant destiné à acheter des chaussures pour la communauté[1]. Il confirma encore les donations faites par Albert d'Andezelle à l'église de Melun, d'une maison située dans cette ville, et des droits qu'il percevait dans la ville de Nanterre; et par Simon de Saint-Denis, à l'église de Sainte-Geneviève, d'un moulin situé sur la montagne de Saint Étienne[2]. L'église du Sacré-Pont était privée de messes et d'antiennes au temps des moissons, parce que les moines allaient dans les granges pour recueillir le blé; le roi leur donna la dîme sur Fontainebleau, afin de les attacher plus particulièrement à l'autel, et au service du saint Patron.

Il était naturel que de si grandes libéralités, qu'une protection aussi constante, créassent en l'honneur du monarque tous les droits du patronnage ecclésiastique. C'est ainsi que Phi-

[1] Clypeus Fontebraldensis, t. III. p, 268. — [2] Gall. christ., édit. 2e, t. VII, preuves.

lippe règle, pour les églises, le mode d'élection dans les chapitres, des évêques, archevêques et chanoines [1].

« Il convient aussi à la puissance royale de régler les dépenses des monastères et des églises, afin que dans l'avenir ils ne tombent pas dans la misère par leur prodigalité. Nous réduisons, en conséquence, le nombre des religieuses de Soissons à deux cent seize filles de chœur, et nous voulons que vous n'en receviez aucune, qu'à l'article de la mort, jusqu'à ce qu'elles soient à ce nombre. »

« Notre cher Hugues, abbé de Saint-Germain, est venu à notre secours, en nous donnant du sien, ce qu'il a fait de très-bon cœur; il pourra donc posséder tranquillement les revenus de son monastère; ce que nous lui accordons de notre autorité. »

Quelquefois aussi, le roi recevait des fiefs, comme une indemnité des secours qu'il fournissait aux églises. « Nous avons reçu de l'archevêque de Reims plusieurs terres et revenus, moyennant quoi, nous promettons de le défendre [2]. »

[1] Dachery Spicileg. t. VII, p 189. — [2] Brequigni, Collect. de diplom.. t. IV.

Cet échange continuel de dons, de prières, de protection et de reconnaissance, n'avait lieu qu'entre le monarque et l'église nationale. Dès l'année 1184, il faut dire, en l'honneur du jeune roi, qu'il apprenait déjà à résister aux prétentions de la cour de Rome. Le prince demandait au pape Luce que l'église de Tours ne fût point privée du titre de métropole des Gaules ; le pape Luce refusait d'y consentir.

Le roi lui écrivit : « Puisque vos entrailles sont fermées à nous et au royaume des Français, qui, jusqu'à présent, a été très-fidèle à l'église romaine, et que nous éprouvons les rigueurs de votre esprit inexorable, nous appelons en témoignage le ciel et la terre, pour que, si, quelque jour, *nous fermons nos oreilles royales à vous et à vos frères,* nous puissions paraître excusable devant Dieu et les hommes. Nous avons voulu la paix, et vous apportez le trouble dans la métropole de Tours. C'est ainsi que l'église romaine s'efforce de diminuer et de mutiler honteusement notre royaume, d'arracher la couronne de notre tête, de la briser, et de la fouler aux pieds. Croyez-vous donc nous arracher de force l'héritage de nos pères, comme incapable de résistance? Que le Seigneur voie et juge! Si cela va plus loin, nous vous déclarons que vous serez moins considéré comme un père que comme un parâtre. Deshérité, nous crierons; dépouillé par vous, nous attendrons vengeance de Dieu et des hommes; mes barons marcheront contre Rome, et vous serez responsable de tout le mal qui arrivera[1]! » Cette grande liberté d'expression nous étonne dans ce siècle; nous verrons plus tard le roi Philippe mettre cette résistance en action, et soutenir sans s'émouvoir les éclats des foudres pontificales.

Les pieuses prodigalités du roi envers les églises et les monastères épuisaient les domaines de la couronne, qui étaient alors bornés, comme on l'a vu, aux fiefs particuliers du suzerain. Quelques années après son avénement ses officiers en dressèrent un état; Philippe, plein de colère, frappa de son gantelet le messager qui vint ainsi lui révéler les misères de

---

[1] Bréquigny, Collect. des chartes et diplômes, t. IV, p. 46.

son domaine. Voici d'ailleurs la charte qui en fut dressée.

Revenus de Soissons...	600 liv,	7 s.
Châteauneuf et Chézi.	110	5
Grès et La Chapelle..	140	
Loris........	580	
Vieuville........	240	
Château - Landon...	560	
Pontoise........	500	
Sèvre........	200	
Courci........	47	10
Boisses........	90	
Moret........	430	
Chaumont......	180	
Bourges et Issoudun.	1910	
Béthizy, Verberie et Laon........	900	
Montlhéri........	360	
Châteaufort......	50	
Gonesse........	300	

Il y avait là bien encore quelques ressources, mais elles se trouvaient absorbées par les dé- dépenses locales : c'est ainsi que le prévôt de Soissons avait employé 18 l. pour armer trois balistaires (hommes armés de balistes), 20 l.

pour le chapelain, 70 l. pour 20 sergens à pied, de sorte qu'avec d'autres dépenses il ne restait plus dans le coffre que 6 liv. et 12 sous. A Orléans on avait réparé les portes, donné 30 liv. aux moines des hospices; le solde du compte était de . 16 sous. A Lorris, on avait acheté pour 100 liv. de vin, on avait payé les vendanges et les chariots pour transporter les outres; il restait encore 111 liv. A Vieuville, les réparations des prisons s'élevaient au-delà des revenus. On avait payé à Montargis plusieurs redevances à Guillaume *le mauvais voisin*, pour qu'il ne pillât pas les voyageurs; les écluses étaient réparées, et du vin mis en cercle, de sorte qu'il n'y avait plus dans les mains du prévôt que 9 sous 8 deniers. Le sénéchal avait prélevé à Pontoise 30 liv.; et dépensé 33 liv. pour la cire de l'église de Saint-Millon, et 28 sous pour conduire des lions enchaînés à Paris. L'achat de 17 petits loups était porté sur le compte du prévôt de Fontainebleau; on avait habillé quatre juges et porté des anguilles de Vernon dans le vivier. Eustache le fauconnier avait reçu pour ses gages 31 liv.; Baudouin le chasseur, 4 liv. et

Eude le forestier, 9. Il restait dans les mains du prévot un peu plus de 37 sous [1].

On voit, par ces détails, que le revenu des prévôtés royales produisait très-peu de deniers comptant. D'un autre côté, les munificences du jeune monarque envers les églises, les communes, et envers quelques seigneurs, avaient singulièrement obéré son faible trésor. Que faire dans cette pénurie? Plusieurs fois il avait assemblé ses barons, pour en arracher quelques subsides, comme don de fidèle vasselage; mais tous avaient répondu : « Sire roi, nos fiefs sont presque tous engagés depuis la dernière croisade; mon père s'est ruiné au service du tien en Palestine; nous ne pouvons plus tenir nos cours plénières; les vases de nos chapelles sont fondus; veux-tu donc nous pressurer comme la pomme dont on fait du cidre ! »

Le roi trouva pourtant le moyen de sortir de cet embarras pécuniaire, par un genre de ressources assez étrange, mais tout-à-fait dans les mœurs et les idées de ce siècle.

[1] Compte des prévôtés en 1202, rapporté par Brussel, de l'origine et de l'usage des fiefs (pièces justificat. 82).

Il y avait déjà long-temps que les Juifs habitaient le territoire féodal de la France. Répandus dans les villes et les campagnes, ils s'étaient emparés de toutes les industries, et maîtres des transactions commerciales, ils avaient acquis d'immenses richesses. C'était alors une chose curieuse que l'existence d'un Juif dans une seigneurie, ou même dans une commune de bourgeois. Existait-il un péage, une perception de droits, d'impôts, de revenus, c'était presque toujours lui qui en avait la ferme. Voulait-on faire un emprunt, acheter quelques petits objets de luxe, on allait encore trouver le Juif. Il recevait en gage dans sa maison, éloignée de toutes les autres habitations, le calice de l'église, les ornemens du baron, l'escarboucle que le chevalier avait rapportée de la Palestine, et la charrue du laboureur. Le baron le rencontrait-il sur la route, il lui crachait au visage, l'appelait *chien de mécréant*, et le lendemain venait lui engager son fief ou son cheval de bataille. Dans presque toutes les villes, ils étaient soumis aux coutumes les plus bizarres et les plus humiliantes. A Toulouse, ils devaient recevoir un soufflet le vendredi saint; à Béziers, on leur courait sus une fois dans l'année; dans les états du comte de Blois, on les soumettait à un commun péage avec les pourceaux; en un mot, partout ils étaient méprisés, mais partout on avait besoin d'eux. Quand ils avaient acquis beaucoup de richesses, on les dépouillait, on les chassait. Mais la grossière prodigalité des barons ne pouvait longtemps se priver des ressources faciles que lui offrait le Juif du voisinage; alors on les rappelait moyennant rançon, et ceux-ci à leur tour recommençaient leur trafic jusqu'à ce qu'on les chassât encore [1].

« En icelui temps du bon roi Philippe, habitaient Juifs à Paris et partout, en trop grande multitude; li plus sages et li plus grands en la loi de Moïse étaient venus en le pays de France et principalement à Paris. En la cité demeurèrent si longuement, ils s'enrichirent si bien qu'ils achetèrent près de la moitié de Paris. Ils

---

[1] L'Institut de France couronna en 1823 un de mes mémoires sur la question importante de l'état des Juifs dans le moyen âge. Des renseignemens que j'ai dû demander aux consuls et agens diplomatiques à l'étranger, sur la situation de l'histoire des Israélites, en ont retardé jusqu'à présent la publication.

avaient serjeans et chambriers vivant avec eux,
en leurs ostels, qu'ils fesaient judaïser. Ils trai-
taient vilainement les ornemens des églises
qu'ils tenaient en gage pour la nécessité du
peuple, comme texte d'or et calice, chapes et
chasubles et maints autres garnimens; si vilainement les tenaient en la honte de sainte
Église qu'ils fesaient soupe au vin à leurs petits
filleuls en calices. Ils en avaient à Paris plusieurs garnimens d'autel, comme croix d'or et
pierres précieuses; toutes ces choses étaient
mises en tas dans leurs maisons, sans égard
pour leur sainteté. »

Des bruits populaires répandaient aussi l'o-
pinion que les Juifs, pleins de haine et de
cruauté contre les chrétiens, immolaient à
certaines époques de l'année et particulièrement dans leur Pâques, des enfans qu'ils mettaient en croix et perçaient d'une lance, en
commémoration de la passion du Christ. Des
images presque contemporaines représentent
une de ces réunions mystérieuses de Juifs. Des
rabbins, à l'aspect horrible, déchirent avec de
petits conteaux le sein de leur victime, et re-

Chronique de Saint-Denis, 1180.

pandent son sang dans des vaisseaux auprès desquels gissent amoncelés des corps de petits enfans.]

De quelque manière que nous jugions aujourd'hui ces préventions de la multitude, il n'en est pas moins vrai que l'expulsion d'une classe d'hommes, l'objet de la haine générale, avait en elle-même quelque chose de populaire et pouvait heureusement commencer le règne du suzerain. Rendre aux sujets les obligations qu'ils avaient souscrites, et les gages qu'ils avaient confiés aux Juifs, c'était s'adresser à la passion la plus vive du cœur humain, la cupidité. « Les bourgeois, les chevaliers et les paysans étaient en si grande suggestion envers les Juifs, par les grands deniers qu'ils leur devaient, que les Hébreux prenaient aux uns leurs meubles, les vendaient pour se payer, et qu'ils retenaient les autres comme captifs et sûretés en leurs maisons[1]. »

Le Roi, déjà très-disposé à suivre les avides conseils qu'il recevait contre les Juifs, alla consulter frère Bernard, solitaire de Vincennes, personnage mystérieux que nous verrons

[1] Chronique de Saint-Denis, 1181.

paraître dans toutes les grandes circonstances, pour diriger le roi et gouverner sa politique. Bernard s'était choisi une retraite non loin du parc de Vincennes, dans la vaste forêt de Saint-Maudé, où il menait la vie des anachorètes. On le considérait comme un de ces saints personnages en perpétuelle communication avec le ciel. La simplicité grossière de ses vêtemens, ses jeûnes, ses macérations lui avaient attiré le respect de la multitude, et la contrée retentissait du bruit de ses miracles. « Frère, lui dit le roi, que me conseilles-tu, à l'égard de ces mécréans et pour le profit de l'Église et des pauvres chrétiens ? — Sire roi, je te conseille de relâcher et quitter tous les chrétiens de ton royaume de tout ce qu'ils doivent aux Juifs. Expulse-les du beau pays de France et retiens pour toi la quinte partie de leur avoir. » Philippe dit à ses barons : « Je crois que frère Bernard a raison. » Et comme ses barons lui répondirent : « Beau sire, fais ce qu'il te plaît; » il rendit une ordonnance par laquelle il enjoignait aux Juifs de quitter le royaume de France, avant la fête de Saint-Jean-Baptiste. Ils eurent la permission de vendre leurs meubles, mais on retint pour le fisc toutes les maisons ou propriétés qu'ils avaient acquises, leurs fiefs, champs et vignes, granges et pressoirs. En même temps comme l'avait conseillé frère Bernard, il quitta tous ses sujets des dettes qu'ils avaient souscrites au profit des Juifs[1].

Lorsque ceux-ci connurent cet édit, ils furent frappés de stupeur. « Ils vinrent trouver les prélats et barons, et ils leur promirent bonne somme de deniers s'ils pouvaient obtenir du roi leur demeurance. » Les barons s'engagèrent à solliciter la révocation des ordres de leur suzerain, mais Philippe demeura inflexible. « Quand les juifs virent que les pré-
» lats étaient éconduits par Philippe, tandis
» que les autres rois avaient coutume d'incliner
» assez légèrement à leur volonté, ils furent
» merveilleusement esbahis et éperdus ; ils
» commencèrent à crier : *Scema Israël*, qui
» veut dire en hébreu *que Dieu escoute*. Quand
» ils virent qu'ils ne pouvaient estre autrement
» et que le terme approchait qu'ils devaient
» avoir la France vidée, ils commencerent à

[1] Albéric moine des Trois-Fontaines, ann. 1182.

» vendre leurs meubles et garnisons à merveil-
» leuse haste[1]. »

Le roi ne se contenta pas seulement de ce bannissement : il fit arrêter le même jour tous les Israélites réunis dans la synagogue. « Il les dépouilla de leur or et de leurs habits, comme au temps d'autrefois, les Hébreux avaient fait aux Egyptiens, et leur commanda de se racheter pour dix mille marcs d'argent. C'est à cette époque que toujours industrieux les Juifs inventèrent, dit-on, la lettre de change pour sauver quelques débris du naufrage. Ils envoyèrent, en effet, une partie de leur or et de leur argent en Italie et dans l'Allemagne au moyen de ces lettres de crédit. Eux-mêmes vidèrent le royaume dans le terme qui fut dit, et emmenèrent femmes et enfans et tous leurs ménages. « Quand ils se furent ainsi allés et que France fut vidée de telle canaille, le bon roi commanda que les synagogues aux Juifs fussent nettoyées et curées là où ils souloient s'assembler. »

La plupart de ces synagogues furent con-

[1] Chroniq. de Saint-Denis, ann. 1182.

verties en églises[1]. Le roi donna celle d'Étampe aux clercs de l'église pour y chanter les heures et vivre en chanoines[2]. Plusieurs maisons furent concédées à l'archevêque de Paris ainsi qu'au clergé d'Orléans.

Cependant tous les barons ne suivaient pas l'exemple du roi. « Il y avait dans la Brie un château nommé Bray, et sur cette même terre la comtesse de Brie possédait beaucoup de Juifs. Or, il arriva qu'un certain paysan, confesseur de notre foi, devait à ces Juifs un grand nombre de sous, et comme il ne s'acquittait pas de sa dette, la comtesse leur abandonna ce malheureux pour le punir à leur gré, livrant ainsi avec la légèreté d'une femme, un membre de l'église du Christ à ses ennemis. Cet homme leur ayant donc été remis, les Juifs le dépouillèrent à nu, placèrent sur sa tête une couronne d'épines et le conduisirent de village en village jusqu'à ce que, l'élevant sur une croix, ils lui percèrent le flanc d'un coup de lance. Cette triste nouvelle se fut bientôt répandue dans les campagnes ; le roi fut rempli d'une

---

[1] Ex chartulariis, archiepiscop. Parisiens. Dubois, t. II, p. 143.
[2] Fleuriau, Antiq. d'Étampe, p. 380.

grande colère contre la comtesse de Brie; il se rendit d'une course rapide sur ses terres et autant de juifs qu'il trouva, il les fit jeter dans les flammes[1]. »

Après avoir exposé ces actes d'un fanatisme violent, arrêtons-nous maintenant sur quelques mesures d'utilité publique, par rapport surtout à la ville de Paris, que Philippe voulait habiter et embellir.

Paris, cité d'un ordre très-secondaire sous la seconde race des rois francs n'avait pris une certaine importance que lorsque ses comtes avaient ceint la couronne des rois. Sous Hugues-Capet, on en parle à peine dans les chroniques. Elle ne s'étendait pas au-delà de la cité où se trouvait le palais du roi, souvent ravagé par les Normands. Robert avait fait relever ses ruines ainsi que celles de Saint-Germain-des-Prés et de Saint-Germain l'Auxerrois, alors situées hors de l'enceinte crénelée et des tours de Paris. Plusieurs halles s'élevèrent sous Louis-le-Gros, et les bourgeois commencèrent à former une corporation sans cependant obtenir

[1] Philipeid. de Guillaume le Breton, chant 1er.

les priviléges des communes. Les deux tours du Châtelet, construites pendant son règne, vinrent protéger les murs de la cité menacée sans cesse par les sires de Montmorency et de Montlhéry, et par une multitude d'autres seigneurs qui désolaient la campagne aux environs. Sous l'administration de Suger, on voit l'enceinte de Paris s'étendre au nord, tandis que les compagnies des commerçans et de bateliers sur la Seine reçoivent de nombreux priviléges. Plus tard, Notre-Dame s'éleva par les soins de l'évêque Maurice de Sully. Au-dehors, comme au-dedans des murs, commençaient ou s'achevaient des constructions importantes, telles que l'édifice du *Temple*, les églises de Saint-Lazare, Saint-Médard et Saint-Jean-de-Latran, en même temps que des hommes pieux, Garin, Masson et son fils, consacraient une maison à l'abritement des *pauvres passans*.

Tel était Paris au commencement du règne de Philippe-Auguste. Cette grande cité lui dut plusieurs notables embellissemens; car, ornée de quelques édifices gothiques, la ville n'offrait encore que des masses de maisons irrégulièrement amoncelées sur des rues étroites, tortueuses et infectes. Les bourgeois aisés n'y circulaient que montés sur leur mule, et les pauvres piétons enfonçaient péniblement leurs jambes dans une boue noire et profonde. « Un jour le bon roi Philippe allait par son palais, pensant à ses besognes, car il était moult curieux de son royaume maintenir et amender. Il se mit à une des fenêtres de la salle, à laquelle il s'appuyait aucune fois, pour regarder la Seine couler et pour avoir récréation de l'air. Si advint en ce point que charrette qui charriait, vint à mouvoir si bien la boue et l'ordure dont la rue était pleine, qu'une pueur en issi si grande, qu'elle monta vers la fenêtre où le roi était. Quand il sentit cette pueur si corrompue, il s'entourna de cette fenêtre en grande abomination de cœur; lors fit mander li prévôt et borgeois de Paris, et li commanda que toutes les rues fussent pavées, bien, et soigneusement, de grès gros et fort. De ce moment, le nom de Lutèce cessa entièrement d'être appliqué à la cité, et on l'appela Paris, en l'onor de Páris, l'aîné des fils du roi Priam de Troie, car les rois de France étaient tous descendus de cette lignée[1]. »

Le cimetière des innocens fut environné de murs, cette même année : « Cil cimetière solait être une granz et large commune à toutes gens, et on y vendait communément toutes manières de marchandises; et cependant cette place y estait où les borgeois de Paris enterraient leurs morts. Mais parce que li morts ne pouvaient estre honestement pour l'abondance d'iceux qui là descendaient, et par les ordures de fanges et de boues, lors commanda li roi que cil cimetière fut fermé de murs de bonnes pierres, forts et hauts, et que portes y fussent mises, qui clôtissent la nuit, pour que bête ni gens ne pussent y faire aucune ordure[2]. »

Des halles furent aussi construites par les ordres du roi : « Fit faire li jeune prince, une grande halle, en une place qui est appelée Champiaus, ou li marchands pussent être, quand il pleuvait, clorre la fit et bien fermer

---

[1] Cette lignée des rois francs est une de ces fables vaniteuses, adoptées par les légendes, sous la première race. — [2] Chroniq. de Saint-Denis, 1182.

pour que les marchandises qui demeuraient là pendant la nuit, pussent être gardées ; par dehors fit faire liange et estiaus, les fit bien couvrir pour que, s'il plovait, ce ne fût pas pour les débitans. »

Lorsqu'une société est encore dans le chaos, et que des forces diverses luttent entre elles sans que des lois générales, des institutions protectrices, embrassent et défendent les intérêts communs, les corporations privilégiées ont des avantages. Il faut bien que des associations puissent s'opposer à des prétentions hostiles. Tel était le moyen âge : communes, commerce, sciences, arts, tout se faisait par l'esprit d'association. C'était autant de petites sociétés qui s'opposaient à cette autorité elle-même morcelée des barons, des châtelains, en un mot à la féodalité avec ses priviléges et sa puissance. Les corporations marchandes fixèrent particulièrement l'attention des rois de la seconde race ; ils les envisageaient sous deux rapports, ou comme matière facile à impôt, ou comme moyen de procurer le luxe nécessaire aux castels et à l'église[1].

Quelques réglemens de police municipale sur

[1] Le savant abbé de Camps a réuni dans son précieux cartulaire toutes les chartres, diplômes relatifs aux corporations marchandes, sous le règne de Philippe-Auguste.

les corporations de métiers signalèrent les premières années du règne de Philippe-Auguste. «Nos bouchers de Paris sont venus en notre présence, nous demandant de les maintenir dans leurs anciennes coutumes, comme notre père et notre aïeul les avaient eux-mêmes maintenus. Sur leurs prières, et par les conseils de ceux qui se trouvaient avec nous, nous leur avons accordé ce qu'ils demandaient. » Voici les coutumes :

« Les bouchers de Paris peuvent vendre et acheter des bêtes vivantes et mortes, et tout ce qui regarde leur profession, avec une entière liberté, et sans être soumis à aucun droit de quelque côté que ces choses viennent. Ils peuvent également vendre et acheter des poissons de mer et des poissons d'eau douce [1]. Personne ne peut être boucher à Paris, sans la permission des maîtres au fait de boucherie; tous ceux qui exercent cette profession nous donneront d'abord 12 deniers; puis 13 deniers à l'octave de Pâques, à celui à qui nous concéderons ce bénéfice. Tous les dimanches, lorsqu'ils auront dépecé un bœuf ou un porc, ils porteront une obole à notre prévôt, et de plus, chaque année, ils nous doivent une me-

---

[1] Les bouchers ont eu long-tems le privilége de vendre du poisson.

sure de vin aux vendanges. » Cette charte du privilége est datée de Paris [1].

Voici quels étaient à cette époque les principaux métiers qui formaient corporations privilégiées, et dont les chartes furent confirmées par Philippe :

Les Tameliers, ou Boulangers.

Les Taverniers, ou Cervoisiers.

Les Orfèvres, Potiers d'étain, Couteliers, Faiseurs de manches.

Les Serruriers, Batteurs et Tréfileurs d'archal, Haubergers (feseurs de hauberts).

Les Patenotriers d'or, de corail et coquille d'ambre et jais.

Les Cristalliers et Pierriers de pierres naturelles.

Les Lasseurs de fil de soie, Fileresses de soie à grands et petits fuseaux.

Les Fondeurs, Mouleurs et Formaliers de laiton.

Les Lampiers, Huiliers, Chandeliers de suif, Lanterniers.

Les Charpentiers, Maçons, Mortelliers et Tailleurs de pierre.

Les Tapissiers de tapis Sarrasinois, Foulons, teinture de draps.

[1] Recueil du Louvre, t. III, p. 259.

Les Imagers et Tailleurs de crucifix, Peintres d'images.

Les Garnisseurs de gaîne d'épée, Chapuiseurs de selle et d'arçon, Bourreliers, Gantiers.

Les Cuisiniers et Poulaillers.

Les Chapeliers de fleurs, de feutre, de coton, de paon.

Les Fourbeurs, Archers, Feseurs d'arcs et d'arbalètes.

Les Pêcheurs à verge, Poissonniers d'eau douce et de mer [1].

Tous ces métiers portaient bannière, assistaient en corps aux processions, avaient leur roi d'armes et tous les priviléges des aggrégations du moyen âge.

Le bon bourgeois Guillot, qui visita Paris à cette époque, nous donne une description détaillée de la situation de cette cité.

Les rues de Paris ne s'élevaient pas alors au-

> Guillot de Paris en son conte,
> Les rues de Paris brièvement
> A mis en rime, oiez comment [2].

---

[1] Livre des Métiers et Corporations, MSS. de la Bibliot. du Roi. — [2] Conte de Guillot de Paris, publié dans les fabliaux de M. Méon.

delà de deux cent trente-six; les principales, en dehors de la Cité, étaient la rue Pavée, où demeuraient les vignerons et les voituriers au *visage halé*, la rue de la Plastrière, où se battaient les couvertures, la rue Hautefeuille, où l'on tressait les chapels de feuilles et de fleurs, le palais des Thermes,

>Où il y a celiers et citernes.

La rue Pierre-Sarrazin, où l'on essayait roussins et chevaux; on venait ensuite dans celle des Ecrivains, puis dans la petite ruellette de Saint-Severin, dans laquelle

>Mainte fillette
>Se louent souvent au menu.

On voyait ensuite les rues des Cordiers, des Jacobins, de Bourgogne, celle des Anglaises; la rue Saint-Victor,

>On ne trouvai ni porc, ni butor.

Guillot vit ensuite la place de Grève; les rues de l'Écorcherie, de la Triperie, de la Poulaillerie; les rues des Figuiers, des Nonains, où il s'arrêta pour boire de la bierre et du vin de toute saison.

Ces rues étaient toujours remplies d'une population agissante qui s'adonnait avec activité au commerce; l'on entendait crier dans toutes les rues de Paris, de manière à assourdir :

> Ja ne finiront de braire
> Parmi Paris jusqu'à la nuit.

Dès le point du jour, c'était :

> Seigneurs, voulez-vous baigner,
> Entrez donc sans délaier;
> Les bains sont chauds, c'est sans mentir.

Les femmes vendaient du hareng frais,

> Oisons, pigeons et salé.

Des fèves chaudes, des oignons à *longue haleine*, du cresson, du cerfeuil, des poirettes menues, des laitues fraîches, des piles de poires de Chaillot, des pâtés chauds et des gâteaux, de la galette et des échaudés.

Petite chose jouée au dez.

On criait aussi le ban du roi, et les ordonnances pour la police; le vin n'était pas oublié dans toutes ces criailleries.

> Le bon vin fort à trente-deux,
> A seize, à douze, à six, à huit.

L'activité était si grande, qu'il n'y avait pas de fortune, quelque considérable qu'on la supposât, qui pût acheter pour une obole de chacune des choses dont on faisait métier dans la capitale [1].

Telle était alors la situation de Paris lorsque Philippe-Auguste y ordonna quelques embellissemens utiles. Quant à la police, elle était nulle. « On ne pouvait parcourir la ville sans être arrêté par des robeurs ou des mendians. Hors des murs de Paris, comme sur tout le territoire de la France, on ne rencontrait que Routiers et Cottereaux, gens mal avisés et sans crainte de Dieu aucune. Nul n'osait plus sortir des forteresses et châteaux, tant la campagne en était remplie. Ils ressemblaient à

---

[1] Le conte des *Cris de Paris*, n'est pas le même que celui qui donne le nom des rues; il est néanmoins de Guillot de Paris. M. Méon l'a publié dans ses fabliaux.

une véritable vermine, s'attachant au pauvre peuple, « mais il était de coutume qu'à la fête de l'Assomption, les princes et les barons du pays, et des étranges contrées, suivis des marchands de tous les lieux, se réunissent au Puy, en Auvergne, faisant grandes dépenses et largesses, ce qui procurait beaucoup de biens aux églises et à la ville; car ces riches hommes lui donnaient des deniers, et largement. » Comme la frayeur avait saisi tous les marchands, et que personne n'osait plus venir au Puy, dans la crainte des Cottereaux, « un chanoine s'adressa à un jeune homme subtil en langage, non connu en la ville, et ils convinrent ensemble qu'il serait habillé à la guise de Notre-Dame, le plus proprement que l'on pourrait, et s'apparaîtrait à un simple homme, de bonne renommée, qui avait nom Durand, et était charpentier. Ainsi fut comme ils l'avaient arrangé [1]. » Durand avait l'habitude de passer la nuit en oraison, dans l'église consacrée à la Vierge. Le jeune homme, revêtu des robes de la Mère de Dieu, se présente tout à coup à lui, et lui donne certain

---

[1] Chronique du Puy.

commandement pour réprimer les Cottereaux dans la campagne. Le simple homme croit à ses paroles, et vient raconter sa vision aux bourgeois de la ville du Puy. Le chanoine leur fit aisément partager la même conviction.

> Mestrement le peuple enfile [1],
> Il en conquit or et argent,
> Moult pensait bien griller la gent [2],
> Il en grilla bien deux cent mille.

En effet, lorsque les bourgeois furent réunis à l'église, le charpentier Durand répéta tous les détails de sa vision; et le chanoine qui l'avait suggérée, « subtil et bon parleur, expliqua au peuple, en manière de sermon, comment la bénite Vierge avait obtenu la paix du monde, en se jetant aux genoux de son fils, et dit qu'elle frapperait de mort subite quiconque ne voudrait pas s'unir pour réprimer les désordres, et amener la paix du monde. » Une telle prédication fut accueillie avec enthousiasme. Le peuple avait un si grand besoin de repos que sa crédulité fut peut-être autant le résultat d'une nécessité publique que d'une conviction reli-

---

[1] Bibl. Guyot. MSS. de la Bibliot. du Roi, — [2] Tromper.

gieuse. « Aussi, ils venaient de tous états prendre cette paix qu'ils croyaient venir du ciel. »

Les réglemens de la confrérie étaient : « Que tous les Frères de la Paix devaient avoir sur la tête des chaperons de toile blanche, et attacher sur leur poitrine une enseigne de plomb ou d'étain, sur laquelle serait écrit : *Agnus Dei, qui tollis peccata mundi, dona nobis pacem.* Ainsi réunis par un serment commun, ils ne devaient point jouer aux dés, ni rester à table, ni porter de vêtemens déshonnêtes; ni mautel à pointe, ni jurer le nom de Dieu ou de Notre-Dame, ni nommer aucun membre ou partie du corps au-dessous du nombril; tous promettaient de détruire les ennemis de la paix, Routiers, Cottereaux et Brabançois. En entrant dans cette confrérie, on payait douze deniers du Puy, et cette cotisation s'éleva à plus de deux cent mille livres, tant le zèle et l'empressement des bourgeois fut grand dans cette circonstance[1]. »

Le jeune Philippe profita de ce mouvement de la population se levant elle-même pour

[1] Chroniq. du Puy.

maintenir la paix. Lors de la guerre dans le Berry, il détacha plusieurs de ses hommes d'armes et de ses chevaliers, pour guider le zèle sans expérience des bourgeois du Puy. « Or, advint que les Routiers et Cottereaux s'en venaient en grand nombre d'Aquitaine vers la Bourgogne. » Ces membres de la confrérie, guidés par les chevaliers du roi, les attaquèrent à l'improviste, en tuèrent plus de dix-sept mille dans une rencontre, et neuf mille dans une autre. Enflés par cette victoire, les Frères de Notre-Dame voulaient violemment réprimer tous les abus. Ils parcouraient les campagnes, défendaient aux seigneurs d'exiger désormais aucune redevance de leurs hommes sans la permission de la confrérie; l'égalité de l'Évangile était prêchée au milieu d'une société formée tout entière de rangs et de distinctions. « Enfin le monde fut en telle adventure, que pis advenait par le fait des Chaperons, que par celui des Routiers. » Toujours armés les uns contre les autres, les Routiers et les Chaperons s'attaquaient mutuellement; enfin, les Chaperons succombèrent. « Ils furent tellement défaits, que personne n'osa dire ce qu'ils étaient devenus¹. » Les Brabançois et les Cottereaux prirent presque tous service sous les bannières du roi d'Angleterre et de ses fils, alors en guerre dans le Poitou et les fiefs de Normandie,

1 Chroniq. de Saint-Denis, ad ann. 1183. Collect. des historiens de France, t. XVII, p. 355.

CHAPITRE VI.

GUERRES ET TRAITÉS AVEC LES ANGLAIS.
PRÉPARATIFS DE LA CROISADE.

1185. — 1189.

Causes de guerre avec Henri II. — Armement des barons de France et d'Angleterre. — Batailles et trèves. — Désolation de l'Occident à la nouvelle de la prise de Jérusalem par Saladin. — Parlement de Gisors. — Prédication de la croisade. — Prise de la croix pour le pélerinage. — La dîme saladine. — Priviléges des croisés. — Résistance du clergé. — Pierre de Blois. — Les trèves sont rompues. — Nouvelles batailles. — Mêlée de chevalerie. — Prouesses de Richard. — Résistance des bourgeois de Mante. — Combat singulier de Richard et du chevalier des Barres. — Richard abandonne son père. — Douleur de Henri. — Fureur du légat. — Nouveau traité entre le roi de France et d'Angleterre. — Mort de Henri.

On a déjà dit que des causes nombreuses de rivalités existaient entre la France et l'Angleterre. Le vieux roi Henri toujours épris d'Alix de France, ne déguisait plus ses feux impurs. Alix atteignait sa quinzième année, et plusieurs fois, dans les sombres allées de Woodstock et de Windsor, les barons et les chevaliers avaient surpris leur suzerain mêlant sa barbe grise aux blonds cheveux de la sœur de Philippe. Les conseils et les représentations étaient inutiles; le roi anglais avait même renfermé dans la tour de Witsand sa femme Éléonore, jalouse d'une jeune rivale qui absorbait les affections de l'héritier des Plantagenets.

L'affront fait à la couronne de France était trop grave pour que Philippe-Auguste ne cherchât point à le venger. La puissance redoutable d'un vassal, possesseur de la moitié du territoire de la monarchie, et les troubles de la minorité l'avaient seuls empêché de donner un libre cours à ses ressentimens; mais de nouvelles causes de division ayant éclaté, les deux rois se précipitèrent dans la lice avec une incroyable fureur. Voici quels furent les motifs apparens de cette guerre [1].

Henri, fils aîné du roi d'Angleterre, associé à la couronne, s'était uni à Marguerite de France, autre sœur de Philippe-Auguste. Marguerite avait reçu comme dot le territoire de Gisors et du Vexin. Prince ambitieux et turbulent, Henri avait fatigué la vieillesse de

---

[1] Robert du Mont, ad ann. 1183, p. 673, Chroniq. du prieur de Vigeois, p. 2, cap. 19, et de Roger de Hoveden, Annal. angl., p. 621, Rigord, gest. de Philipp.-Aug., Duchesn., t. V, p. 11.

son père par ses révoltes; il venait d'expirer à Château-Martel, dans la vicomté de Limoges, et le troubadour Bertrand de Born avait dit : « J'ai perdu le sens le jour que le vaillant fils » du roi d'Angleterre est mort. » Il ne restait pas d'enfans de ce mariage, ce qui constituait le retour à la couronne des terres données en dot à Marguerite, et la jouissance d'un douaire, toujours accordé à la veuve des barons, par la législation féodale. Cependant la princesse s'était vainement adressée au vieux Henri qui, au lieu de lui répondre, plaça un corps nombreux d'hommes d'armes et de Brabançonais dans les châteaux fortifiés du Vexin comme dans les villes de son domaine. Marguerite eut d'abord recours au pape, à cette juridiction spirituelle, qui connaissait alors de toutes les causes relatives aux veuves et aux êtres faibles. Le pontife écrivit à l'injuste détenteur : « Le pape Luce au roi des Anglais : O mon fils, songe à l'état de notre très-chère fille la reine Marguerite, rends-lui tout ce qui lui a été promis comme dot et donation, afin de n'avoir pas à

---

[1] En perdi lo sen, el saber et la connaissensa. Raynouard, t. v, p. 87.

craindre la terrible justice de celui qui protége la veuve et les orphelins[1]. » Cette prière fut inutile; le roi anglais ne voulut point rendre la dot territoriale, il maintint ses garnisons dans toutes les villes fortifiées du Vexin, et se contenta de lui payer une rente pécuniaire de 750 liv. par an, franche et quitte de toute charge et risques de transport[2]. Philippe-Auguste ne pouvait se contenter d'une telle satisfaction; ses droits lui paraissaient envahis tant que les gonfanons des chevaliers anglais se déploieraient sur les hautes tours de Gisors.

Un autre objet de discussion était survenu dans ces circonstances. Geoffroi, troisième fils de Henri, avait épousé Constance, héritière du duché de Bretagne. Ce jeune prince, foulé aux pieds des chevaux, avait succombé, comme on l'a vu, dans le tumulte d'un tournois : il ne laissait qu'une jeune fille; mais Constance était enceinte. Trois mois après, elle accoucha d'un fils qu'attendait une destinée bien malheureuse; il reçut le nom d'Arthus des barons et des chevaliers bretons,

[1] Chroniq. de Raoul de Dicet, p. 624.
[2] Cette somme représente à peu près 7,500 francs. Roger de Hoveden. Annal. angl., p. 622.

en mémoire du fameux roi Arthus, le héros de toutes les légendes de la table ronde. La minorité du jeune duc des Bretons soulevait plusieurs questions féodales ; Henri prétendait que la garde du prince et des terres de Bretagne lui appartenait de plein droit, comme au tuteur naturel de son petit-fils ; les fiers comtes de la Bretagne, soutenus par Philippe-Auguste, déclarèrent le roi des Anglais exclu du droit de garde féodale, et confièrent la tutelle à Constance, mère d'Arthus [1].

Tant de causes de guerre ne pouvaient subsister long-temps sans éclater. « La lice des combats allait s'ouvrir ; les deux rois publient le ban féodal ; les guerriers se rassemblent pour la bataille ; les servans d'armes aussi bien que les chevaliers, les grands et les ducs s'élancent d'eux-mêmes à la voix du suzerain. Leur affection pour le roi et la bravoure des chevaliers les poussent à se jeter au milieu des dangers sans qu'il soit besoin d'aucun ordre pour les entraîner, tant ils sont pleins du désir de vaincre sous les bannières de France [2]. »

[1] Chronique de Cantorbéri, ad ann. 1186, p. 1480. —
[2] Philipeidos, de Guillaume le Breton, chant 2.

Philippe profita de cette première ardeur. « Il part en toute hâte de Bourges et pénètre sur le territoire de Châteauroux, et bientôt ses chevaliers soumettent cette terre, tellement riche et puissante, qu'elle se suffit à elle-même, et n'a point à regretter des avantages dont tant d'autres pays s'affligent d'être privés; les trésors de Cérès l'enrichissent; Bacchus l'inonde de ses faveurs de telle sorte, qu'on est forcé de transporter beaucoup de vins dans de lointains climats, et plus on le transporte plus il se fortifie; et, si l'on en boit imprudemment, il enivre tous ceux qui négligent de le mêler avec de l'eau. [1] »

Les hommes du roi s'emparèrent d'abord des châteaux de Graçay et d'Issoudun, et ses chevaliers, couverts de poussière, vinrent ensuite mettre le siège devant Châteauroux qui commandait, par ses donjons et ses murailles, à toutes les contrées environnantes. « Les portes sont aussitôt fermées et les jeunes hommes s'élancent sur les remparts, disant qu'ils aiment mieux périr en défendant leur patrie que de se rendre vaincus et sans com-

---

[1] Philipeid. de Guillaume le Breton, chant 2.

battre. Protégés par des châteaux fortifiés, ils bravent les lances du roi des francs; Philippe, cependant, ayant dressé ses bannières sur tous les points, ose les investir de toutes parts avec ses guerriers armés de casques; il fait élever des madriers et entrelacer une tortue, afin qu'à l'abri de ces machines, les hommes d'armes puissent atteindre le pied des remparts, en dressant leurs boucliers au-dessus de leur tête: un pierrier, tournant à force de bras, lance d'énormes blocs de pierre; un bélier, frappant à coups redoublés, attaque de front, afin de briser ces grandes portes toutes doublées de fer; des tours mobiles, formées de claies et de pièces de bois travaillées, s'élèvent plus haut que les murailles mêmes, afin que de là nos combattans puissent lancer des traits de toutes sortes: des échelles sont dressées contre les murs; les servans d'armes s'élancent d'une course légère; mais tandis qu'ils se précipitent imprudemment, beaucoup d'entre eux sont renversés, d'autres se tiennent encore de leur main fortement accrochés au sommets des remparts; mais l'ennemi leur résiste avec beaucoup de valeur, combattant ainsi pour son salut et pour sa patrie. L'un est frappé à la tête d'une lance ou d'une massue, à l'autre une hache à deux tranchans fait jaillir la cervelle loin de la tête; mais, ni l'épée, ni la lance ne produisent aucun résultat décisif; les jeunes gens du déhors et ceux de l'intérieur sont animés d'une égale fureur; rien ne peut les arrêter lorsqu'ils s'élancent pour accomplir leurs destinées [1]. »

La résistance de Châteauroux, permit au roi anglais et à Richard son fils, de réunir leurs chevaliers et d'arriver autour de la place assiégée. On vit briller de loin plus de mille lances entremêlées de bannières où paraissaient brodées en relief les armes des barons de Normandie et d'Aquitaine. Aussitôt des trompettes sonnent, et les messagers de Henri viennent dans le camp du suzerain, porteurs de chartes conçues en ces termes: « Abandonne-nous notre patrimoine, et retire-toi promptement avec les Français sur les terres qui sont ta propriété. Crains notre valeur en la guerre; point de milieu, il faut absolument combattre ou se retirer. Que les coureurs, les valets de l'armée

---

[1] Philipeid. de Guillaume le Bretou, chant 2.

et les torches incendiaires, soient écartés. Un seul jour doit mettre un terme à ces longues querelles; la fortune et nos bras décideront enfin du juste et de l'injuste[1]. »

Le roi de France répondit : « Que mon vassal me fasse justice pour la dot de Marguerite; qu'il me restitue donc Gisors et le Vexin; quant à Richard, qu'il fasse son devoir en épousant ma sœur Alix; je prétends aussi recevoir son hommage de l'Aquitaine. Si l'on ne veut pas ces conditions, j'accepte la bataille, et les lances se croiseront plus d'une fois. » Les messagers retournèrent vers le roi des Anglais, et dans les deux camps on se disposa à la bataille.

« Philippe range ses soldats en ordre régulier, afin que chaque troupe de lances soit placée sous les ordres de son chef et sous sa bannière. Les barons peuvent ainsi compter facilement leurs feudataires et leurs vassaux. L'armée des Anglais sort aussi de ses tentes et se place sous les ordres des comtes de Leicester et Chicester. On n'entendait aucune voix; aucun cri ne troublait le recueillement militaire des guerriers d'Angleterre et de France. Tous

---

[1] Philipied. de Guillaume le Breton, chant 2.

prêtaient l'oreille, attendant que la trompette retentissante donnât le signal du combat, lorsqu'auprès de la tente du roi Philippe, on vit arriver sur un fougueux coursier le comte Richard, précédé de sa bannière et du comte de Flandre; il demande à parler au roi de France. « Je viens te faire hommage de mes fiefs du Poitou, dit-il au suzerain, et traiter au nom de mon père. »

« Comment se fier à la parole de ton père? N'a-t-il pas enfreint tous les traités? Reste avec moi jusqu'à demain; nous viderons la coupe joyeuse; je donne ordre à mon connétable de faire suspendre la bataille. »

Lorsqu'on vit une telle concorde, on se demanda quels pouvaient avoir été les motifs de cette détermination subite du comte Richard. Un clerc répondit que la veille de la Saint-Jean, le comte de Flandres était allé trouver Richard, et lui avait representé le tort de faire la guerre au roi de France son suzerain, qui pouvait lui faire beaucoup de bien; Richard dès ce moment avait manifesté un vif désir de la paix. On rapportait aussi dans le camp que le roi anglais avait envoyé quérir les plus nobles des prélats et des barons de France, l'archevêque de Rheims, les comtes de Blois et de Dreux, et leur avait déclaré, les larmes aux yeux, qu'il voulait se croiser, et que pour accomplir son vœu, il demandait une trêve de deux années. Ceux-ci se chargèrent d'être les intermédiaires pour préparer la paix. Le lendemain ils vinrent trouver Philippe, et lui parlèrent du violent désir qu'avait le roi anglais d'accomplir un saint voyage. « Voilà un fameux pélerin, dit Philippe en riant aux éclats; il veut une tréve de deux ans; eh bien, je la lui accorde, mais à condition que le comte Richard se rendra plège et caution de la trève. » Le comte en effet mit ses mains en celles de Philippe, et s'obligea de venir, comme captif, dans les prisons du roi, si la moindre infraction était faite par les Anglais [1].

Pour régler la mouvance des fiefs entre les deux couronnes et recevoir les hommages, un parlement fut indiqué par les rois Henri et Philippe, entre Trie et Gisors, qui formaient alors les limites des terres de France et du grand fief de Normandie; on comptait surtout s'y oc-

---

[1] Philipeid. de Guillaume le Breton, chant 2.

cuper de Jérusalem et des États chrétiens de la Palestine, dont le sultan Salahedin venait de détruire la fragile existence. Depuis une année, les plus tristes nouvelles étaient arrivées d'Orient; on avait appris la sanglante défaite des barons et des chevaliers, près de Tibériade, la ruine des ordres du Temple et de l'Hopital. Jérusalem même, la ville sainte, avait succombé, et chaque habitant, captif, s'était vu forcé de racheter, pour dix pièces d'or, sa propre vie, celle de sa femme et de ses enfans. La vraie croix était tombée aux mains des Musulmans; des milliers de chrétiens conduits en servage, gémissaient dans la Syrie et l'Égypte; « Les nobles châtelaines étaient livrées aux passions insatiables des émirs de Salahedin [1]. »

Ces nouvelles apportées par des marchands génois en Italie, s'étaient répandues dans toute la chrétienté où elles avaient causé un deuil universel; le pape Urbain II n'avait pu survivre à une telle douleur. Des liens de religion, de famille et de chevalerie, unissaient les barons d'Occident aux seigneurs d'Outre-Mer; pas un seul castel de France et d'Angleterre

[1] Guillaume de Tyr, liv. XXXIII.

qui ne comptât parmi les princes, les seigneurs ou les ordres de la Palestine, un parent, un ami, un frère d'armes, compagnon de ses travaux. Sorte de colonie pour l'Europe chevaleresque, le royaume de Jérusalem et la principauté d'Antioche, offraient alors des ressources à tous les courages aventureux. Un pélerinage à la terre sainte, était une sorte d'épopée nécessaire dans la vie toute romanesque d'un chevalier, et la gloire n'était point entière si l'on n'avait rompu une lance contre un émir de Saladin. Des idées d'ambition se mêlaient à cet enthousiasme. Le pauvre feudataire, les cadets des races, y gagnaient à coups d'épée des fiefs considérables, des cités entières, des comtés, des baronnies; et la fille qui n'avait souvent pour tout héritage dans les fiefs paternels qu'un *capel de rose*, trouvait de riches états en Orient. Ces liens intimes, ces sentimens puissans, faisaient des malheurs des chrétiens dans la Palestine, une sorte de catastrophe commune que ressentait toute l'Europe féodale.

Aussi la ruine du royaume de Jérusalem, la bataille de Tibériade où tant de seigneurs et de vaillans barons étaient tombés sous le glaive musulman, avaient porté le deuil dans toute la chrétienté. Les nobles jeux des tournois n'exerçaient plus le courage des vaillans châtelains ; la vielle des ménestrels ne faisait plus entendre que les malheurs de la ville sainte. « Seigneurs chevaliers, par nos péchés la puissance des Sarrazins s'est accrue ; Saladin a pris Jérusalem, et l'on ne l'a pas encore recouvrée ; laissons-là nos héritages, allons contre ces chiens de renégats pour ne pas encourir la damnation. Barons français et allemands, et vous chevaliers anglais, bretons, angevins, béarnais, gascons et provençaux, soyez sûrs qu'avec nos épées nous trancherons la tête à ces misérables. Ces chiens seront mis à mort, et Dieu sera honoré et sanctifié dans les lieux où Mahomet est servi [1]. » Parmi les troubadours qui chantèrent à cette époque les malheurs de Jérusalem, l'histoire a conservé le nom de Pons de Capduel, riche baron du Puy : long temps l'ami d'Azalaïs, fils du seigneur d'Anduse, la mort, l'impitoyable mort l'avait arraché de ses bras ; il parcourut alors les châteaux et les manoirs, faisant enten-

---

[1] Le troubadour Geoffroi Rudel. Raynouard, t. v.

dre des chants de pénitence : « Barons de France et d'Aquitaine, allons dans la Palestine, pour venger les outrages que les infidèles font à Dieu. Le vicaire du Christ l'ordonne ; en prenant la croix, les pécheurs se laveront de leurs crimes sans être obligés de revêtir leurs corps de cilice et de bure ; le paradis sera pour ceux qui partiront, l'enfer pour vous tous qui restez au milieu des plaisirs et des distractions de ce monde; quant aux malades et aux vieillards, qu'ils donnent d'abondantes aumônes, puisqu'ils ne peuvent suivre l'étendard de la croix [1] ».

Dans ces exhortations pieuses, les troubadours s'exprimaient avec une entière liberté sur le peu d'empressement des princes et des barons à suivre le pélerinage. Guillaume Faidit, que la dame de Ventadour, la plus jolie des châtelaines du Limousin, avait obligé de se croiser, reproche à Philippe-Auguste de préférer les plaisirs de Saint-Denis aux rudes batailles contre les Sarrazins : « Adieu dame cruelle, j'implore ta pitié ; je pars pour le long voyage ; je sais que c'est folie de t'aimer ; adieu France, douce patrie, adieu beau Limousin,

---

[1] Millot. Hist. des Troubadours t. 1, p 355.

je vais servir Dieu avec les pélerins sous l'étendart de la croix. Et vous, rois Henri et Philippe, cessez d'imprudentes querelles, abandonnez les soins de vos cours plénières pour marcher au secours du Saint tombeau. »

Tel était l'état des esprits : on ne parlait plus dans les châteaux, parmi les barons de France et d'Angleterre, que de la croisade. Aussi, lorsque les deux rois annoncèrent qu'on traiterait des malheurs de Jérusalem dans l'assemblée de Gisors, tous les grands de France, d'Angleterre et d'Aquitaine, se hâtèrent de se rendre en cette assemblée, « de sorte que c'était merveille à voir que tant de vaillans hommes l'armet en tête et la lance au poing. » Sous des tentes diversement placées, brillaient les écus et les armoiries de Richard duc de Guyenne, de Hugues duc de Bourgogne, de Philippe comte de Flandre, de Henri comte de Champagne, de Thibaut comte de Blois, de Robert comte de Dreux, de Raoul comte du Perche ; des comtes de Soissons, de Clermont, de Bar, de Beaumont ; de Jacques, seigneur d'Avesne, et du brave Guillaume, sei-

1 Millot, Hist. des Troubadours, t. 2.

gneur des Barres, qui, pauvre possesseur d'un arrière fief, avait obtenu par ses hauts-faits d'être traité à l'égal des puissans barons.

Le parlement fut entièrement réuni, le jour de Sainte-Agnès, dans les kalendes de février[1]. Il faisait très-froid, et les barons s'étaient couverts de leur hermine; on discutait encore avec assez de vivacité, sur les hommages et les redevances et sur les possessions de Fréteval, du Vexin et de Gisors, en litige entre les deux couronnes, lorsque l'on vit s'avancer dans la plaine deux prélats vénérables, précédés de la croix des pontifes. Ils étaient montés sur des mules ainsi que le pieux cortége qui les accompagnait. L'un d'eux portait les insignes des prêtres et des légats de Rome; l'autre était couvert de vêtemens sacrés à la manière des prêtres d'Orient; après eux venaient quelques vieux chevaliers que distinguait la croix du Temple. Par l'ordre de Philippe, des hérauts d'armes allèrent au-devant de ces hommes, et bientôt ils rapportèrent que Henri, cardinal d'Albano, légat du Saint-Siége, Guillaume, archevêque de Tyr, et quelques

[1] Chroniq. du moine Gervais, ad ann. 1186.

Templiers échappés au désastre de Jérusalem venaient faire entendre les douleurs de la ville sainte, en présence des barons de France et d'Angleterre. Il y avait déjà longtemps que le cardinal d'Albano était connu de Philippe et de Henri. Le nom de Guillaume de Tyr, l'historien des guerres saintes, était famillier à tous les chevaliers des deux royaumes; il était peu de châteaux où dans les longues soirées d'hiver, le chapelain assis au coin du vaste foyer, n'eût récité les exploits de la première croisade écrits par l'archevêque de Tyr. Les deux prélats furent donc accueillis avec un pieux enthousiasme. Henri et Philippe vinrent à leur rencontre dans un profond recueillement. On ne distinguait plus les couleurs de France et d'Angleterre, tant les barons étaient confondus autour des deux légats. L'archevêque de Tyr, témoin oculaire de presque tous les désastres en Palestine, leur raconta, les larmes aux yeux, les conquêtes de Salahedin, et la situation déplorable de leurs frères d'outre-mer [1]. Chacun des chevaliers l'interrogeait sur les outrages qu'avaient reçus

[1] Chroniq. de Benoît Petersborough, ad ann. 1188.

le tombeau et les dames de Jérusalem; les parens, les amis demandaient des nouvelles des Lusignan, des comtes d'Ibelin, de Jaffa, et de Joppé: Guillaume racontait leurs malheurs de manière à exciter le zèle ardent des chrétiens.

Lorsque l'assemblée fut plus calme, on lut une lamentable épître du pape Grégoire VIII, adressée à toute la chrétienté. « Écoutez en tremblant, disait le souverain pontife, le terrible jugement que Dieu en sa colère a fait éclater sur la terre de Jérusalem; nous n'avons plus de parole, si ce n'est pour dire avec le psalmiste : *Seigneur, les nations sont venues en ton héritage.* Les tristes dissentions, la corruption des mœurs ont favorisé les conquêtes de l'impie Salahedin, et le glaive tournoyant de la colère divine a frappé une royauté corrompue. La croix du seigneur a été prise; les évêques sont tombés sous le glaive; le roi est captif, et ceux que le fer a épargnés gémissent avec lui dans l'esclavage. Que vous dirais-je des vierges et des épouses? Elles sont aujourd'hui livrées aux viles passions des musulmans? Mais les éclairs de la colère divine peuvent cesser d'éclater. Dieu suscite de temps en temps des Macchabées pour le salut de son peuple. La vierge Notre-Dame peut appaiser le courroux de son fils. Faisons pénitence, et armons-nous du glaive : il vaut mieux mourir dans les combats, que de laisser les nations impies maîtresses du saint héritage; ne craignez donc pas de donner quelques biens passagers et terrestres pour une grande gloire à venir : nous promettons la vie éternelle et une entière indulgence à tous ceux qui, d'un esprit humble et d'un cœur contrit, entreprendront les fatigues et les périls du saint voyage, soit qu'ils y meurent, soit qu'ils survivent. Nous voulons que les biens de ceux qui prendront la croix soient sous la protection de l'église romaine, des archevêques et des évêques. Nous voulons qu'on ne puisse pas les poursuivre en justice. S'ils doivent une usure, nous la suspendons pendant tout le voyage. Mais il faut que les pèlerins renoncent à un vain luxe, qu'ils se dépouillent de leurs habits précieux, qu'ils n'emmènent pas avec eux leur chien de chasse et leur épervier, pas même l'oiseau chéri que le baron porte sur son poing dans les délassemens du château.¹ »

A la suite de cette épitre, était une bulle adressée à toute la chrétienté. « Il n'y a rien qui plaise plus à Dieu, y disait encore le pontife, que ce qui mortifie les désirs de la chair. Puisque les grands malheurs qui ont accablé la Terre-Sainte sont indubitablement venus de nos péchés, nous statuons que d'ici à cinq ans, on jeûnera jusqu'à nonnes, et qu'on s'abstiendra de manger de la chair depuis l'Avent jusqu'à la naissance du Christ, à moins de maladie ou d'une juste cause². »

La publication de ces actes, les paroles de l'archevêque de Tyr produisirent une grande exaltation dans l'assemblée déjà préparée à ces impressions religieuses. Le souverain pontife semblait s'être adressé à tous les sentimens et à tous les intérêts des barons. Promettre à une chevalerie religieuse et prodigue la rémission de ses péchés et la suspension de ses dettes, c'était parler à toutes ses émotions comme à tous ses besoins. Aussi, un seul cri se fit entendre : « La croix ! la croix ! »

¹ Baronius, annal. eccles. ad ann. 1188. — 2 Baronius, ibid.

H... se précipite le premier aux genoux de l'a.. .êque d'Albano pour solliciter le signe des pèlerins. Les barons de France murmurèrent d'abord de ce qu'il avait ainsi précédé son suzerain. «Ah! Ah! s'écrièrent-ils, les couleurs des Plantagenets devancent encore celles des Francs? » Plusieurs combats singuliers allaient s'engager, lorsqu'on fit remarquer que ce n'était point le désir d'une préséance injurieuse qui animait Henri, mais le seul zèle pour Jésus-Christ et le saint tombeau. Philippe prit ensuite la croix, et après lui Richard, duc de Guyenne; Philippe, comte de Flandres; Hugues, duc de Bourgogne; Henri, comte de Champagne; Thibaut, comte de Blois; Rotrou, comte du Perche; les comtes de Soissons, de Nevers, de Bar, de Narbonne, les deux frères Jousselin et Mathieu de Montmorency. Les croix furent de couleurs différentes, comme pour distinguer les princes et les suzerains. Elles étaient de *gueule* (rouge) pour la chevalerie de France, d'*hermine* pour celle d'Angleterre, et de *synope* (vert) pour celle de Flandres. Revêtus des signes du pèlerinage, les deux rois s'embrassèrent en jurant de respecter mutuellement leurs fiefs héréditaires. Le lieu où cette assemblée s'était réunie prit le nom de Champ-Sacré ; on y fit bâtir une chapelle comme un pieux témoignage du serment des chevaliers [1].

Les rois et les barons se séparèrent dans les premiers jours de mars. Philippe se rendit immédiatement à Paris pour se préparer à son voyage dans la Palestine. « Au mois de Pâques, à la mi-quarantaine, le roi fit assembler tous les prélats de son royaume en la cité de Paris, et tous les princes et barons. Là se croisèrent multitude de chevaliers et de gens à pié ; mais pour ce que le roi avait grand désir et bonne volonté d'accomplir le voyage qu'il avait juré, il resquit des prélats la dixième partie des revenu, tant seulement. » Voici l'acte fait de concert avec les barons, qui prescrit la levée d'une dîme pour les besoins de la croisade. elle prit le nom de saladine, à cause des conquêtes de Salahedin qui l'avaient nécessitée.

« Au nom de la sainte et inviolable Trinité, il a été arrêté par ordre de Philippe, roi des Français, et par le conseil des barons, des ar-

[1] Rigord. hist. Philipp.-Aug., ad ann. 1188.

chevêques et évêques du royaume, que tous ceux qui ne prendront pas la croix, quels qu'ils soient, donneront au moins la dixième partie de tous leurs biens. Sont exempts de cette obligation les moines de l'ordre des Chartreux, de Citeaux, de Fontevrault, et les maladreries de lépreux. Que personne ne puisse imposer une commune, si ce n'est le seigneur suzerain. Celui qui aura la haute justice sur une terre en recevra la dixme, et qu'on sache que cette dixme sera recueillie sur tous les biens, meubles, revenus, et que les clercs comme les laïques y seront astreints, sous peine d'excommunication. Le chevalier qui n'a pas pris la croix donnera à son seigneur croisé dont il est l'homme lige la dixme tant des meubles de son château que de ses fiefs ; et s'il n'a point de fief, il payera la dixme de tout ce qu'il possède au seigneur dans la maison duquel il demeure. Le chevalier croisé, fils, gendre, héritier légitime d'un non croisé aura la dixme de son manoir. Les archevêques, évêques pourront seuls mettre la main sur les biens des églises et chapitres qui sont dans leurs juridictions. Celui qui doit donner la dixme et qui s'y refusera, pourra être saisi par son seigneur qui en fera à sa volonté. Le chevalier qui la payera volontairement, en recevra la récompense dans le ciel.[1] »

Voilà des dispositions qui assuraient les moyens de se procurer de l'argent pour la croisade ; mais les pélerins dirent : « Seigneurs et barons, il faut que nous ayons les priviléges des hommes d'église. » Ce fut pourquoi les barons et les prélats réunis firent des statuts généraux qui fixaient l'état et les priviléges des croisés.

« Ceux qui partaient pour la Palestine, s'ils étaient possesseurs de quelques fiefs ou revenus, devaient les assigner à leurs créanciers jusqu'à concurrence de ce qui était dû, sans que le seigneur supérieur pût s'en plaindre. Ils devaient cependant fournir des cautions, si chevaliers pauvres et sans avoir, ils ne pouvaient donner une telle garantie. Le croisé, créancier d'un autre croisé, ne pouvait rien demander à son compagnon d'armes jusqu'à la fête prochaine de tous les Saints. Les marchés qui seraient faits jusqu'à l'octave de la Purification

---

[1] Rigord. hist. Philipp.-Aug., ad ann. 1188.

de la bienheureuse Marie, étaient valables ; cependant le croisé n'était pas tenu de répondre en justice devant les baillis, à moins qu'il ne s'agît d'une convention née et accomplie avant la prise de la croix.¹ »

L'exécution de ces deux ordonnances et particulièrement la levée de la dîme saladine trouva bientôt des difficultés infinies. Le clergé, habitué aux douceurs de tous les priviléges, ne pouvait comprendre qu'on ne l'eût point placé dans une exception générale ; les riches chapitres, les opulens monastères préféraient aux pieux succès des pèlerins, les petites aisances de la vie, les bons poissons du vivier, les vins de leurs fiefs, et les dîmes sur toutes choses.

Le célèbre Pierre de Blois écrivit à cette occasion une longue épitre à l'évêque d'Orléans. « Le temps est venu de parler, disait-il ; si le roi de France et ses barons ont résolu d'aller outre-mer, ce n'est point avec les dépouilles des églises et la sueur du pauvre qu'ils doivent payer les frais de leur pèlerinage. Qu'ils y emploient les profanes revenus dévorés au milieu des fêtes et des plaisirs. Les richesses des

---

1 Rigord. hist. Philipp.-Aug., ad ann. 1188.

infidèles compenseront au-delà leurs sacrifices. Les Israélites, en quittant l'Egypte, ne dépouillèrent pas les prêtres du Seigneur; mais ils emportèrent les vases d'or de l'impie Egyptien. Quelle raison y a-t-il que ceux-là qui vont combattre pour l'Eglise commencent par la piller? Croit-on que des richesses ainsi acquises profiteront aux chrétiens? Les princes ne peuvent rien exiger le l'Église, si ce n'est la prière. Les pontifes et les prêtres sont préposés pour réconcilier les hommes avec Dieu. Très-saint évêque, oppose-toi donc comme un mur d'airain aux exactions que le roi veut imposer; pense que tu te couvrirais de mépris si tu souffrais que de telles mesures allassent à leur fin; exhorte le roi de ta voix puissante, afin qu'il ne se serve pas du glaive pour opprimer, mais pour protéger. Rappelle-lui qu'il est mortel et que cette main qui menace peut demain se dessécher dans le sépulchre. » Ces plaintes ne produisirent que peu d'effet, et les officiers du roi continuèrent à lever la dîme saladine sur les églises et les monastères [1].

[1] Cette lettre se trouve dans les œuvres de Pierre de Blois, t. II.

Tandis que les barons de France et d'Angleterre se préparaient avec ardeur à la guerre sainte; que chacun d'eux visitait les églises, et faisait des aumônes, voilà que des messagers du comte de Toulouse arrivent à la cour de Philippe-Auguste, lui annonçant que Richard, duc de Guyenne, venait d'envahir ses états sous de frivoles prétextes. Le comte demandait justice et aide à son suzerain dans l'ordre des fiefs, et en appelait à sa cour. Il paraît que le bouillant Richard avait profité de ce que le comte de Toulouse ne s'était point croisé; et, par conséquent, ne jouissait pas de la protection commune accordée par les conciles aux fiefs des pélerins, pour faire revivre, les armes à la main, les prétentions de sa mère Éléonore sur le comté de Toulouse, qu'avaient possédé autrefois les ducs de Septimanie et de Guyenne. Selon les uns, Richard ne faisait la guerre à Raymond que parce que le comte avait arrêté plusieurs de ses vassaux qui revenaient d'un pélerinage à Saint-Jacques de Galice. Selon les autres, Geoffroy de Lusignan, dont le fief était dans la mouvance du comte de Toulouse, ayant tué un jeune chevalier, familier de Richard, avait donné sujet à ce nouveau débat. Quoi qu'il en soit, Philippe-Auguste, bouillant de colère, s'écria : « Ah! les voilà bien, ces Anglais, toujours perfides! » Il envoya des messages au roi d'Angleterre, pour demander justice en sa cour, au nom de son vassal, le comte de Toulouse. Henri n'ayant fait aucune réponse, Philippe se décida encore à la guerre [1].

« Le roi réunit de nouveau ses hommes pour combattre. Suivi d'un grand nombre de chevaliers, il dirige une seconde fois son armée vers le pays du Berry, s'empare, avec une merveilleuse promptitude de Châteauroux et de plusieurs autres places importantes des environs.

» De là, Philippe partit en toute hâte pour assiéger Montrichard. Il employa beaucoup de temps avant de parvenir à s'en rendre maître. La position naturelle du lieu, placé dans un étroit défilé, et défendu par des murailles élevées, et de plus, la troupe valeureuse des bourgeois qui l'habitaient, rendaient impossible de s'en emparer en peu de temps. Cependant le roi pénétra dans la ville, et renversa de fond

[1] Philippéid, chant 3.

en comble la grande tour, fit prisonniers quarante-deux chevaliers, et d'autres combattans au nombre de trois cents. Il se rendit de là à Montluçon, et ne cessa de se porter en avant, jusqu'à ce que l'Auvergne tout entière eût été soumise aux Français. Le roi des Anglais fuyait toujours devant lui; et, en fuyant ainsi, il retrograda au fond de la Neustrie; et le roi l'y poursuivit encore d'une course rapide. Le roi des Anglais s'efforça de défendre Vendôme, château très-fort rempli d'une très-nombreuse population, auprès duquel la rivière du Loir roule ses belles eaux. Toutefois, il fut inutile à cette forteresse d'être défendue par une triple enceinte et par un peuple nombreux, et elle ne fut pas moins contrainte de céder aux lances, et de se rendre à discrétion. Le roi y fit prisonnier et jeta dans les fers soixante-deux chevaliers qui défendaient la citadelle et les murailles, et qui avaient suivi la bannière de Robert, comte de Mello, malheureux qui secondait alors les armes du comte Richard, après avoir déserté sa douce et riche patrie, qui produit un vin digne d'être offert en breuvage aux dieux! Un juste motif, cependant, le guidait à cette époque, puisqu'il était lié envers le roi des Anglais par le droit féodal, et devait lui fournir des hommes et des armes, attendu qu'il tenait de lui des domaines et plusieurs châteaux. Aussi ne suis-je point étonné, puisqu'il était ainsi engagé envers lui, qu'il favorisât son parti de tout son pouvoir, quoiqu'il tînt aussi un comté de notre roi [1]. »

Vendôme s'étant rendu, le roi, après en avoir pris possession, se dirigea d'une marche rapide vers Gisors, où le roi d'Angleterre lui fit encore demander une conférence pour la paix.

Les barons de France n'avaient pris aucune part à cette guerre; elle était considérée par eux comme une querelle personnelle et malheureuse qui empêchait l'occident chrétien de songer au salut de la ville sainte; ils firent même le vœu solennel de chevalerie, qu'ils n'employeraient plus les armes que contre les Sarrasins de la Palestine. Les chefs de cette pieuse confédération pour la paix de la chrétienté furent : Hugues, duc de Bourgogne; Philippe, comte de Flandres; Henri, comte de Champagnes; le

---

[1] Philippéid, chant 3.

comte de Blois ; Rotrou , comte du Perche ; Etienne , comte de Sancère ; chacun de ces barons signa de son scel la charte qui en fut dressée [1].

Cet esprit, qui animait les seigneurs des deux royaumes, n'avait point échappé à Philippe-Auguste et au roi Henri ; ils sentaient la nécessité de faire la paix pour empêcher que cette coalition, contraire sous quelques rapports aux devoirs de la féodalité, ne se consacrât comme une habitude de résistance. Les barons des deux armées se réunirent sous les murs de Gisors, où une trève de trois jours fut accordée de part et d'autre pour convenir des bases d'un traité. Enfin le roi de France consentit à restituer à Henri II tout ce qu'il avait pris depuis qu'ils avaient reçus la croix, « parce qu'il valait mieux avoir une » paix ferme par le conseil des barons, que de » les avoir contre soi. » Henri, de son côté, promit de marcher avec son suzerain au secours de la Palestine.

Tel était l'état des négociations lorsqu'une

[1] Cette pièce est en original au Trésor des Chartes, Bréquigny, Diplom. t. IV.

circonstance imprévue mit de nouveau les armes aux mains de cette bouillante chevalerie.
« Non loin des murs de Gisors, sur un point où la route se divise en plusieurs branches, était un ormeau d'une grandeur extraordinaire, très-agréable à la vue et plus agréable encore par l'usage qu'on en pouvait faire. L'art ayant aidé la nature, ses branches se recourbaient vers la terre, et l'ombrageaient de leur feuillage abondant. Le tronc de cet arbre était tellement fort que quatre hommes pouvaient à peine l'envelopper de leurs bras étendus. A lui seul il faisait comme une forêt; sous son enceinte verdoyante et couverte de gazon, il présentait des siéges agréables à tout voyageur fatigué [1].

» Le temps était embrasé plus vivement qu'à l'ordinaire; le soleil, parvenu à toute son élévation, poussait ses coursiers, et sous les coups intolérables de ses rayons, la terre desséchée s'entr'ouvrait de toute part; le roi des Français entouré de ses barons était au milieu de la plaine exposé à toutes les ardeurs du soleil, tandis que le roi des Anglais était

[1]. Philipp., chant 3.

assis à l'ombre fraîche et que ses barons se reposaient à l'abri du vaste ormeau. Les messagers allaient des uns aux autres, portant réciproquement de ceux-ci à ceux-là les paroles qu'il se transmettaient, et les Anglais riaient de voir les enfans de la France ainsi dévorés par le soleil, pendant qu'eux-mêmes jouissaient de l'ombrage de l'arbre. Souvent, lorsqu'une profonde indignation anime des cœurs généreux et s'accroît de leurs justes douleurs, la colère presse des plus vifs aiguillons les hommes naturellement courageux. Les Français, indignés et irrités à juste titre du rire et des moqueries des Anglais que l'arbre et son feuillage garantissaient, le cœur bouillant de colère, courent aux armes et tous se lancent avec la même vivacité contre les Anglais. De leur côté, les Bretons reçoivent bravement ce premier choc et frappent avec autant de force qu'ils sont frappés. »

La mêlée s'engage, et, dès ce moment, il n'y eut plus d'espoir de renouer les conférences. Henri et ses chevaliers se retirèrent à Vernon avec le dessein de continuer la guerre, tandis que les bouillans chevaliers de Philippe, après avoir détruit avec leur hache d'arme le bel arbre dont l'épais feuillage avait abrité d'odieux rivaux, partirent en toute hâte avec leur suzerain.

Henri d'Angleterre convoqua ses guerriers, et leur dit : « Compagnons, Philippe veut nous mettre sous les pieds; ce roi, à la vérité, est mon seigneur; mais si la raison et la justice commandent de respecter son seigneur, faudra-t-il se laisser humilier? Assez de riches campagnes et de cités sont devant nous; nous pouvons les ravager en nous avançant d'une marche rapide. »

— « Tu as raison, dit le prince Richard à son père, voilà que nous avons des milliers de combattans; nous avons en outre trois mille chevaliers, parmi lesquels je me range, dont la dextre et le glaive ont faits leurs preuves. Il n'est point absent ce Geoffroy de Lusignan, qui suffit à la guerre pour tenir tête à cent Français; et pourquoi passerais-je sous silence le comte d'Arondel ou ce Raoul que Chester a envoyé, ou ce Jean dont Leicester est glorieux, et ces deux frères qu'a nourris la terre de Pradelle, et cet Albermale, doué d'une si grande force, et qui ne le cède à personne en valeur lorsqu'il est revêtu de ses armes : parlerai-je des Paganel et de ces deux lions, frères et enfans de la Bretagne, Hervey et Gui de Marque, dont la protection fait la force de la généreuse Léonie. Celui-ci dernièrement a brisé devant nous d'un coup de poingt la tête d'un cheval; pareillement il a fait succomber à la mort le majordome de son père, devant lui, en le frappant de son gantelet, quoique cet homme fût d'une taille élevée et d'une corpulence monstrueuse : tels nous sommes, tels nous marcherons à la guerre. »

— « Oui, dit l'évêque de Chester, mais les barons de France sont plus nombreux et non moins invincibles. »

— « Évêque, tu ne peux juger en de telles choses; les circonstances nous protègent, formons nos lances, courons assiéger Mantes; le comte de Garlande, qui la défend, n'a qu'un petit nombre de chevaliers; le comte de Flandre a quitté le roi et s'est retiré à Arras; le comte Henri de Champagne a revu Troye et Bar; la joyeuse Bourgogne a reçu son duc Eudes; Thibaut est déjà retourné dans les tours de Château-Dun ; Etienne est rentré dans le Berry ; Simon de Montfort a retrouvé les plaines riantes d'Epernon ; Mathieu est allé à Beaumont ; déjà Clermont a tressailli de joie en voyant revenir Raoul ; le Perche couvert de forêts s'est réjoui du retour de Rotrou ; tous les autres grands, détestant les ennuis d'une trop longue campagne, sont retournés joyeusement visiter leurs créneaux : profitons des dons de la fortune et ne ménageons rien. » Les barons approuvent Richard, et tous s'encouragent par le venin de leur langue à vaincre les enfans de la France [1].

Ils s'avancent donc en toute hâte dans les terres du roi des Francs ; les flammes consument Chaufour, Boissy - Mauvoisin, Neauflète, Bréval, Mondreville, Jouy, Favril, La Folie-Herbaut, Aunay-sous-Anet, Lamoy et Blaru ; rien n'était épargné ; les écuyers et les ribauds de l'armée d'Angleterre étaient surchargés sous le poids du butin.

Enfin, Henri II et son fils vinrent mettre le siège devant Mantes. Tous les citoyens de la commune prennent les armes pour résister :

[1] Philip. de Guillaume le Breton, chant 3.

« Ouvrant leurs portes, ils s'avancent dans la plaine ; le comte de Garlande s'associe à la commune, et avec les bourgeois marche à la rencontre des Anglais. O commune ! de quelle louange digne de toi pourrais-je t'exalter ? quels éloges suffiront à te célébrer ? quel glorieux courage te porta ainsi à suivre la marche du roi des Anglais ? La commune s'avançait en effet en bataillon serré, elle était parvenue au sommet de la colline de Pougebœuf ; cinq mille bourgeois légèrement armés se disposaient à combattre contre les barons et les chevaliers bardés de fer, lorsqu'on vit arriver dans la plaine une nuée de chevaux et de bannières ; les cris de Montjoie et de France annoncèrent bientôt que le roi Philippe venait apporter aide [1].

« Infatigable, et pressant sans cesse de l'éperon les flancs de son cheval, le visage tout couvert de poussière, les cheveux mêlés et soulevés par le vent qui lui souffle en face, les joues inondées d'un fleuve de sueur, le roi dirige sa marche rapide à travers les deux portes de Mantes, et ne s'arrête que lorsqu'il est par-

[1] Philip., chant 3.

venu sur la colline de Pougeboeuf; là il revêt ses membres d'une armure de fer. La vue du roi fait tressaillir les gens de la commune ; Philippe de son côté leur rend grâces de les trouver aussi bien armés hors de leur porte et disposés à se défendre [1]. »

L'arrivée subite du roi et des barons de France força Henri et les Anglais à se retirer pour le moment, afin de ne point éprouver le premier élan de la valeur française. Richard et le comte de Leicester furent placés à l'arrière-garde, pour protéger la retraite. Il était presque nuit, et Philippe-Auguste fit sonner le cor pour prendre du repos. Il y avait parmi les chevaliers qui accompagnaient le roi, le fameux Guillaume des Barres, le plus accompli des paladins de France. Tandis que les chevaliers se disposaient à prendre du repos, il sort du groupe qui entoure le roi, prend des mains de son écuyer son bouclier et sa lance : « Qui viendra avec moi ? s'écrie-t-il, voilà que Richard nous provoque, je reconnais sur son bouclier les dents de lions; il est là en place tel qu'une tour de fer; il est là, et de sa bou-

[1] Philip., chant 5.

che insolente il blasphême le nom des Français ; il a oublié de fuir ; il se livre à tout son orgueil ; et s'il ne trouve pas à combattre, il s'en ira avec une mauvaise opinion de nous. Je vais voir cet homme de plus près. » Il dit, et s'élance au milieu de la plaine. A sa suite marchent le héros de Mellot et Hugues, sous la seigneurie duquel, ô Macon ! s'accrut infiniment ta gloire, et par qui ta renommée fut célébrée dans le monde ; et de plus Baudouin et Girard de Tournival. Ces hommes et un petit nombre d'autres, excités par l'amour de la gloire, s'avancent à la suite de la bannière du chevalier des Barres, tous accompagnés de leurs écuyers qui ne pouvaient manquer à leur seigneur, et d'une bande de ribauds, lesquels, quoiqu'ils n'aient point d'armes, n'hésitent jamais à se jeter au milieu des périls, quels qu'ils soient. Ainsi jadis, Jonathas, à l'insu de son père et suivi de son écuyer, parvint, en grimpant au sommet d'une montagne escarpée ; et ayant massacré de sa main vingt Philistins, seul il força des milliers d'hommes à prendre la fuite devant lui. »

« Aussitôt qu'il vit près de lui Guillaume brandissant sa lance, le comte d'Arondel, plus rapide que l'oiseau qui lui donne son surnom[1], et dont il porte l'image sur son bouclier, s'élance du milieu des rangs et plonge sa lance vigoureuse, à la pointe bien effilée, dans le bouclier resplendissant que Guillaume portait de son bras gauche en avant de son corps. Volant avec une pareille légéreté, le comte de Chichester brandissant sa lance, veut essayer aussi dans le même moment de renverser Guillaume. Mais de même que ni le souffle impétueux de Borée ne renverse le mont Rhodope, et qu'aucun torrent débordé n'ébranle le mont Hémus, quoiqu'ils soient livrés à toute la violence de ce redoutable choc, de même le chevalier des Barres ne tombe point sous les doubles coups qui lui sont portés de près, et son corps ne fléchit sous aucune de ces attaques[2]. Au contraire, dès le premier effort sa lance remporte un succès, et enveloppe dans une même chute et le comte et son cheval; puis dans sa fureur il frappe l'autre chevalier du revers de sa lance et le précipite par terre à la renverse. Brisant les liens qui le retenaient,

[1] L'hirondelle. — [2] Philip. de Guillaume le Breton, chant 3.

le cheval, rendu à la liberté, s'enfuit à travers les champs, pour devenir la proie d'un ennemi quelconque. Il se fait un grand fracas, dont le retentissement se prolonge dans la colline voisine, lorsque tombent à la fois et le cheval et les deux comtes et leurs armes [1].

« Un troisième combattant se présente alors; c'est Richard le héros de Poitiers, fils du roi, qui deviendra bientôt roi lui-même. Guillaume l'a reconnu, sa lance est demeurée toute entière; il se réjouit et ne cache point la joie qu'il éprouve d'avoir rencontré son pareil et de pouvoir combattre à armes égales. Néanmoins il ne l'attend point et marche vers lui la visière baissée. Rassemblant toutes ses forces, il frappe de sa lance de frêne le bouton qui fait saillie au milieu du bouclier de son adversaire, et lui-même est atteint d'un coup tout aussi vigoureux, dont Richard le frappe à sa droite. Ainsi l'une et l'autre lance vont à travers les boucliers chercher le corps qui

[1] Cette description a quelque chose qui se rapproche des poétiques inspirations de l'Arioste; il n'est pas douteux que l'admirable auteur de l'*Orlando furioso* ait emprunté la plupart de ses tableaux aux chroniques rimées du moyen âge.

en est couvert; dans leur audace, elles percent le premier plastron et font sauter en éclats une triple cuirasse. Ardentes à se porter en avant, à peine sont-elles arrêtées par une nouvelle cuirasse fabriquée en fer cuit deux fois, dont chacun des combattans avait eu la précaution de recouvrir sa poitrine. Là, les deux lances, ne pouvant supporter tant de résistance, se brisent et rendent un son clair et retentissant. Les tronçons, cependant, ne tombent point des mains des combattans, et ils s'en servent l'un et l'autre, pour se porter des coups redoublés autour des tempes. Mais enfin, les débris de leurs lances, s'étant aussi usés, et n'ayant pu résister à des armes trop dures, les deux ennemis s'attaquent plus vivement avec leurs épées, se frappant tour à tour et cherchant l'un et l'autre la mort. Ils n'ont point à feindre la colère; leur dextre montre à découvert la haine qui remplit leur cœur; le secret de leur pensée perce à travers les traits de leur visage, et le glaive de chacun d'eux cherche quelque moyen de donner la mort à son adversaire.

« Alors le comte, irrité de ne pouvoir triompher de Guillaume à force ouverte, médite une ruse et enfonce son épée jusqu'à la garde dans le flanc du cheval de son ennemi. Celui-ci s'en aperçoit, et sentant son cheval chanceler sous ses genoux tremblans, il s'élance aussitôt à terre et se tenant ferme sur ses pieds et debout, il frappe le comte d'un coup si vigoureux qu'il le renverse sur le sable de tout le poids de son corps ; et tout aussitôt, afin de lui faire plus de mal, il frappe et tue son coursier d'un autre coup de son glaive, et fait rouler le cheval sur le cavalier. Pourquoi cela ? parce qu'il ne pouvait emmener le comte prisonnier, le dépouiller de ses armes, ou le frapper de mort après l'avoir vaincu, se trouvant lui-même seul, enveloppé de tous côtés d'une foule d'ennemis, qui ne cessaient de l'accabler de traits et de pierres, et de faire pleuvoir sur lui et de loin une grêle de flèches, car aucun d'eux n'osait se rapprocher davantage, en venir aux mains avec lui, ni se hasarder dans un nouveau combat. Lui, cependant était là, ferme comme une barre, opposant son bras à cet essaim d'ennemis, tournant légèrement dans son cercle, et renversant tantôt les uns, tantôt les autres. Tel un sanglier, entouré de chiens aboyans, se voyant enveloppé de toutes parts, ne trouvant aucune sûreté dans la fuite, et ne pouvant s'approcher d'aucun de ses ennemis pour se livrer aux transports de sa fureur, tantôt renverse sa tête sur ses reins, tantôt se retourne à droite ou à gauche, et transperce de sa dent recourbée ceux de ses ennemis qu'il peut atteindre.

« Cependant les compagnons du comte accourent, et le trouvant renversé dans la poussière, se hâtent de le relever. Il était couché sur le dos, tout meurtri de la chute de son cheval, accablé du poids énorme de ses armes et du corps qui l'accablait; il se relève, cependant, sans délai, avec l'assistance de ses amis empressés. Alors il se dresse sur ses pieds, remonte sur un cheval tout frais, et s'excite de nouveau à attaquer le chevalier des Barres, afin de l'emmener vivant ou de le laisser mort sur la place. Celui-ci, tout couvert de sang, peut à peine se tenir sur ses pieds; son bouclier, tout brisé et percé sur mille points, est horriblement hérissé de traits qui le rendent semblable à un *hérisson* : nul, cependant, n'essaie encore de s'approcher de lui, sans être aussitôt frappé de mort. Alors le comte s'écrie: Nous avons rompu Barre; réjouissez-vous guerriers; Barres est enfin en nos mains; nulle petite barrière ne peut désormais nous enlever la Barre [1].

« Tandis qu'il se vantait ainsi, Hugues de Macon, le frappe sous l'oreille gauche de sa lance, qu'il brandit d'un bras vigoureux. Le comte se tourne sur la droite, la lance se brise sans porter de coup et sans faire tomber ni blesser celui qu'elle attaque. Hugues s'écrie alors : « Si tu as cru pouvoir triompher de l'invincible seigneur des Barres, voici, quoiqu'un peu tard, nous arrivons à temps encore pour porter secours à Barres fatigué; que ta bouche s'abstienne de pareilles bravades : et pourquoi te les permettrais-tu? Nous te connaissons; souviens-toi de ta chaste mère; désormais ne blasphème plus contre les enfans invincibles de la France, et sache qu'on ne peut leur résister.

[1] On s'apperçoit ici que le poète joue sur le mot *Barre*; c'est une habitude assez fréquente chez les chroniqueurs.

« Il dit, et faisant rouler son glaive autour de lui, il frappe à la tête le comte de Poitiers, qui, de son côté le presse avec ardeur, et le remplissant d'étonnement, par sa force prodigieuse, l'oblige enfin à reculer.

De son côté, Dreux de Mellot, renouvelant ses efforts, renverse Marcel, et ajoute le comte de Leicester à ceux qui sont déjà tombés. Mais tandis qu'il se hâte de renverser tantôt ceux-ci, tantôt ceux-là, Pierre de Pradelle accourt de loin, le glaive nu, et furieux du massacre de ses compagnons, frappe Dreux lui-même dans le milieu du front; le casque qui couvrait mal sa tête tombe en arrière, et Dreux est atteint, son bras, ayant mieux servi sa valeur que défendu sa personne; le noble baron est marqué d'une large blessure dont il porte encore et portera toujours la cicatrice sur le front. Son fils en devient furieux; s'oubliant lui-même, le jeune Dreux s'élance au milieu des ennemis; il renverse, repousse, attaque, donne la mort; son bras valeureux frappe à tout hasard, il se livre avec ardeur à tout l'emportement de sa fureur, pour venger la blessure de son père. Tournival renverse Pierre de Pradelle, Baudoin renverse Raoul, Hugues renverse Foulques, Robert abat Henri. Ainsi les Français unis d'un même sentiment, font rage contre leurs ennemis. Ils ne sont qu'une petite troupe, mais ils ont un courage terrible à la guerre, une force toute bouillonnante, une valeur à toute épreuve; ils ne savent pas se laisser vaincre, et le glaive vengeur supplée ainsi pour eux à la faiblesse du nombre. Bientôt Dreux ayant pansé sa blessure, a repris son casque; Guillaume des Barres a retrouvé un cheval, et saisissant de nouveau ses armes, il frappe à son tour. Les champs s'engraissent du sang répandu. Les chevaux qui ont perdu leurs maîtres vont errans dans la campagne; la plaine se hérisse de lances et de flèches; naguère elle était comme une aire tout à nu, maintenant elle est comme une forêt couverte de bois; la terre disparaît sous les débris des armes; vous verriez couchés çà et là les hommes et les chevaux, touchant aux portes de la mort. Déjà les rangs s'éclaircissent, une fuite rapide découvre l'un et l'autre côté de la plaine; l'ennemi fuit irrévocablement, ne pouvant soutenir plus long-temps la fureur terrible des Francs, et sur tant de milliers d'hommes vous n'en trouveriez pas un seul qui voulût vendre ses éperons pour mille livres.

« Où fuyez-vous? reprenez vos esprits, revenez au combat, ou du moins arrêtez-vous au milieu de la plaine. Personne ne vous presse, personne ne poursuit vos escadrons. Cette jeunesse si courageuse est bien clair semée. Devant qui fuyez-vous? Oh! soyons honteux, que mille chevaliers et beaucoup d'autres encore en qui brille la vertu guerrière, qu'une naissance illustre entoure des plus grands honneurs, soient aussi facilement mis en fuite par trente hommes tout au plus[1]. »

Cependant, les approches de l'hiver suspendirent les hostilités. Les chevaliers et les prélats des deux camps se visitaient les uns les autres, et rapprochés par la tristesse qu'avaient fait naître les déplorables nouvelles de Jérusalem, ils plaignaient l'ambition de deux rois, qui oubliaient les malheurs de Jésus-Christ, pour de vaines querelles. Une ancienne fraternité

[1] Tel est le récit animé de Guillaume le Breton; rien ne peint mieux les habitudes des guerres du moyen âge.

chevaleresque unissait Philippe et le comte Richard ; ce comte avait déjà abandonné, une première fois, comme on l'a vu, Henri II, son père, pour passer du côté du roi de France ; le bruit courait alors parmi les barons et les chevaliers que Henri l'avait déshérité, quoique son fils aîné, de la couronne, et qu'une charte testamentaire la confiait à Jean son frère puîné ; plusieurs fois le bouillant Richard avait demandé qu'on l'associât au trône, et Henri s'y était toujours refusé, ce qui confirmait les bruits qu'on faisait courir sur la disposition testamentaire du roi [1].

Sur ces entrefaites, une entrevue fut indiquée pour préparer la paix entre les deux couronnes. Philippe eut l'occasion de voir plus intimement le comte Richard ; des joutes, des tournois, une échange de couleur signalèrent leur tendre amitié, et réveillèrent les soupçons du vieil Henri ; cependant tout se passa le premier jour assez paisiblement ; la veille de Saint-Hilaire les rois s'étaient placés au milieu de leurs chevaliers qui s'essayaient avec la lance et l'épée. Le comte Richard et l'évêque

---

[1] Le moine Gervais chroniq., ad ann. 1188.

de Reims était assis à côté des deux princes; tout-à-coup Richard se lève et dit à son père : « O roi, assure-moi la succession de ton royaume. » Suivant son usage, Henri garda le silence. « Compagnons, s'écrie aussitôt Richard, vous allez voir quelque chose à quoi vous ne vous attendiez pas certainement. » Aussitôt il tire son épée, se tourne du côté de Philippe, lui fait hommage, et invoque son appui pour le droit dont on veut le priver. Le roi anglais, plein d'inquiétude, se retire. Il se rappelait tous les maux que Henri, son fils, lui avait causés par son alliance avec le roi Louis VII, et Philippe-Auguste valait mieux que Louis. Il se vit accompagné dans sa retraite par un très-petit nombre de barons et de chevaliers. La plupart préférèrent Richard, parce qu'ils voyaient en lui un prince jeune, plein d'espérance et de valeur [1].

En effet, Richard, duc de Guyenne, était un peu plus âgé que Philippe; on admirait la régularité de ses traits; ses yeux étaient bleus, grands et pleins de feu; il avait les cheveux d'un

---

[1] Cette entrevue eut lieu dans l'octave de la Saint-Martin, 1188. (Raoul de Dicet ad ann. 1188.)

blond ardent, le teint vif, la stature grande et majestueuse; fier, emporté, présomptueux, il fut le parfait modèle, non pas de cette chevalerie galante et pieuse du siècle de Charles VI, mais de cette chevalerie barbare, telle que le onzième siècle l'avait faite. Plus impétueux encore dans ses passions que Philippe, il n'avait jamais respecté ni les priviléges des vassaux, ni les droits encore imparfaits de la société féodale. On l'avait vu souvent parcourir la campagne avec ses hommes d'armes et ses Brabançonnais, enlever les femmes et les filles des châtelains ; et, après en *avoir fait sa volonté*, les livrer à ses amis, à ses compagnons de bataille. Richard portait le courage jusqu'à l'exaltation ; il ne donnait son estime qu'à la valeur téméraire. Aux jours de combat, on le reconnaissait aux rudes coups qu'il portait, et aux larges blessures que faisait sa lance. On ne citait aucun chevalier parmi ceux de la Guyenne et de la Normandie, qui pût lutter de force et de courage avec lui : c'est pourquoi les barons préféraient lui faire hommage comme à leur seigneur suzerain, et *au prince des batailles et prouesses*.

Comme il était impossible de songer à secourir la Terre-Sainte, tant que les guerres subsisteraient entre deux puissans souverains de la chrétienté, le pape, préoccupé des malheurs de Jérusalem, venait d'envoyer en France Jean, cardinal-évêque d'Agnani, avec tous les pouvoirs des légats, dans le dessein de concilier les deux rois. L'évêque d'Agnani eut des entrevues successives avec Philippe et Henri, et parvint à les engager[1], par de douces paroles, et des menaces, à s'entendre pour la paix ; les deux adversaires promirent de s'en rapporter aux archevêques de Reims, de Rouen, de Bourges et de Cantorbéry ; en même temps, ils convinrent de se réunir à la Ferté-Bernard, pour entendre et exécuter la sentence définitive des prélats. Dans une épître que l'archevêque de Cantorbéry écrit à son chapitre de Londres, il annonce qu'il lui est impossible d'aller dans son archevêché, parce qu'il est très-occupé de la paix entre les deux rois[2].

Au jour convenu, on se réunit à la Ferté-Bernard. Philippe et Richard prirent place

[1] Roger de Hoveden, annal. angl. — [2] Raoul de Dicet, Imag. hist. p. 643.

d'un côté, Henri et Jean de l'autre. Le légat et les quatre archevêques, en leur qualité d'arbitres, se placèrent sur des sièges plus élevés, et qu'entourait la foule des comtes et des chevaliers [1].

Philippe parla peu : « Je consens, pour l'amour de Dieu et de son tombeau, à rendre au roi Henri tout ce que je lui ai pris, pourvu qu'il fasse immédiatement célébrer le mariage de ma sœur Alix avec Richard, et qu'il assure dès ce moment à celui-ci la succession à sa couronne. Je demande aussi que Jean accompagne Richard dans la Palestine, autrement il pourrait troubler la paix du Royaume.

Richard. Cela est vrai!

Henri. Je ne puis consentir à ce que tu demandes; que ta sœur épouse Jean, et je disposerai de mon royaume.

Philippe. Je ne puis adhérer aux conditions, et les trèves sont rompues [2].

Le légat prit alors la parole, et menaça Philippe de mettre son royaume en interdit, et de l'excommunier personnellement s'il refusait de

[1] Le chroniq. Gervais, ad ann. 1188. p. 1544. — [2] Roger de Hoved., annal. angl. p. 652.

consentir à ces conditions. Philippe répondit :
« Je ne crains point tes excommunications, car
elles seraient injustes, et que tu n'as pas,
d'ailleurs, le droit de les lancer sur le royaume
des Francs. Ta menace sent les sterlings d'Angleterre [1]. »

Le légat. Eh bien ! j'excommunie toi et ton
complice le comte Richard.

En entendant ces mots, le comte met l'épée à
la main, et se précipite sur le légat. Toutes les
remontrances sont vaines; il dit tout haut qu'il
va tuer un homme assez fou pour excommunier sans motifs deux princes du sang royal.
Ses amis l'entourent et cherchent à le calmer.
Pendant ce temps, l'évêque d'Agnani monte
sur sa mule, et se sauve en toute hâte [2].

La guerre, comme on peut le penser, recommença plus vive. « On était arrivé au mois
dont le premier jour est consacré par les martyres de Jacques et de Philippe [3]; à l'époque
où la gelée blanche des humides matinées est
d'ordinaire plus dangereuse pour les raisins
naissans [4]. Le descendant du grand Charles ras-

[1] Math., Paris, ad ann. 1188. — [2] *Id.* — [3] 1ᵉʳ mai 1189. — [4] Philipéid. de Guillaume le Breton, chant 3 et 4.

semble ses troupes à Nogent-le-Rotrou, conduit ses bataillons victorieux à la Ferté-Bernard ; et, s'étant emparé de vive force du château, va tout à coup mettre le siége devant la ville du Mans, que le roi Henri, appuyé d'innombrables troupes d'hommes de pied et de chevaliers, occupait en ce moment et tenait fermée ; car il était accouru peu auparavant de Vendôme, afin d'en interdire l'entrée aux Français et à son fils. Lorsqu'il apprit, cependant, que Philippe se présentait devant les portes, il se mit aussitôt à fuir sans oser jeter un regard en arrière : la crainte qui l'agite lui donne tout à coup des ailes ; il fuit, oubliant sa réputation et sa dignité royale, parcourant vingt milles sans s'arrêter, jusqu'à ce qu'il se soit mis en sûreté derrière les murailles d'Alençon. Bientôt, ayant brisé les portes, l'armée entre dans la ville du Mans, ainsi abandonnée au pillage. Des charriots à quatre chevaux sont chargés des dépouilles opimes ; les bêtes de somme plient sous les effets précieux, les vêtemens de soie, les vases d'argent, les monnaies d'or, d'un prix inconnus, les ornemens de lit surmontés de riches plumes, et les brillantes étoffes de toutes couleurs. Les têtes s'affaissent sous les fardeaux dont elles se chargent, et les cœurs des hommes n'en sont pas moins remplis d'avidité, parce qu'ils ne peuvent enlever plus de butin. Richard, cependant, s'était porté sur les pas de son père, et, à son retour, il voit, non sans étonnement et surtout avec une grande douleur, la ville si promptement livrée au pillage; et il ne faut pas s'étonner qu'il s'affligeât en voyant dévaster cette cité, qui appartenant de droit à ses ancêtres, leur prêtait particulièrement des secours, et était le noble berceau de sa race. Alors notre généreux roi voulant le consoler d'une si grande douleur, lui donna en propriété toute la commune, les habitans et les colons qui cultivaient les riches campagnes des environs [1].

« De là le roi se rendit en toute hâte vers la ville de Tours, que deux fleuves, savoir, la Loire et le Cher, enveloppent de leurs ondes limpides; la ville est ainsi assise entre les deux fleuves, renommée par sa position, belle par le sol qui l'entoure, agréable par les eaux qui l'a-

[1] Philipeid. de Guillaume le Breton, chant 3 et 4.

voisinent, riche en arbres et en grains, fière de ses citoyens, puissante par son clergé, remplie d'une nombreuse population et de richesses, embellie par les bois et les vignes des environs; elle est de plus décorée par la présence du corps très-saint de l'illustre prélat Martin, dont la gloire a répandu un très-grand éclat sur toutes les églises : cette ville étant la capitale et la métropole des Bretons, se réjouit d'avoir sous son autorité douze siéges épiscopaux.

« Aussitôt que les habitans furent informés de l'arrivée du roi, ils précipitèrent leur pont dans les eaux de la Loire, afin qu'il ne pût transporter son armée plus loin et assaillir les murailles et les tours élancées ; mais quels efforts et quelles précautions peuvent résister à la valeur? qui peut contenir un cœur tout bouillant de courage? Le roi sous la conduite d'un certain ribaud, s'en va partout cherchant un gué, jusqu'à ce qu'enfin s'appuyant sur sa lance au milieu du fleuve dont les eaux l'enveloppent de toutes parts, il se trouve parvenu sur l'autre rive. Ayant donc trouvé un gué comme par miracle et contre toute espérance, et même contre les habitudes du fleuve, l'armée entière passe sur l'autre rive sans avoir besoin de rameurs. Aussitôt que les hommes porteurs de lances eurent atteints la terre, ils virent se déployer devant eux, non loin des murailles, une plaine très-propre pour l'établissement d'un camp et dont les eaux de la Loire et du Cher rongeaient les deux extrémités. Au milieu étaient des bois et des prairies verdoyantes; sur quelques points, des vignes et des pruniers, arbre fécond ; des poiriers, des cerisiers, des pommiers, et des arbustes dont le bois pouvait servir aux soldats pour fortifier leur camp. Le roi fit dresser ses tentes au milieu de cette plaine, dont les fruits lui offraient tant d'avantages, et qui de plus était si belle à la vue [1].

Déjà le jour nouveau avait chassé les ténèbres de la nuit, et la présence du soleil venait de rendre la clarté au monde ; les bandes d'hommes de pied, gens inquiets, à qui tout repos est en tous lieux insupportable, dressent leurs échelles contre les murailles, à l'insu du roi, et ne rencontrent personne qui vienne les repousser, ou qui ose défendre

[1] Philipéid. de Guillaume le Breton, chant 3 et 4

les circonférences de la ville, tant la frayeur avait saisi les habitans. S'étant donc bornés à fermer et à barricader les portes, les citoyens et les hommes d'armes s'étaient enfermés dans la grande tour, pensant ne pouvoir défendre que ce seul point. S'élançant donc en foule, nos chevaliers grimpent sur les murailles, montent par les escaliers, ouvrent en dedans les barricades et les portes, et appellent leurs compagnons à se réunir à eux. Enfin, les barons et le roi sont informés de ces événemens; ils s'étonnent et se réjouissent à la fois, et Philippe, rempli d'allégresse, rend des actions de grâces à Dieu qui fait prospérer ses entreprises. Tous ceux qui le veulent ainsi entrent dans la ville; et aussitôt, sur les ordres du suzerain, on se dirige avec une même ardeur vers la tour. Gilbert, qui la défendait, avait avec lui soixante-dix hommes de cheval et trois cents hommes de pied, dont il était le commandant et le connétable; voyant qu'il lui serait impossible de résister à tant de forces, il aima mieux, après la ville prise, livrer au roi la citadelle tout entière, en sauvant tous ses effets ainsi que sa personne et celle de ses compagnons, que d'avoir à se rendre enfin à la suite d'un combat et après avoir été vaincu[1]. »

Les conquêtes successives de son rival avaient profondément abattu le vieux Henri; il était alors renfermé dans Saumur, dévoré des plus cuisans chagrins; il désirait vivement la paix, et ses hérauts étaient prêts à partir, lorsque l'archevêque de Reims, le comte de Flandres et le duc de Bourgogne arrivèrent de la part de Philippe, qu'occupait plus que jamais l'idée du pèlerinage d'outre-mer. Les deux rois se réunirent encore une fois, et ils choisirent, pour poser leurs tentes, une vaste plaine entre Tours et Amboise[2]. Tandis qu'ils discutaient avec chaleur sur leurs prétentions respectives, la foudre tombe au milieu des deux rois sans les blesser. Quelques chroniques disent que le temps était serein, et qu'on n'apercevait dans l'air aucun nuage; quoi qu'il en soit, le roi d'Angleterre en fut tout troublé, il serait même tombé de son cheval s'il ne s'était retenu avec ses mains. La foudre éclatant ainsi sur la tête de deux rois

---

[1] Philipeid. de Guillaume le Breton. — [2] Math., Paris, p. 107. Roger, de Hoveden, p. 653.

parjures au serment qu'ils avaient fait de délivrer le saint tombeau, fut considérée comme un avertissement de la colère céleste ; les évêques et les prêtres profitèrent de l'émotion générale pour hâter la conclusion de la paix ; elle fut bientôt arrêtée sur les bases suivantes[1] : « On convint que la jeune Alix serait retirée de la garde du roi Henri, et confiée, par le choix du duc Richard, à l'archevêque de Cantorbéry ou à celui de Rouen, ou bien au comte Guillaume de Mandeville, vieux et prudent chevalier, qui la garderait jusqu'au retour du voyage d'outre-mer. Alors Richard devait l'épouser, suivant les anciennes conventions, et les barons du royaume d'Angleterre devaient reconnaître ce prince comme le successeur immédiat à la couronne. Dans le cas où le roi Henri chercherait à enfreindre le traité, tous les barons et prélats d'Angleterre s'engageaient à se déclarer contre lui en faveur de Richard. Quant aux rapports de Philippe et de Henri, ils furent ainsi réglés : Le roi d'Angleterre renonçait à la possession du Mans et de Tours, jusqu'à

[1] On n'a point la charte originale de ce traité de paix ; Roger de Hoveden n'en donne qu'une analyse.

la pleine exécution du traité; il s'engageait en outre à payer au roi de France vingt mille marcs d'argent, à titre d'indemnité; une dernière clause du traité déclarait que tous les bourgeois des villes et villages d'Angleterre ne seraient jamais troublés dans les terres du roi de France, à moins qu'il ne s'agît du crime de félonie. »

La conclusion de la paix établit quelques rapports de confiance entre les princes; le roi Henri demanda à Philippe la liste des barons anglais qui s'étaient unis à Richard pour combattre leur *droit* suzerain. Il la parcourut plein d'inquiétude; mais quelle fut sa douleur lorsqu'il vit le nom de Jean, son fils de prédilection, parmi les barons rebelles : « Mon fils Jean aussi ! s'écria-t-il d'une voix émue. » Alors il se retira en toute hâte à Chinon, déplorant le jour qui l'avait vu naître. Sa douleur se changea bientôt en une violente colère; il maudit ses deux fils, et les chargea d'anathême; les religieux de Cantorbéry qui l'entouraient voulurent vainement le rappeler à la tendresse paternelle : il répondit par de nouvelles violences. Plusieurs de ces moines lui dirent qu'il devrait bien renoncer à ces fureurs qui l'avaient entraîné à tant de fautes et de crimes! Ils lui rappelèrent la mort de Thomas, leur archevêque, et les injustices qu'il commettait journellement contre les religieux de cette église : « J'ai été, je suis, je serai votre seigneur, traîtres que vous êtes, répondit Henri grinçant des dents : sortez d'ici, car je ne veux parler qu'avec mes fidèles. » Les moines se hâtèrent de sortir, et l'un d'entre eux, en poussant un grand soupir, adressa ces paroles à Henri : « Si la vie et les tourmens du martyr Thomas ont été agréables à Dieu, il nous fera promptement justice de ton corps. » Le roi se précipita sur le religieux insolent; mais ses fidèles le retinrent, et il remit son poignard dans sa ceinture [1].

Cette suite d'émotions précipita la mort de Henri; il quitta la vie quelques jours après, dans le mois de juillet, la trente-cinquième année de son règne tant agité. Quelques instans avant sa mort il se fit porter devant l'autel de l'église de Chinon, où, plein de repentir, il fut absous par l'évêque et les clercs. A peine

---

[1] Roger de Hoveden, annal. angl. p. 643 et 651.

avait-il rendu le dernier soupir, que son corps fut abandonné par ses serviteurs qui ne s'occupèrent plus qu'à piller ses meubles, comme le loup, dit Hoveden, enlève les cadavres, et la fourmi le blé. Il demeura nu, gissant sur une table, et il ne se trouva qu'un page fidèle qui le couvrit de son manteau. Tandis qu'on le transportait sans pompe à l'abbaye de Fontrevrault, Richard, qui avait appris la mort de son père, se joignit, avec ses barons, au lugubre convoi, témoignant de sa profonde douleur par des gémissemens et des larmes. On rapporte qu'au moment où le comte contemplait ces restes défigurés, le cadavre jeta du sang par le nez, ce qui fut considéré par la foule comme un triste présage ou un sanglant reproche adressé au nouveau roi d'Angleterre [1].

Richard, avec son activité habituelle, court en Normandie pour y recevoir l'épée ducale des mains de l'archevêque de Rouen; sur son passage il fait arrêter Étienne de Tours, sénéchal d'Anjou, lui met les fers aux pieds et le force à déclarer, au milieu des tourmens,

[1] Math. Paris, ad ann. 1189.

où sont les trésors du roi défunt, dont il était dépositaire. Le sénéchal les livre à son nouveau suzerain qui, possesseur de plusieurs mille sterlings, les distribue aux barons d'Angleterre, pour s'assurer leurs suffrages. Il comble les églises de biens, et ses fidèles de concessions féodales. Des messagers partent aussitôt pour mettre en liberté la reine Éléonore, que Henri II retenait captive dans la tour de Londres; Richard rappelle les bannis, rend aux barons leurs chartres et leurs priviléges, et, pour s'assurer l'appui de Philippe, vient le trouver à Gisors, afin de lui faire hommage, comme duc de Normandie, et renouveler les précédens traités [1].

Dans ce parlement, « Philippe, roi, et Richard, duc de Normandie (c'est la seule qualité qu'il prend encore), convinrent qu'immédiatement après son élévation au trône d'Angleterre, Richard payerait vingt-quatre mille marcs d'argent, et qu'à ce prix Philippe lui rendrait Tours, le Mans et Châteauroux : le duc de Normandie devait lui céder, de son côté, Grassay et Issoudun, et tous les fiefs

[1] Brompton, p. 1155.

qui étaient dans leurs mouvances. S'étant ainsi assuré l'appui et la protection du suzerain et des vassaux, Richard se rendit immédiatement à Londres, où il fut reconnu et couronné roi d'Angleterre, le 8 septembre 1189. Son frère Jean, dont il avait à craindre l'influence, reçut de sa main plusieurs fiefs d'une grande importance, et qui devaient former son apanage[1].

[1] Hoveden, p. 373, Brompton, p. 1155.

CHAPITRE VII.

1189. — 1190.

Nouveaux préparatifs pour la croisade. — Messages de Philippe à Richard. — Le roi anglais se procure de l'argent par des exactions. — Il part pour le continent. — Acte de police pour la navigation. — Entrevue des deux rois. — Cour plénière de Poissy. — Testament de Philippe-Auguste. — Il prend le bourdon et la panetière à Saint-Denis. — Itinéraire de Richard. — Tempête qui menace la flotte de Philippe-Auguste. — Arrivée à Messine. — Différends entre Richard et Taucrède, roi de Sicile. — Règlement pour les jeux de hasard. — Plaisirs des chevaliers pendant le séjour à Messine. — Querelle entre Philippe et Richard, à l'occasion d'Alix de France. — Mariage de Richard et de Bérengère de Navarre. — Colère de Philippe. — Il se calme pour de l'argent. — Départ de Messine. — Arrivée à la terre d'outre-mer.

Tous ces événemens n'avaient point fait oublier à Philippe et aux barons de France et d'Angleterre la grande affaire de la Terre-Sainte. Le pèlerinage à Jérusalem avait été l'objet de pieuses conversations des deux princes lorsqu'ils s'étaient réunis à Gisors; et ils étaient même convenus de renvoyer toutes leurs contestations pour les intérêts misérables de la terre, après l'expédition de la Palestine. Dès que Richard eut ceint la couronne, Philippe envoya des messagers à Londres, et le comte du Perche se chargea de notifier au nouveau roi d'Angleterre que les barons du royaume de France s'étaient rassemblés à Paris, et avaient promis, par serment, de se rendre à Vezelai le dimanche de *Quasimodo*. Le comte était porteur de la lettre suivante. « Philippe à Richard, roi des Anglais : Ta sérénité saura que nous ne soupirons qu'après la délivrance de la terre de Jérusalem ; nous savons que, de ton côté, tu es plein d'ardeur pour aller au saint tombeau ; donne-nous l'assurance, par tes messages, que tu viendras aussitôt, comme nous te la donnons par les nôtres, que nous sommes prêts à partir. Scellé l'an de Jésus-Christ 1189, au mois d'octobre [1]. »

Richard, en recevant cette lettre, convoqua les barons anglais dans la grande église de Westminster, et tous jurèrent, les mains nues, sur le saint Évangile et l'image peinte de Thomas de Cantorbéry, qu'ils viendraient à

---

[1] Raoul de Dicet, Imag. hist pag. 699.

Vezelaï avec leurs coursiers et leurs armes, pour de là chevaucher dans la Palestine.

Il ne s'agissait plus que de se procurer de l'argent; la perception de la dîme saladine allait lentement; le clergé avait bien conseillé la croisade, mais il ne voulait pas à en faire les frais; les deux rois cherchèrent à suppléer, par des exactions, à l'insuffisance des ressources régulières. En Angleterre, Richard imposa arbitrairement à ses feudataires des sommes considérables; il jetait dans la tour de Londres ceux qui ne payaient pas; d'où il arrivait qu'il y avait bien des larmes et des grinceméns de dents; il déposa tous les baillis, les remplaça par des vicomtes, et rendit vénale la possession des comtés et des vicomtés. Le roi acquit, par ce moyen, des richesses immenses, et bien plus considérables que toutes celles qu'avaient possédé ses prédécesseurs. A ces moyens, Richard en ajouta d'autres moins violens, mais qui excitèrent beaucoup de murmures parmi les seigneurs féodaux. Il aliénait les fiefs de la couronne, autrefois la récompense de la fidélité des vassaux. Le comte de Leicester lui en faisant des reproches, Richard répondit : Je vendrais en ce moment la cité de Londres si je pouvais trouver des acheteurs¹.

En France, quoique la levée de la dîme saladine éprouvât moins de résistance, le roi, par les conseils de Bernard, le solitaire de Vincennes, mit la main sur les propriétés de quelques juifs qui étaient rentrés furtivement dans le royaume depuis l'édit de bannissement. Les églises furent soumises à des exactions nombreuses, et plusieurs forcées de vendre leurs vases sacrés; quelques-unes résistèrent; telle fut l'abbaye de Sainte-Geneviève².

Le jour fixé pour la réunion de Vezelai (la veille de Pâques) arrivant cette année, les deux rois se préparèrent au lointain pèlerinage. Richard laissa la régence de son royaume à Éléonore, sa mère; la garde de la tour fut confiée à l'évêque d'Ély, chancelier d'Angleterre, et à l'évêque de Durham; puis il vint s'embarquer à Douvres le 14 de décembre, et joignit Philippe comte de Flandres à Lille. L'un et l'autre se dirigèrent vers Rouen, revêtus de la croix; là ils

---

¹ Hoveden, 374-6-7. Brompton, 1161, 1167. Dicet, 649. —
² Chronique de Saint-Denis, à l'année 1189.

écoutèrent les vives prédications de Foulques, curé de Neuilly, qui s'était acquis une grande renommée en excitant le peuple à la croisade. Dans la chaleur d'une de ses ardentes exhortations, Foulques, s'adressant à Richard, lui dit : « O prince, tu as trois filles dangereuses qui te conduisent au précipice. — Homme de Dieu, tu te trompes, répondit le roi, je n'ai point d'enfans. — Hélas! tu les méconnais : tes filles sont l'orgueil, l'avarice et l'impureté, il faut t'en défaire si tu ne veux te perdre. — Eh bien, dit Richard, bouillant de colère, je donne mon orgueil aux Templiers, mon avarice aux moines de Cîteaux, et mon impureté pour les femmes aux prélats de mon royaume[1]. » A ces mots on entendit un rire grossier éclater sous le casque des soldats pèlerins.

Philippe joignit Richard et le comte de Flandres à Nonencourt, où eurent lieu les premières conférences pour le voyage. Les princes croisés échangèrent des chartes où il était dit que les rois s'obligeaient à se défendre mutuellement l'un et l'autre[2]. « Philippe

---

[1] Brompton, loc. citat. — [2] Raoul de Dicet, Imag. hist. ad ann. 1189, p. 650.

promettait de garder Richard comme son vassal et son ami, et Richard, de son côté, promettait de garder Philippe comme son ami et son suzerain. » Ils s'engageaient à défendre respectivement les terres l'un de l'autre, et ils exigèrent de leurs vassaux qu'ils ne se feraient point la guerre entre eux tant que durerait la sainte expédition. On fixa le terme de la paix à quarante jours après le retour des deux rois. Les archevêques et les évêques, les cierges baissés, fulminèrent sentences d'excommunication et d'interdit contre ceux qui manqueraient à l'exécution de ces promesses. L'on convint encore que si l'un des princes mourait durant le pélerinage, le survivant succèderait à son trésor, à son cheval et à ses armes, afin de les employer au service de la croisade.

Outre cette convention générale, qui réglait la situation des royaumes féodaux pendant l'absence des suzerains, Richard promulgua des statuts de discipline qui devaient être observés tant que durerait le voyage d'outre-mer.

« Richard, à ses hommes qui vont à Jérusalem : Sachez que, du conseil de mes barons, j'ai fait les lois suivantes : Celui qui aura tué un homme sera lié au cadavre et jeté avec lui dans la mer ; si le meurtre a été commis sur terre le coupable sera, tout vivant, enseveli avec le mort ; si quelqu'un est convaincu par des témoins légitimes d'avoir tiré son couteau pour en frapper un homme, ou bien de l'avoir battu jusqu'au sang, il aura le poing coupé ; s'il n'a fait usage que de ses mains, et qu'il ne les ait pas ensanglantées, il sera, en punition, trois fois plongé dans les flots ; celui qui injurie son compagnon ou qui blasphême le nom de Dieu, doit donner autant d'onces d'argent qu'il a prononcé de paroles ; s'il est convaincu de vol, il sera tondu comme un champion[1] ; on lui versera de la poix bouillante sur la tête, et l'on y adaptera des plumes, afin qu'on le reconnaisse. Au premier lieu, où le navire abordera, on le mettra à terre. J'ordonne en outre que tous les hommes qui vont à Jérusalem obéissent au maître du navire ; en même temps je prescris à ceux-ci de se préparer au plus vite pour le pélerinage. »

Comme l'assemblée de Vezelai ne devait avoir lieu que le dimanche de Pâques, et

---

[1] Rimer, diplom. collect., t. 1. C'était une coutume des combats singuliers par champions. M. Michaud a traduit *campiones* par champignon.

qu'on était encore au milieu de l'hiver, les rois se séparèrent pour donner les derniers mandemens à leurs justiciers. Richard se rendit dans la Bretagne, dans le dessein de s'assurer la garde de son neveu Arthur, duc de cette province, alors en minorité. — Philippe vint à Paris, où l'attendaient les principaux barons. Il y était aussi appelé par la triste nouvelle de la maladie dangereuse d'Isabelle de Hainault, sa femme; elle mourut la dixième des ides de mars. Les chroniques de Saint-Denis en ont conservé le souvenir : « En cet an, et la dixième ide de mars, mourut la noble royne Isabeau, famme du roi Philippe; li cor d'elle fut ensépulturé en l'église Notre-Dame Sainte-Marie de Paris. Li évesque Morice fit establir un autel pour elle et li roi Philippe y mist deux chapelains et establi à chacun 15 liv. de rentes, desquels chapelains l'un devoit chanter pour l'âme de la défunte royne et li autre pour l'âme de tous ses ancesseurs [1]. »

Les princes, les barons, les chevaliers profitèrent de cet intervalle pour faire leurs dernières dispositions et répandre leurs aumônes

[1] Chronique de Saint-Denis, ad ann. 1189.

envers les églises et les pauvres. Philippe, avant son départ, confirma les communes de Laon et de Soissons ; il rendit un gouvernement libre et municipal aux bourgeois de Saint-Remi, et reconnut leurs vieilles coutumes. Il donna à la maison de Dieu de Montargis des droits sur le four de la commune, et prit sous sa protection les libertés et les priviléges de l'abbaye du Bec, et particulièrement les barques, qui remontaient la rivière. Enfin, par un dernier diplôme, il concéda, à l'abbaye de Saint-Martin de Tours, tout ce qu'il possédait en vignoble auprès de Bourges. De son côté, le roi Richard fit de nombreuses concessions à ses hommes et aux églises. Une de ses chartes porte : « que compâtissant aux douleurs des pauvres de Jésus-Christ, Richard donne à l'hôpital de Ste.-Magdelaine de Rouen, quatre cents livres d'Anjou, à prendre sur la vice-comté de Rouen ; il jugea, siégeant au milieu de ses hommes, les différens qui s'étaient élevés entre les comtes d'Anjou et l'archevêque de Tours ; enfin, il disposa, par des legs pieux, d'un bon nombre de fiefs [1].

[1] Tous ces actes ou diplômes sont indiqués dans la grande collection de M. de Bréquigny, t. IV, ann. 1188, et 1189.

Tous les barons imitèrent cet exemple. Prêt à partir pour la Terre-Sainte, Philippe, comte de Flandres et de Vermandois, confirma les lois et les coutumes des bourgeois d'Arras; il assigna aux religieux de Clairvaux deux sacs de pois secs, à prendre chaque année dans ses fiefs : Hugues, duc de Bourgogne, donna à l'abbé et aux frères de la Croix, le désert de Lachœr, pour le cultiver et l'habiter avec leur confrérie; Hugues, vicomte de Meaux, concéda aux prêtres de l'église de Sainte-Marie-des-Fontaines, une partie de bois mort dans la forêt de son château; Raoul, sire de Coucy, du consentement de sa femme Élide et de ses enfans, héritiers de sa baronie, fit don aux moines prémontrés d'une terre inculte dite la Haie-de-Blaissecourt; le vicomte de Nanterre, à l'église de Saint-Denis, d'une rente annuelle de treize deniers en cire, d'un cerf et d'un sanglier indompté [1].

Après avoir donné quelques larmes à la mémoire d'Isabelle, Philippe ayant réuni les prélats et les barons au château de Poissi, tint une cour plénière pour régler les affaires de

[1] Bréquigny, dans la collection précitée, t. IV.

son royaume pendant le pélerinage d'outremer. Il confia la régence à sa mère et au cardinal de Champagne, et du consentement des seigneurs et des évêques. Il proclama l'ordonnance suivante : « Philippe, roi des Français; le devoir des rois est de pourvoir de toutes les manières au bien-être des sujets, et de préférer le bonheur général à sa propre satisfaction. Comme nous désirons avidement accomplir notre saint pélerinage, nous allons ordonner comment les affaires de notre royaume seront traitées quand nous en serons partis.

» Nos baillis désigneront, dans chaque prévôté, quatre hommes sages et loyaux pris parmi les bourgeois. Rien ne se fera sans leur conseil; à Paris, le nombre sera de six. Nous ordonnons à tous nos justiciers d'assigner un jour par chaque semaine, qui sera nommé *jour d'assise*, et durant lequel temps nos sujets recevront leurs droits et justice selon la loi écrite. Nous voulons et commandons que notre chère mère et Guillaume, archevêque de Reims, indiquent un jour tous les quatre mois pour entendre les plaintes et clameurs des hommes de notre royaume, et qu'ils prononcent en l'honneur de notre seigneur Jésus-Christ et au profit de la couronne de France; et ce jour-là tous les baillis du royaume seront présens pour répondre sur le fait de leur justice. Toutes les années notre mère et l'archevêque recevront les complaintes qui seront portées contre nos baillis, et ils nous feront savoir les méfaits qu'on leur impute; et les baillis, à leur tour, nous feront connaître les méfaits des prévôts. Les régens ne pourront *remuer ni ôter* un bailli fors le cas de meurtre, d'homicide, de rapt et de trahison. Nous voulons qu'ils nous instruisent trois fois par an de l'état de notre royaume.

» S'il advenait vacance de pasteur dans une église cathédrale ou dans une abbaye, les chanoines ou les religieux se présenteront devant la reine et l'archevêque, et leur demanderont congé pour procéder à leur élection de la même manière que si nous étions présens; et nous voulons que cela leur soit accordé sans contradiction; toutefois nous exhortons les chanoines et les religieux à choisir, dans leurs élections, des hommes qui plaisent à Dieu; la reine et l'archevêque tiendront pour nous la régale durant la vacance des siéges. Dans de telles affaires, les régens devront se diriger par les conseils de frère Bernard, le solitaire de Vincennes. Nous commandons à tous nos barons et prélats qu'ils ne puissent mettre taille sur nos sujets tant que nous serons au service de Dieu. Si la mort advenait avant le terme de notre voyage, nous défendons expressément à tous nos fidèles d'imposer des tailles jusqu'à ce que notre fils soit parvenu à tel âge qu'il puisse et sache gouverner son royaume; et si quelqu'un voulait mouvoir guerre contre lui, et que ses revenus ne pussent lui suffire, tous nos hommes l'aideraient de leur corps et de leur avoir; et les cités lui feraient l'aide qu'elles ont l'habitude de nous faire. Nous voulons que toutes nos rentes et revenus soient apportés à Paris en trois saisons : d'abord en la fête Saint-Remi, ensuite en la Chandeleur, et la dernière à l'Ascension. Elles seront délivrées aux échevins de Paris et à Pierre, le maréchal; Adam, notre clerc, sera présent aux paiemens faits en notre trésor, et en tiendra écrit. L'argent sera déposé au Temple. Chacun des hommes présens aura une clef, une autre sera confiée aux Templiers. S'il arrivait que Dieu fît sa volonté de notre vie, nous ordonnons que la reine et l'archevêque de Reims, l'évêque de Paris, les abbés de Saint-Victor et frère Bernard de Vincennes divisent en deux parts notre trésor; l'une sera consacrée à la réparation des églises détruites par la guerre, l'autre appliquée aux besoins de notre royaume et à la dépense de notre fils[1]. »

Cette ordonnance, en forme de testament, fut revêtue du scel royal et de celui de Thibaut de Blois, de Mathieu le chambellan, de Raoul le maréchal, au temps que la chancellerie était vacante.

Après avoir ainsi réglé la régence et l'administration du royaume, Philippe-Auguste, selon la coutume, se rendit à Saint-Denis. Les chroniques de l'abbaye ont conservé le souvenir de cette royale visite. « Li roi, qui plus ne veut attendre pour se mouvoir en la besogne de Notre-Seigneur alla à Saint-Denis en grande compagnie, pour prendre congé du glorieux martyr, saisir l'oriflamme dessus l'autel, et la porter avec lui pour garde et pour défense,

---

[1] Rigord, de Gestis Philip.-Aug., ad ann. 1189.

car doit être portée devant li roi quant on se doit combattre, dont il est aucune fois advenu, quant leurs ennemis la voient, que ils étaient si durement épouvantés que ils s'enfuyaient tristes et confus. Quant li roi fut en l'église entré et agenouillé devant le martyr en oraison, s'étendit sur le pavement en pleurant en larme et se recommanda à Dieu, à la benoite vierge et au glorieux martyr, puis se leva et prit l'écharpe et le bourdon de la main de Guillaume, archevêque de Rheims, son oncle, qui à ce temps était légat en France. Lors s'approcha li roi des martyrs, et prit de sa propre main deux étendards et deux enseignes d'or croiséfiés de dessus la châsse boisée. Après se recommanda aux oraisons des bons pères et de la gente mitrée, et prit bénédiction d'elle [1]. »

Richard, de son côté, s'était rendu à Tours, où il reçut le bourdon et la pannetière des mains du pieux archevêque de Tyr. On remarqua que le roi pèlerin, s'étant appuyé sur son bourdon, le bâton se brisa sous le poids des armes, ce qui fut pris à mauvais

[1] Chroniq. de Saint-Denis ad ann. 1189.

augure. Les clercs firent alors maintes tristes conjectures sur la croisade, et tous les chevaliers expérimentés jugèrent qu'elle aurait un fâcheux résultat pour le roi Richard.

Ce prince se mit en marche pour Vezelai, où il trouva Philippe, avec ses barons, rangés sous leurs bannières, faisant force aumônes et toujours en prières; les rois n'y restèrent que deux jours pour visiter la chasse de la bienheureuse Madelaine, puis ils prirent la route de Lyon. Les pèlerins formaient trois corps de lances que distinguait la couleur de leur croix; les Flamands la portaient toujours verte, les Français, rouge, et les Anglais, blanche. Arrivés aux bords du Rhône, les croisés s'étant précipités en foule et sans ordre sur le pont, les planches fragiles se brisèrent, et il périt beaucoup de monde, des enfans et des femmes, qui étaient accourus pour voir et saluer l'armée de la Croix[1].

A Lyon, les princes publièrent de nouveaux statuts de discipline: on défendit aux femmes, même à l'épouse légitime du croisé, de suivre l'armée; on craignait de voir se reproduire les

---

[1] Brompton, ad ann. 1189, et Roger de Hoveden, *ibid.*

scandales et les adultères du pélerinage d'Éléonore ; on excepta de cette prohibition les blanchisseuses et les femmes au-dessus de cinquante ans ; ce qui faisait dire aux ribauts et aux chanteurs qu'on ne voyait dans le pélerinage que des *vieilles sans dents*. Afin de ne point épuiser les domaines des ducs de Bourgogne et des comtes de Provence par un trop grand concours de pélerins, on convint que les Anglais iraient s'embarquer à Marseille, tandis que Philippe prendrait la route de Gênes par les Alpes. On se sépara, en se promettant de se joindre à Messine le plutôt qu'il serait possible[1].

Les pélerins de France traversèrent les Alpes avec quelques difficultés ; les chevaux bardés de fer, leur armure pesante rendaient longues et embarrassées ces marches dans les montagnes, où subsistaient cependant encore quelques vestiges des grands travaux des Romains. Enfin, ils arrivèrent à Gênes, où des vaisseaux de transport avaient été préparés ; l'armée entière s'embarqua ; cette flotte nombreuse vogua vers la Sicile. Tandis que les navires à

[1] Benoît de Petersboroug, ad ann. 1189.

voiles pointues longeaient le détroit de Messine, une tempête s'élève tout-à-coup, et les menace; ils eussent été engloutis sous les ondes, si le prudent pilote n'eût jeté à la mer des chevaux, des grains, des alimens et des tonneaux remplis de vin. « Nul n'essaya de le contredire; chacun, au contraire, s'empressait de précipiter ses effets à l'eau, aimant mieux perdre ce qui lui appartenait que d'abandonner la vie sans recevoir de sépulture, et préférant nourrir les poissons de son bien plutôt que de sa personne; nul ne considérait comme une perte le moyen de retarder même, pour peu de temps, l'heure de sa mort. Les navires ainsi déchargés, déjà l'on avait dépassé le milieu de la nuit, la tempête durait avec la même violence; l'aspect effrayant de l'atmosphère faisait désespérer du salut de l'armée de France ; le tonnerre, les nuages et d'épaisses ténèbres cachaient la vue des astres; de fréquens éclairs venaient seuls éclairer l'horizon, et porter l'effroi dans tous les cœurs. Alors le roi, déployant la force de son âme, consola par ces paroles ceux qui étaient ainsi frappés de stupeur : « Que toutes vos craintes cessent; voici que Dieu nous visite du haut des cieux ; voici que la tempête se retire ; déjà les frères de Clairvaux se sont levés pour matines ; déjà les saints, qui ne nous oublient point, rendent leurs pieux oracles en l'honneur du Christ ; nos prières nous réconcilient avec Dieu, elles vont nous délivrer de ce grand péril. » A peine avait-il dit, que déjà tombent tout le fracas et le tumulte de l'atmosphère ; la fureur des vents s'appaise, les ténèbres sont dissipées, et la lune et les astres répandent une lumière éclatante. Ainsi tout ayant retrouvé le calme après les paroles du roi, la nuit se retire ; un vent favorable pousse la flotte sous la protection du Seigneur ; enfin, après avoir fait des pertes considérables, les voyageurs, remplis d'allégresse, échappent au péril, et entrent dans le port du Salut en poussant des cris de joie ; alors le roi, ouvrant ses trésors, répandit ses dons de tous côtés, afin de faire oublier aux champions du Christ les pertes qu'ils avaient éprouvées, et qu'aucun d'eux ne manquât de chevaux et de fourrages pour les nourrir[1]. »

Le roi Richard n'était point encore arrivé à

---

[1] Philipéïd de Guillaume le Breton, chant IV.

Messine. Après avoir quitté son suzerain sur les bords du Rhône, il s'était dirigé vers Marseille avec les barons anglais : dans cette ville il trouva un grand nombre de ses chevaliers qui étaient venus pour attendre leur roi et le suivre dans la Palestine; ils y étaient demeurés longtemps, et avaient vécu dans l'abondance avec les demoiselles et les ribauds, de sorte qu'ils n'avaient plus un marc d'argent à eux tous; ils offrirent leurs fiefs et des services féodaux au roi Richard, qui les acheta pour quelques sterlings. Le roi demeura huit jours à Marseille afin d'y attendre la flotte anglaise, qui devait venir le joindre. Il passa ce temps à accomplir de pieux devoirs et dans les exercices chevaleresques; il visita la vieille abbaye de Saint-Victor, où cent moines noirs servaient Dieu et le corps de sept vierges martyrs. Il adora la côte de saint Laurent, et le bras de sainte Marguerite. Plusieurs barons firent vœu d'aller en pélerinage à la grotte de Roland, située au-delà des forêts qui environnaient le monastère, et qu'on disait avoir servi de retraite au vaillant paladin lorsque son violent amour pour l'infidèle Angélique troubla sa raison. La flotte anglaise n'arrivant pas, le roi, plein d'impatience, loua de grandes barques et vingt galères bien armées, et s'abandonna aux hasards de la navigation[1]. Après avoir cotoyé tous les rivages de la Méditerrannée, les vaisseaux entrèrent dans le Tibre. Les barons et les chevaliers croisés pour le Christ assirent leurs tentes au milieu des ruines d'un temple antique dédié à la fortune. Richard, avait à peine dressé son gonfanon royal, qu'on vit arriver le cardinal Octavien, évêque d'Ostie, qui, sans respect pour la croix des pèlerins, se mit à invectiver Richard : « Roi des anglais, lui dit-il, tu nous dois sept cents marc d'argent pour la consécration de l'évêque du Mans; quinze cents pour l'élection de l'évêque d'Ély, et je ne sais quelle grosse somme pour la déposition de l'archevêque de Bordeaux, accusé par ses clercs; quand nous paieras-tu? » Richard se contenta de sourire, et ses barons, scandalisés que le père commun des fidèles pensât aux fruits lucratifs de la simonie, tandis que les rois pélerins allaient délivrer le saint tombeau, chassèrent le cardinal

[1] Benoit Petersboroug, ad ann. 1190.

de la tente royale. Enfin, la flotte parut devant Messine le 23 de septembre; Richard ordonna que l'on fît sonner tous les cornets, et le bruit en fut si grand, que les citoyens de la ville, tout troublés, montèrent sur les remparts. Ils se firent alors une très-grande idée de la puissance du roi d'Angleterre, en voyant tant de banderoles et d'armoiries diverses : on apercevait les lions, les merlettes, les tours, les croix en bande, les émaux d'azur, de sables et de gueules, et le soleil relevait encore l'éclat de ces symboles brillans [1].

Philippe, accompagné de Tancrède, roi de Sicile, reçut Richard sur le rivage. Ils eurent une assez longue entrevue, où ils s'exprimèrent avec une extrême cordialité. Le monarque anglais fixa sa demeure dans une maison entourée de vignes, sise hors des murs de la cité. Le lendemain de son arrivée, Jeanne d'Angleterre, sa sœur, veuve de Guillaume II, dernier roi de Sicile, et que Tancrède avait long-temps retenue captive à Palerme, vint le visiter. Le roi Philippe était présent à l'entrevue, et la chronique remarque qu'il regar-

[1] Roger de Hoveden ad ann. 1190. Brompton *ibid.*

dait la sœur de Richard avec des yeux si doux et un visage si animé, que tout le monde ne doutait plus qu'il ne la prît bientôt pour femme. Jeanne raconta aux barons ses malheurs et les injustices de Tancrède. Guillaume II, son époux, n'ayant laissé aucun enfant mâle, avait désigné pour successeur Constance, sa grand'tante, fille de Roger I", roi de Sicile; tous les barons du royaume avaient juré à leur suzerain de reconnaître cette princesse pour leur reine, et Tancrède, lui-même frère naturel de Constance, s'était empressé le premier de prêter le serment; mais après la mort du roi, le perfide, s'attirant l'affection des prélats et des seigneurs de Sicile, se fit couronner à Messine; et comme la reine Jeanne avait soutenu les droits de Constance, le nouveau roi l'avait retenue captive à Palerme; ce ne fut que lorsqu'il apprit l'arrivée de Richard, et dans la crainte de sa colère, qu'il donna des ordres pour la rendre à la liberté. Jeanne avait aussi à faire valoir ses droits pour sa dot et divers legs que lui avait laissé son époux. On lisait dans le testament de Guillaume, qu'il donnait à sa veuve, comme douaire, soixante mille mesures de blé, soixante mille d'orge, soixante mille de vin, dix galères équipées pour deux ans, une table d'or d'une grande dimension; de plus, une immense tente de soie, sous laquelle cent chevaliers pouvaient manger à leur aise; enfin, deux trépieds d'or et vingt-quatre coupes d'argent [1].

Le roi Richard, qui commençait à voir s'épuiser son coffre, fut transporté de joie, quand il apprit qu'il pouvait se procurer de bons écus d'or; il vint trouver le roi de Sicile, et plaçant sa main dans la sienne, il lui dit: « Tancrède, quand comptes-tu me payer ce que tu dois à ma sœur; ne cherche pas de détours, il faut sur-le-champ s'acquitter. — Que me demande-tu; j'ai déjà donné à ta sœur plus d'un million de sous? C'est un véritable puits qui absorberait tout. — Ce que tu dis-là, n'est pas prouvé, et ne pense pas m'échapper par des subterfuges. » En prononçant ces dernières paroles, Richard quitta le roi et disposant ses chevaliers anglais, il s'empara de deux points fortifiés qui commandaient aux murailles; ce-

[1] Benoît Peterborough ad ann. 1190.

pendant il ne voulait point rompre encore tout-à-fait avec Tancrède, et user la bravoure de son armée dans des querelles particulières ; mais la haine et la rivalité qui s'étaient déjà manifestées entre les citoyens de Messine et les Anglais amena bientôt une rupture complète [1].

Le troisième jour d'octobre, des chevaliers du camp de Richard se prirent de querelle avec les habitans de Messine. En un moment le glaive est tiré du fourreau, et le sang coule; le roi d'Angleterre, qui aperçoit du tumulte, et qui craint le résultat d'une mêlée aussi irrégulière, se précipite au milieu de la foule, et cherche à séparer les combattans avec son bâton [2]; il ne peut y parvenir, et il fallut, pour calmer les esprits, l'intervention des évêques de Messine, de Reggio, et des barons du roi de France.

Une autre fois, quelques habitans de la campagne se permirent des voies de fait contre Hugues Lebrun, un des chevaliers favoris de

---

[1] Hoveden ad ann. 1190, dans les notes des historiens de France. — [2] Baculo verberans quoscumque ex suis attingebat, sed nequivit. (Chroniq. de Benoît Peterborough, ad ann. 1190.)

Richard. Le roi d'Angleterre apprend à peine cette injustice, qu'il s'arme de pied en cap, rassemble ses soldats, et, malgré les avis du roi de France, il marche sur la ville ; les habitans sont refoulés vers les murailles ; les murailles elles-mêmes escaladées ; bientôt le gonfanon de Richard et le lion d'Angleterre paraissent sur les tours de la cité, qui fait sa soumission au vainqueur [1].

Tous ces incidens n'avaient point troublé la bonne harmonie qui ne cessait de régner entre le roi Philippe et Richard. Un moment quelques nuages avaient paru s'élever à l'occasion de la prise de Messine par les chevaliers anglais ; Philippe s'était offensé, comme suzerain, que le gonfanon de Richard eût brillé seul sur les tours élevées, et qu'on n'y eût point mêlé celui de France. Ce léger différent se calma par l'offre que fit Richard de confier la garde des portes aux chevaliers du Temple ou de l'Hopital, jusqu'à ce que le roi de Sicile eût fait droit aux réclamations de Jeanne sa sœur.

Ce fut même à Messine, en présence des

[1] Benoît Peterborough, ad ann. 1190.

comtes, des barons et des prélats, que les princes convinrent des dernières dispositions pour leur pèlerinage. « On statua qu'ils se protégeraient les uns les autres de bonne foi, en allant et en revenant; que tous les pèlerins qui mourraient pendant le cours du voyage, pourraient pleinement disposer de leurs armes, de leurs chevaux, de leurs vêtemens et de la moitié de leur argent, pourvu qu'ils n'envoyassent rien chez eux; que les clercs pourraient aussi librement faire don de leur chapelle, de leurs ornemens et de leurs livres; que toutes les choses léguées qu'ils n'auraient pas, ou dont ils n'avaient pas la faculté de disposer, seraient remises dans les mains de Gauthier, archevêque de Reims, et de Manassé, évêque de Langres, pour l'appliquer à ce qu'ils jugeraient le plus convenable pour les besoins de Jérusalem. Personne autre que les clercs et les chevaliers ne devaient jouer de l'argent aux dés, et encore ceux-ci ne pouvaient pas perdre au-delà de vingt sous dans tout un jour et une nuit. S'ils jouaient une plus forte somme, ils étaient condamnés à payer cent sous au profit de la Terre-Sainte. Les rois pouvaient jouer selon leur bon plaisir; leurs serviteurs avaient cette permission jusqu'à vingt sous ;[1] quant à ceux qui n'étaient pas chevaliers, s'ils jouaient, on devait les promener tout nus dans le camp pendant trois jours, à moins qu'ils ne voulussent se racheter ; si les marins étaient surpris occupés à jeter les dés, ils devaient être trois fois plongés dans l'eau du haut du navire, suivant les coutumes de la mer. Si un pélerin recevait quelque chose en prêt durant le voyage, il était tenu de le rendre au terme fixé; si le prêt avait été fait antérieurement, il n'était pas obligé de s'en acquitter pendant l'expédition; si un serviteur quittait son maître, un autre ne pouvait l'accueillir ; il n'en était pas de même des clercs et des chevaliers, par rapport à leur supérieur dans l'ordre des fiefs. Et toutes ces ordonnances seraient exécutées sous peine d'excommunication; il était encore statué qu'aucun marchand, quel que fût le genre de son commerce, ne pourrait acheter du pain ou de la farine pour la reven-

---

[1] Reges autem pro bene placito suo ludent; servientes eorum usque ad viginti solidos. (Benoît Peterborough, ad ann. 1190.) Roger de Hoveden ajoute : Coram archiepiscopis, episcopis et comitibus. (*ibid.*)

dre; à moins que cette revente ne se fît à des pélerins. S'il pétrissait du pain lui-même, il devait n'y avoir qu'un tiers de son. Sur dix deniers de la vente, les marchands étaient tenus d'en donner un pour le pélerinage. Ils ne pouvaient refuser la monnaie royale, à moins que le cordon ou la face ne fussent tout rognés, ni acheter de la chair de bête morte, pour la revendre. Le bétail, pour être admis, devait avoir été tué sous la tente. Quant au vin, on ne pouvait le débiter qu'au prix qu'il était crié, le tout encore sous peine d'excommunication [1]. »

L'affaire du roi de Sicile et de Richard restait toujours à décider. La ville de Messine était comme une sorte de gage dans les mains des chevaliers du Temple et de l'Hopital. Enfin une députation des habitans s'adressa au roi Philippe, pour solliciter la paix qui fut arrêtée à cette seule condition : « Tancrède donnait sa fille à Arthur, duc de Bretagne, pour l'épouser, dès qu'elle serait nubile. En conséquence il remettait immédiatement à Richard,

[1] Cet acte est rapporté en entier dans Benoît Petersborough, (Voyez la collection de dom Brial. t. XVII, p. 507.)

comme dot, vingt mille onces d'or. » Le besoin d'argent détermina en cette circonstance le roi d'Angleterre. Il recevait, par ce traité, une somme très-considérable, qui pouvait lui servir à maintenir son autorité parmi les barons et les chevaliers, pendant le pélérinage. La condition de rendre cette dot au jeune Arthur était encore éloignée, et déjà peut-être Richard prévoyait-il qu'il pourrait en éluder l'exécution.

Les pélerins de France et d'Angleterre étaient toujours pressés par le désir de visiter la terre sainte; mais la saison leur paraissant trop avancée, on se décida à demeurer dans la Sicile jusqu'au printemps. Tout l'hiver se passa en pompe militaire, et en jeux chevaleresques. Les barons de France et d'Angleterre, les chevaliers et les écuyers des deux nations échangèrent de grands coups en l'honneur de leur dame. Tous les soirs, après le repas, on se réunissait dans les plaines autour de Messine, et là on joutait de la lance et même du bâton. Il arriva qu'un paysan vint au milieu des pélerins avec un âne chargé de roseaux qu'on appelle vulgairement cannes [1]; Richard et ses compagnons en achetèrent un grand nombre, en quoi ils furent imités par les chevaliers de France. Saisissant ces armes innocentes, les uns coururent au devant des autres, et engagèrent une lutte très-agréable à voir. Il arriva que le roi d'Angleterre se trouva face à face de ce même Guillaume des Barres, qu'il avait déjà rencontré dans les plaines de Normandie. Les deux champions se précipitent l'un contre l'autre, et se heurtent avec tant de force, que le roseau se brise dans leurs mains. Le manteau du roi fut tout déchiré par le coup violent que lui porta Guillaume; Richard, irrité, fond sur son adversaire et cherche à lui faire abandonner les étriers, mais la force et l'adresse du vaillant chevalier l'aident à esquiver le coup, le roi entraîné par la course, chancelle et son cheval s'abat; prenant alors un autre coursier, il revient à la charge une seconde fois; tous ses efforts sont impuissans, des Barres demeure immobile. Alors le comte de Leicester, que Richard venait de recevoir chevalier, court sur Guillaume des

---

[1] Onasto asello arundinibus quas Cannas vocabant.

Barres, pour venger son seigneur et parrain. Le roi l'arrête et lui dit : « Robert, laisse-nous; l'affaire est entre moi et lui; » et il continue de serrer son redoutable adversaire, qui ne remue pas plus qu'une tour. Enfin ne pouvant réussir, Richard, plein de colère, s'écrie : « Fuis de devant mes yeux, et prends garde de ne jamais t'y montrer, car je serai l'ennemi à toujours mortel de ta personne et des tiens[1]. » Guillaume ne répondit point, mais il vint trouver Philippe, son seigneur, pour lui demander protection. Le roi de France se rendit le lendemain auprès de Richard. « Je ne veux rien entendre, répondit le prince irrité. » Ce ne fut que long-temps après, qu'à la prière des évêques, et sur la menace d'excommunication, Richard consentit à accorder *la paix du roi* à Guillaume des Barres pendant tout le temps du pélerinage[2].

Quoique l'amitié de Philippe et du roi d'Angleterre n'eût point encore été troublée, on s'apercevait qu'il y avait plus de froideur et moins d'intimité. La paix de Messine, le re-

---

[1] Fuge hinc et care tibi ne amplius coràm me compareas quia amodò et tibi et tuis ero inimicus perpetuus. — [2] Benoît Petersborough, ad ann. 1190.

fus que faisait Richard de faire participer son suzerain aux onces d'or qu'il avait reçues de Tancrède, avait jeté quelque défiance entre les rois. Une dernière circonstance amena une explication complète. On venait d'apprendre l'arrivée à Naples de la reine Éléonore, qui conduisait avec elle Bérengère de Navarre, qu'un traité secret destinait pour épouse à Richard. Par ce mariage, le roi des Anglais renonçait à Alix de France; il outrageait la majesté de son suzerain, et violait en même temps les conditions du traité conclu avant le pélerinage.

Tandis que le bruit de la rupture entre les deux rois se répandait dans les camps, Richard eut une entrevue avec Tancrède, pour l'exécution entière de la convention qu'ils avaient arrêtée. L'un et l'autre prince se donnèrent les témoignages d'une tendre amitié. Richard fit présent au roi de Sicile de la vieille épée d'Arthur de Bretagne, trouvée dans le tombeau de l'enchanteur Merlin; Tancrède donna au roi Richard quatre grandes galères, des vases d'or et des robes de soie. Dans cet échange d'intimité chevaleresque, le roi de Sicile, s'adressant à Richard, lui dit : « Tu ne sais pas ce que

Philippe m'a mandé à ton sujet par le duc de Bourgogne? Il m'a prévenu que je ne devais me fier à toi d'aucune manière; que tu violerais le traité que nous avons conclu; qu'enfin tu n'étais venu dans mon royaume que pour m'en dépouiller. Il m'a promis en conséquence que si je me décidais à te combattre, il me secourrait autant qu'il pourrait, pour t'abaisser, toi et ton armée. — Impossible, s'écria Richard! Philippe est mon allié, durant tout le pélerinage. — Pour te prouver que je dis vrai, je vais te montrer les chartes qu'il m'a envoyées et si le duc de Bourgogne le nie, je lui présenterai le scel de France. En lisant ces chartes, vraies ou supposées, la colère brillait dans les yeux de Richard. Il fait préparer immédiatement son coursier, s'élance dans la plaine, et courant toute la nuit il se présente à Philippe, et met sous ses yeux la charte que lui a confiée Tancrède « Elle est fausse, dit le roi; je sais que depuis long-temps tu cherches des prétextes pour me soulever des difficultés. Crois-tu que j'ignore que toutes tes démarches n'ont d'autre but que de trouver une excuse pour te dispenser d'épouser ma sœur [1]. — Ta sœur, répondit Richard, je ne la rejette pas, mais je ne puis la prendre pour femme, car mon père l'a connue et en a eu une fille [2]. Je ne suis unie à Alix que par les fiancailles, et je suis étranger à elle selon la chair. — A qui donc veux-tu que je la donne? — Tu trouveras des comtes et des barons à qui tu pourras l'unir d'un lien plus solide. — Si tu me rends ma sœur, tu dois me rendre sa dot et son douaire, qui me font retour. — Qu'à cela ne tienne, après le pélérinage. — Et toi, qui es mon homme, qui épouseras-tu? — Bérangère de Navarre; déjà elle s'est liée à moi par mon lit, et nous ne sommes plus qu'une même chair [3]. — Dès ce moment, répondit Philippe, n'attends plus de moi un visage gai et des paroles douces.

[1] Putas ne quòd per talia mendacia sororem meam abjicies? Benoît Peterborough, ad ann. 1191.

[2] Sororem tuam non abjicio; sed illam ducere nequeo in uxorem, quia pater meus cognovit eam, generans ex eâ filiam (*Ib.*).

[3] Et jam juncta thoro est mihi Berengaria, regis
Filia Navarræ : sacrum jam copula carnis
Consummavit opus......
(Philipeid. de Guillaume le Breton, ch. IV.)

Les rois se quittèrent pleins de ressentiment et de haine; on ne parlait plus dans les deux camps que de querelles et de combats, et déjà l'on oubliait les saints lieux pour des intérêts tout terrestres. Cependant les prélats et les barons, qui avaient juré d'aller à Jérusalem, voyaient avec peine ces dissensions entre les suzerains, qui les détournaient du but unique pour lequel ils avaient abandonné leurs donjons et leur dame. On fit entendre tour à tour la voix de la religion et les nobles préceptes de la chevalerie.

Les chroniques rapportent qu'un solitaire du nom de Joachim, qui habitait les montagnes de la Calabre, sortit de sa retraite pour réchauffer le zèle attiédi des pèlerins. Il passait dans toute la contrée pour avoir reçu de Dieu la faculté d'expliquer l'Apocalypse, et de lire dans les terribles images du dragon à sept têtes, des sept flambeaux ardens et du cachet mystérieux, tout ce qui devait arriver aux seigneurs ou aux serfs; les barons et les chevaliers le consultèrent avec vénération sur les espérances et les craintes que faisait naître la croisade. Il les invita aux sentimens de pénitence, aux jeûnes et à la prière; il leur promit que Jérusalem serait délivrée dans sept années, et que les rois remporteraient de grandes victoires aux dépens de l'empire sarrazinois. Il adressa des reproches particuliers à l'orgueil de Richard et de Philippe, les menaça des feux de l'enfer, s'ils ne renonçaient promptement à de vaines rivalités. Ces paroles frappèrent vivement l'assemblée; Philippe, d'ailleurs, avait besoin d'argent, Richard qui venait de toucher de bons écus d'or de Roger de Sicile, lui en offrit en assez grande quantité; ils se tendirent donc la main nue, en gage d'amitié, et la convention suivante fut arrêtée.

« Au nom de la sainte Trinité, Philippe, par la grâce de Dieu, roi des Français, je fais savoir que la paix vient d'être conclue entre nous et notre ami Richard, illustre roi des Anglais.

» Je lui permets de bon cœur de prendre librement la femme qu'il voudra, nonobstant les conventions faites entre nous, qui l'obligeaient à épouser Alix, ma sœur.

» Je lui abandonne, ainsi qu'aux héritiers mâles qu'il aura de sa femme, Gisors, Neufchâteau et le Vexin, mais s'il meurt sans enfant mâle, tous ces fiefs feront retour au duché de Normandie; et si le roi d'Angleterre laissait plusieurs enfans mâles, nous voulons que l'aîné tienne personnellement de nous, tout ce qu'il possède, et devienne notre homme, soit pour le duché de Normandie, soit pour l'Anjou, le Maine, l'Aquitaine ou le Poitou.

» Et pour toutes ces concessions, le roi d'Angleterre nous a promis dix mille marcs d'argent, au poids de Trève, desquels il nous paiera trois mille à la fête de tous les Saints, et successivement d'année en année, à cette même fête.

» Le roi Richard est aussi convenu de remettre un mois après son retour en Angleterre, sans aucun empêchement, notre sœur Alix, que nous soyons mort ou vivant.

» Afin que toutes ces conditions soient stables, nous les avons confirmées par notre scel.

» Fait à Messine, avant Pâques, 1190 [1]. »

[1] Rigord. de Gest. Philipp.-Aug., Dm. Brial, Hist. de France, t. XVII, p. 32-33.

CHAPITRE VIII.

1190—1191.

Départ de Messine. — Richard refuse de suivre Philippe-Auguste. — Arrivée des Français devant Ptolémaïs. — Situation de l'armée chrétienne. — Les Sarrasins. — Navigation de Richard. — Il prend l'île de Chypre. — Combat naval contre les infidèles. — Débarquement à Ptolémaïs. — Préparatifs du siège. — Courtoisie chevaleresque entre les rois chrétiens, Saladin et Malek-Adel. — L'ordre de chevalerie conféré à Saladin. — Nouvelles querelles de Richard et de Philippe. — Continuation du siège. — Mœurs des pèlerins. — Ptolémaïs se rend. — Maladie de Philippe-Auguste. — Il prend la résolution de revenir en Europe. — Il le fait annoncer à Richard. — Mépris de ce prince pour son rival. — Départ de Philippe-Auguste. — Son voyage. — Il vient à Rome. — Retour en France.

La rupture des fiançailles de Richard avec Alix, qui touchait à l'honneur de la royale famille de Philippe, étant ainsi facilement arrangée pour dix mille marcs d'argent, les barons de France se préparèrent au voyage de la Palestine. Le printemps s'avançait, et les paladins, brûlant d'impatience de se mesurer avec les Musulmans, fourbissaient leurs armes, et s'essayaient dans des combats singuliers. Le séjour de Messine avait ruiné la plupart des barons; la prodigalité chevaleresque, l'amour des plaisirs et des *belles femmes*, comme dit un chroniqueur, ne leur avait pas laissé une obole. D'autres avaient perdu leur avoir dans la tempête qui avait assailli la flotte royale. Pressés par la misère, presque tous s'adressèrent au suzerain; le roi Philippe leur fit de grands dons. « Il donna aux pauvres barons de son royaume, savoir, au duc de Bourgogne, mille marcs d'argent; au comte de Nevers six cents marcs; à Guillaume des Barres quatre cents marcs; à Guillaume de Mello quatre cents onces d'or, à l'évêque de Chartres quatre cents onces, à Mathieu de Montmorency trois cents, et à maints autres dont nous taisons le nom, parce que le nombre en est trop grand [1]. »

Les denrées étaient montées à des prix excessifs pendant le séjour des rois. Un setier de froment valait vingt-quatre sous d'argent; un setier d'orge, dix-huit, et une pinte de vin, quinze; une poule, douze deniers [2]. Philippe

---

[1] Chronique de Saint-Denis, page 372, édition de D. Prial. —
[2] Nous donnerons à la fin de l'ouvrage une table de comparaison avec les monnaies actuelles.

écrivit au roi et à la reine de Hongrie, afin qu'ils lui envoyassent des provisions pour les chevaliers ruinés. En même temps il s'assura l'amitié de l'empereur de Constantinople, « le priant se il advenait qu'il passât parmi sa terre, de lui livrer une route [1]. »

Lorsqu'il se fut ainsi précautionné de tous les moyens pour *la voie d'outre-mer*, il envoya ses messages au camp du roi Richard, « et il l'admonesta afin qu'il fit tout aussitôt appareiller et qu'il eût à se tenir prêt pour son pèlerinage, à la mi-mars. » Le roi Richard, répondit : « Je ne le puis, j'ai fixé mon départ au passage de la mi-août. Quand Philippe eut entendu cette réponse, il dit à ses messagers : « Retournez auprès de Richard, et annoncez-lui que je le somme de me suivre comme mon homme lige ; s'il fonde des retards sur son prochain mariage avec Bérengère, dites-lui qu'il l'emmène ainsi que la reine Éléonore ; il l'épousera dans la cité d'Acre, et il aura tout le temps de festoyer ses noces ; Richard répondit : « Je ne le veux ni ne le puis. » Alors les messagers crièrent sous la tente des Anglais : « Nous commandons à tous

[1] Chroniq. de Saint-Denis.

les barons et les riches hommes de Normandie et des fiefs de France de suivre Philippe, leur suzerain, car Richard, son vassal, ne veut le faire. » Quelques-uns les suivirent en effet, malgré les menaces de leur sire, qui déclarait hautement qu'il les priverait de leurs fiefs, à son retour en Angleterre, pour avoir forfait à la fidélité; beaucoup d'autres restèrent dans l'armée du roi des Anglais [1]. »

Le 25 mars, la flotte de Philippe sortit de Messine, et pour nous servir de l'expression de son poétique biographe: « Elle livra ses voiles au souffle du zéphir, et laissant à sa gauche la Grèce, à sa droite l'île de Paros, elle dépassa heureusement les îles de Crète et de Chypre. Les chevaliers débarquèrent sur les rivages de la ville d'Acre, la veille de la sainte Pâques, ainsi conduits par la grâce divine, afin qu'on pût célébrer sur la terre ferme la solennité de ce jour sacré. Sortis de leurs vaisseaux, les barons se réjouissent de poser le pied sur la terre ferme, et vont sautant et étendant leur corps sur le sable; joyeux après les ennuis prolongés d'un voyage sur mer, ils s'em-

[1] Chronique de Saint-Denis, loc. citat.

parent avec empressement du rivage, et respirent un air plus pur, qui leur rend en dedans la santé, et au dehors l'air de gaité et de vigueur. En même temps ils se hâtent à l'envi les uns des autres, de dresser leurs tentes dans la plaine, dans les vallons, et ils investissent la ville de tous côtés, afin que personne ne puisse en sortir, et que nul ne vienne la secourir en y apportant des armes ou des vivres. Puis ils s'appliquent à enfermer toute l'enceinte de leur camp derrière des retranchemens et des fossés profonds, et en même temps ils élèvent sur divers points de hautes machines à trois étages et des tours en bois pour que Saladin ne puisse les attaquer à l'improviste [1]. »

La ville d'Acre, devant laquelle les chevaliers Francs venaient de poser leurs tentes, voyait depuis long-temps flotter au pied de ses murailles les gonfanons et les banderolles des barons et des chevaliers d'Europe. La prise de Jérusalem n'avait pas seulement excité l'enthousiasme et la piété des paladins de France et d'Angleterre; presque de tous les points de l'oc-

[1] Philippeid. de Guillaume le Breton, Chant IV.

cident chrétien, des troupes de pélerins armés s'étaient mises en marches pour délivrer le tombeau de Jésus-Christ. Comme il est essentiel de connaître les chefs et les nations avec lesquels les Français vont se trouver en rapport, il faut rappeler que la bataille de Tibériade et la prise de Jérusalem avaient jeté toutes les colonies chrétiennes d'Orient dans l'abattement et le désespoir. Une seule ville, celle de Tyr, défendue par Conrad, fils du marquis de Montferrat, arrêta toutes les forces réunies de Saladin, et donna le temps aux barons de la Palestine de revenir de leur terreur. Guy de Lusignan, roi de Jérusalem, à peine sorti d'une dure captivité, les avaient réunis sous ses bannières; et au mépris d'un serment exigé par Saladin, qui l'obligeait à renoncer à tous ses héritages dans la Palestine, et à ne jamais prendre les armes pour la cause des chrétiens, il était venu assiéger Ptolémaïs, ou Saint-Jean-d'Acre, alors au pouvoir des infidèles[1]. L'armée de Lusignan ne se composait d'abord que de neuf mille chevaliers, qui placèrent leurs tentes sur les collines de Toron; ils furent secondés par une flotte de Génois,

[1] Gauthier Vinisauf, liv I.

qui s'empara du rivage, et ferma toutes les avenues de la cité, du côté de la mer. Bientôt douze mille guerriers de la Frise et du Danemark débarquèrent non loin de Ptolémaïs, et campèrent auprès des barons de la Palestine. On vit aussi arriver une flotte anglaise, qui, n'ayant pu atteindre Richard à Marseille, avait fait directement voile pour la Palestine, sous la conduite de l'archevêque de Cantorbéry et après eux, les croisés flamands, que commandait Jacques d'Avesne. Cette même année se joignirent aux assiégeans les nautonniers et les bourgeois de plusieurs villes d'Italie, sous la conduite de leurs évêques et de leurs tribuns; les croisés de Champagne et de plusieurs provinces de France, parmi lesquels se distinguait l'évêque de Beauvais, que les vieilles chroniques comparent à l'archevêque Turpin; enfin les débris des croisés allemands qu'avait conduits Frédéric en personne, et qui pleuraient alors leur empereur. Après le parlement de Gisors, l'archevêque de Tyr s'était rendu en Allemagne pour solliciter Frédéric Barberousse de prendre la croix. Ce prince, qu'un romancier place au-dessus de Rodomont, contempteur de Dieu et de ses saints, n'entreprit point l'expédition de la Palestine, par des motifs de piété; mais il avait combattu long-temps le Saint-Siège, alors si puissant sur les opinions, et il comptait, au moyen d'un pélerinage vénéré, effacer les pieuses colères qui de toutes parts s'élevaient contre l'ennemi déclaré de l'évêque de Rome; l'empereur se croisa, et son exemple fut suivi par son fils Frédéric, duc de Souabe, Léopold, duc d'Autriche, Berthoud, duc de Moravie, Herman, marquis de Bade, le comte de Nassau, les évêques de Besançon, de Munster et de Passau. Frédéric partit de Ratisbonne, à la tête d'une armée composée de cent mille combattans, et répandant partout la renommée de son nom, il arriva dans les provinces de l'empire Grec. Les pélerins allemands traversèrent l'Hellespont, vainquirent les peuplades des Turcomans et les émirs autour de Laodicée, et des rives du Méandre. Ils avaient déjà passé les défilés du mont Taurus, et s'avançaient vers la Syrie, lorsque leur empereur, ayant voulu se baigner dans le Selef, fut tout-à-coup saisi d'un froid mortel, et retiré sans vie des eaux du fleuve. « On le sortit de l'eau, dit l'historien arabe Emadeddin, et son âme étant prête à le quitter, l'ange de la mort s'empara de lui et le conduisit dans l'enfer [1]. » Privés de leur chef, les croisés allemands, après avoir péniblement traversé la Syrie, vinrent joindre les chevaliers et les barons, qui déjà assiégeaient Saint-Jean d'Acre.

Lorsque Philippe débarqua sur ce rivage, la foule des pèlerins de toutes les nations, que les historiens arabes comparent à des oiseaux de proie et à des lions indomptables, assiégeaient la cité depuis près de deux années. Leurs tentes, de mille couleurs, étaient rangées devant Ptolémaïs; sur le rivage se déployaient d'abord les banderolles des Génois; auprès d'eux campaient les Hospitaliers, et non loin de-là le marquis de Montferrat; derrière était Henri, comte de Champagne, Guy de Dampierre; et après ceux-ci les comtés de Brienne, le comte du Bar, et ensuite le comte de Châlons, le comte Robert de Dreux et l'évêque de Beauvais; un peu plus vers la plaine brillaient les gonfanons du comte Thibauld

[1] Extrait des historiens arabes, par M. Reinaud. An de l'hégire 586.

de Blois, du comte de Clermont et de Hugues de Gournay; derrière étaient campés les Florentins, l'évêque de Salisbury et les Anglais; les Flamands, sous les ordres de leur comte, du sénéchal, et de Jean de Nesle, s'étendaient du côté de la mer; venaient ensuite le roi de Jérusalem avec ses frères, et le vaillant Hugues de Tabarie; les Allemands, arrivés les derniers, s'étaient placés au-delà de cette troupe, à l'extrémité de laquelle campaient les Pisans et les Lombards [1]. Tous ces vaillans hommes avaient devant eux, campé sur la montagne de Carouba, le redoutable Salaheddin, à la tête des émirs de l'islamisme, qui voltigeaient sans cesse autour des tentes des chrétiens, et protégeaient la ville assiégée. Le roi et les barons français allaient trouver dans le fils d'Ayoub un noble et vaillant adversaire. Salaheddin ou Saladin [2], dont la renommée remplissait l'occident, était alors à l'apogée de sa gloire. Les Musulmans le considéraient comme l'élu de Dieu, et son

---

[1] Raoul de Dicet ann. angl. ad ann. 1190. — [2] Nous emploierons dans le cours de cet ouvrage l'ortographe des Francs (Saladin), afin de ne pas surcharger la mémoire par des noms barbares.

nom indiquait le *bonheur de la religion du prophète*. Aux mœurs barbares et militaires des Sarrasins, il joignait à un haut degré la noblesse et la générosité qui tempéraient, à cette époque de chevalerie et de batailles, les dures habitudes de la guerre.

A la voix du sultan, tous les fidèles de l'islamisme avaient pris les armes; dans les mosquées, et jusques sous les tentes du désert, les imans avaient fait entendre les paroles du coran; de tous les côtés les émirs étaient accourus suivis d'une multitude armée que les idées de religion ou les devoirs des terres reçues en fief sous le nom arabe d'*ikta* avaient réunie. A l'imitation de la dîme saladine levée en occident pour la croisade, les officiers du fisc avaient imposé à tous les musulmans qui ne prenaient pas les armes une sorte de tribut ou dîme pour la guerre sacrée.

L'armée des infidèles se déployait en trois corps distincts sur la montagne du Carouba; une des ailes était confiée à Malek-Adel sayf-eddin, *le roi juste épée de la religion*, le frère chéri du sultan; l'autre obéissait à Malek-Modaffer taki-eddin, *le roi victorieux dévoué à la reli-*

gion, prince de Hamah et neveu de Saladin; au centre on remarquait les deux fils de cet illustre chef des émirs, Malek-Daher, *roi triomphateur*, investi de la principauté d'Alep, et Malek-Afdal, *roi excellent*, prince de Damas[1].

On voyait aussi briller les étendards jaunes ou verts des émirs d'Emesse, des princes de Baalbeck, de Harran et d'Édesse en Mésopotamie, de Singar et de Géziré sur le Tigre; des émirs de Schayzar et de Telebacher; tous investis de fiefs militaires, ils devaient leur service, mais seulement pendant les saisons du printemps et de l'été; l'hiver, chacun retournait dans sa principauté jusqu'au jour où le tambour les appelait encore sous les armes; alors ils revenaient au camp du sultan, étendards déployés, et dans le plus magnifique équipage; on aurait dit une *monstre* ou revue dans les castels d'Europe; cependant un certain nombre de volontaires, accourus à la voix des imans, du fond de l'Asie-Mineure, de la Perse et de l'Afrique, pour prendre part aux mérites de la guerre sacrée, ne quit-

[1] Boha-eddin: Extrait des hist. arabes. An de l'hégire 585 et suiv.

taient pas les tentes et couchaient sur la terre.

Dans cette situation de deux armées en présence, le roi de France et ses barons « furent reçus *en joie souveraine de l'ost des chrétiens*, pour nous servir des expressions de la chronique de Saint-Denis [1]. Des larmes et des soupirs les accueillirent, comme si ce fût anges du ciel descendus. » Les musulmans en furent au contraire effrayés. « Lorsque la mer fut praticable, dit l'arabe Boha-eddin, les infidèles reçurent de grands secours, entre autres le roi de France, dont ils nous menaçaient depuis long-temps; il arriva un samedi 23 de rebi premier [2]; c'était un roi grand en dignité, très-considéré, et des premiers princes des Francs. En arrivant il prit le commandement de l'armée; il n'amena dans cette expédition que six gros vaisseaux chargés d'hommes et de vivres. Il avait avec lui un grand faucon blanc, d'un aspect terrible et rare dans son espèce; je n'en ai jamais vu de plus beau. Le roi aimait beaucoup ce faucon, et lui faisait des caresses; mais un jour l'oiseau s'étant envolé de sa main,

[1] Chronique de Saint-Denis, an 1190. — [2] Au printemps de l'année 1191 de Jésus-Christ, an de l'hégire 587.

s'enfuit dans la ville, d'où on l'envoya au sultan; en vain le roi offrit mille pièces d'or pour le racheter, il fut refusé; cet événement nous causa beaucoup de joie, et nous parut d'un bon augure [1]. »

Philippe fit immédiatement tous les préparatifs nécessaires pour attaquer Ptolémaïs : les machines de guerre, les béliers, les corbeaux furent dressés ; mais, malgré ses querelles avec Richard, le roi lui avait donné sa parole de chevalier qu'il n'attaquerait pas Ptolémaïs avant son arrivée, et, dans les habitudes militaires du temps, il ne pouvait fausser sa foi et priver son allié d'une gloire commune, que tous les deux s'étaient mutuellement promise.

Le roi des Anglais était demeuré à Messine long-temps après le départ de Philippe. Le séjour délicieux de la Sicile avait inspiré une douce mollesse aux prélats et aux barons. Ils vivaient au milieu des plaisirs de Palerme et de Messine, et la cour de Tancrède leur faisait

[1] Extrait des auteurs arabes sur les Croisades, qui vont être publiés par M. Reinaud, employé aux manuscrits arabes de la Bibliothèque du roi. Je ne saurais trop exprimer ma reconnaissance à ce savant et modeste ami, pour les communications qu'il a bien voulu me faire.

oublier le saint tombeau. Richard, surtout, se faisait remarquer par son ardente galanterie. Il ne distinguait ni le rang ni la religion. On l'avait plusieurs fois surpris avec des juives et des sarrasines dans les montagnes de la Sicile. Lorsqu'on voulait lui adresser des reproches, il rappelait que les conciles n'avaient défendu d'avoir des femmes étrangères que durant le pélerinage, et que le séjour de la Sicile n'était point compris dans le voyage aux saints lieux. Pour faire cesser ce grand scandale, l'hermite Joachim sortit encore une fois des grottes de la Calabre, afin de rappeler aux pélerins les malheurs de Jérusalem et les promesses qu'ils avaient faites de conquérir sa délivrance [1].

Un phénomène céleste, qui parla vivement à l'imagination des croisés, vint seconder les pieuses exhortations du solitaire : cette année on entendit de grands coups de tonnerre dans la Sicile, la foudre frappa un des navires du roi, et renversa une partie des murs de Messine; les chevaliers et les servans d'armes qui étaient dans le monastère du Griffon, où se trouvaient les trésors des Anglais,

[1] Bompton, Chroniq. ad. ann. 1191.

virent un globe de feu sur le sommet de l'église; il jetait une brillante clarté, mais ne brûlait pas; il ne disparut que lorsque la tempête cessa [1].

Ces phénomènes, auxquels les pélerins étaient peu habitués, appelèrent des idées de pénitence. Aux scènes de plaisirs et de débauche succéda tout à coup un spectacle de repentir et de contrition; Richard, surtout, manifesta la plus profonde douleur de ses fautes : « Dieu le regarda des yeux de sa miséricorde; il convoqua tous les évêques et archevêques, le roi se présenta à eux nu-pieds, portant dans sa main un paquet de *verges flexibles*. Il ne rougit pas de confesser la honte de ses péchés, il les abjura, et reçut desdits évêques la *pénitence convenable*. Depuis ce moment il fut aimant Dieu, sans revenir jamais à son iniquité. Heureux celui qui tombe pour se relever ainsi plus fort et mieux pénitencié [2]. »

Cette scène singulière rendit aux pélerins toute leur ardeur; on ne pensa plus qu'au départ pour les saints lieux. Le roi s'embarqua

---

[1] Brompton, Chroniq., ad ann. 1191. — [2] Benoît Péterborough, Chron. 1191.

sur une flotte de cent cinquante grands navires et cinquante-trois galères bien armées. Il amenait avec lui Jeanne de Sicile sa sœur, et Bérengère de Navarre, sa nouvelle épouse, brillante de tout l'éclat de la beauté. La reine Éléonore aurait, avec plaisir, encore une fois visité l'Orient, théâtre de ses galanteries; mais les soins du gouvernement de l'Angleterre, que Richard venait de lui confier, son âge, peut-être, ne lui permirent pas de suivre son fils dans l'Orient : elle prit la route de l'Europe à travers l'Italie, visita Rome, où elle s'occupa beaucoup des évêques de Normandie, accusés de simonie et d'exactions frauduleuses[1].

La flotte de Richard était à peine sortie de Messine, qu'un vent horrible s'éleva et dispersa tous les navires. Le vaisseau royal fut jeté sur l'île de Crète, trois autres entrèrent dans le port de l'île de Rhodes, trois périrent sur les rivages de Chypre; ils portaient plusieurs des familiers du roi. Richard regretta particulièrement son vice-chancelier Roger, surnommé le Mauvais-Chien : on trouva son

[1] Roger de Hoveden ad ann. 1191.

corps dans les flots; le scel royal était suspendu à son cou, suivant l'usage[1].

Le prince qui gouvernait alors l'île de Chypre s'appelait Isaac; il était de la famille des Comnènes, et s'était attribué, au milieu des sanglantes révolutions qui agitaient alors Constantinople, le titre fastueux d'*Empereur et d'Auguste*. Isaac, en vertu du droit de naufrage que Richard venait récemment d'abolir à Messine pour les navigateurs que la tempête poussait sur les rivages de l'Angleterre[2], s'empara de tout l'avoir des chevaliers qui avaient atteint les bords escarpés de l'île. Les barons furent impitoyablement dépouillés de leurs armes et les dames de leurs vêtemens jusqu'à la ceinture, comme les belles compagnes d'Alcine, au temps du bon roi Arthus. Le soir même, le vaisseau qui portait Jeanne de Sicile et Bérengère de Navarre, ayant été poussé par la tempête devant le port de Limisso, l'empereur de Chypre eut la cruauté déloyale de refuser un asile à l'épouse et à la sœur du roi des Anglais.

Richard, après avoir réuni sa flotte dispersée vers ce rivage inhospitalier, réclama les

---

[1] Benoît Péterborough ad ann. 1191.—[2] Rimer diplomatic. t. 1

armes et les hommes qu'Isaac retenait dans ses mains. L'empereur refusa avec fierté. — « Armez-vous, mes fidèles, s'écria le roi dans sa colère, et vengez nos injures. Ne les craignez pas ces misérables ; ils sont sans force et sans ame ; ayons confiance en saint Thomas de Cantorbéry ; il nous donnera la victoire sur ce prince de la déloyauté et sur sa nation[1]. »

Les galères s'approchent du rivage, où une multitude, armée de lances, d'épées et de bâtons, semblait attendre les Anglais ; mais l'aspect des barons et des chevaliers suffit pour dissiper cette populace, affaiblie par la débauche et les douceurs d'une île où les poëtes avaient placé l'empire des amours. Limisso tomba le soir même au pouvoir de Richard. La flotte anglaise et le vaisseau qui portait Jeanne et Bérengère entrèrent à pleine voile dans le port. Quelques jours suffirent pour la soumission entière de Chypre ; l'empereur et ses trésors tombèrent dans les mains des chevaliers anglais[2]. Ce fut à Limisso que Richard célébra

---

[1] Hoveden Chronique ad ann. 1191. — [2] Tous ces événemens sont racontés avec beaucoup plus de détails dans Péterborough, ad ann. 1191.

publiquement son mariage avec Bérengère, en présence des barons et des évêques. La veille de la Pentecôte il abandonna ces rivages, laissant la garde des cités à Richard de Camville et à Robert de Durnham. La flotte, qui s'était accrue de plusieurs navires, portait alors, avec la femme et la sœur de Richard, la jeune fille du roi de Chypre, que celui-ci regardait tendrement, et avec laquelle il jouait seul des heures entières, comme le remarquaient avec peine les prélats et les clercs. On ne voyait que banderolles, écussons de guerre de toutes les couleurs; les navires, poussés par un vent favorable, voguaient à pleine voile dans la direction de Tyr, lorsque le comte de Leicester vint dire à Richard qu'il apercevait dans le lointain un grand bâtiment qui portait les armes du roi de France. — Qu'on aille le reconnaître, dit le prince anglais. Aussitôt deux hérauts s'embarquent dans un petit navire génois, et s'approchent du vaisseau. — Qui êtes-vous? s'écrièrent-ils d'une voix forte. — Nous sommes les hommes de Philippe, nous venons d'Antioche, nous allons à Acre. Les hérauts ne reconnurent aucune des couleurs de France sur les écus; et pleins de doute, ils revinrent auprès de Richard lui raconter en détail ce qu'ils avaient vu. Ils en ont menti sur leur tête, s'écria le roi, les Français n'ont jamais eu de navires de cette forme, et puisqu'ils disent qu'ils sont les hommes liges de Philippe, qu'ils viennent me parler, et nous verrons. Lorsque les messagers s'approchèrent pour la seconde fois, ils aperçurent le navire prêt à se défendre, et une multitude de Sarrasins, rangés sur le pont, leur lancèrent des flèches et du feu grégeois. Les messagers retournèrent en toute hâte vers la galère royale : — Beau sire, ce sont les Sarrasinois. — Tant mieux, nous pourrons combattre; allons, allons, mes fidèles, poursuivons-les en toute hâte; si vous les laissez échapper, vous perdrez mon affection et mon estime; si vous les saisissez, je vous donnerai tout ce que vous pourrez demander par vœu de chevalerie; foi de suzerain, vous aurez les dépouilles. » Ces paroles animèrent les chevaliers d'une ardeur impétueuse; ils attaquent le navire sarrasin, qu'ils enfoncent avec les proues des galères. Alors les infidèles lancent le feu grégeois, et bientôt l'eau et les flammes réunis, comme pour préparer une commune destruction, menacent la flotte entière des chrétiens. Les galères s'éloignent alors pour échapper à cet incendie; tout à coup l'on entend un bruit horrible, et le vaisseau sarrasin s'abîme dans les flots. A cette occasion, l'arabe Bohaeddin dit : « L'émir Jacoub, qui le commandait, ne pouvant lutter plus long-temps ni se sauver à force de voile, car le vent était tombé, ouvrit le navire à coups de hache, et tout fut englouti [1]. » On en sauva quelques débris; mais ce qui excita au plus haut degré l'étonnement et l'effroi des chevaliers, ce fut plusieurs vases de terre remplis de serpens, de couleuvres et de crocodiles vivans, que les émirs envoyaient à Saladin, et qui étaient destinés à porter l'effroi et la mort au milieu des tentes des pélerins qui assiégeaient Acre [2].

La flotte anglaise continua sa route vers les rivages de Ptolémaïs, où elle arriva le len-

[1] Extrait des Hist. arabes, § 55, an de l'hégire 587, 1191 de Jésus-Christ. — [2] Gauthier Vinisauf, itinéraire de Richard, ad ann. 1191, Benoît Péterborough, *ibid.*

demain au soir; le retentissement de la trompette, les cris de joie des pèlerins annoncèrent l'approche des barons d'Angleterre. Les tentes des Français, des Italiens, des Allemands étaient magnifiquement ornées. Philippe se rendit lui-même à bord du vaisseau que montait son vassal; et pour témoigner aux deux armées que la cause la plus vivante des discordes n'existait plus entre eux, le roi donna la main à Bérengère de Navarre, et la tint dans ses bras pour descendre du vaisseau. Le voile de la jeune épouse de Richard s'embarrassa deux ou trois fois dans les cordages du navire; elle perdit même ses petits brodequins pendant ce court trajet. Durant la nuit l'armée chrétienne fut dans la joie; on alluma des feux autour des tentes; ils jetaient une brillante clarté.

La nouvelle du débarquement de Richard fit une impression plus grande encore sur les musulmans que ne l'avait fait l'arrivée de Philippe-Auguste : « Le samedi 13 de giomadi premier, disent leurs historiens, le roi anglais arriva; ce prince était d'une valeur éprouvée, d'un caractère indomptable; déjà il s'était fait une grande réputation par ses guerres passées.

Il était inférieur, pour la dignité et la puissance, au roi de France, mais il était plus riche que lui, plus brave et d'une plus grande expérience dans la guerre. Sa flotte se composait de vingt-cinq gros navires remplis d'hommes et de munitions. Depuis long-temps les Chrétiens attendaient le roi d'Angleterre; nous savions, par les transfuges, qu'ils suspendaient leur projet d'attaquer la ville jusqu'à son arrivée, tant ils estimaient son habileté et son courage! ce qu'il y a de sûr, c'est que sa venue occasiona une grande crainte parmi les croyans; cependant le sultan reçut encore ce coup avec résignation, il se soumit à la volonté de Dieu avec confiance; et d'ailleurs, celui qui la met en Dieu, qu'a-t-il à redouter? Dieu ne lui suffit-il pas, et ne peut-il pas se passer de tout le reste [1]. »

L'arrivée des croisés d'Angleterre et de leur suzerain complétait l'armée des croisés devant Ptolémaïs, et l'on songea dès-lors à terminer ce siége par de hauts faits d'armes. On construisit de nouvelles machines de guerre, le terrible bélier, les pierriers, qui lançaient des

[1] Extrait de l'Hist. des Arabes, § 56, an de l'hégire 587.

cailloux à de longues distances, la tortue, à l'abri de laquelle s'avançaient auprès des murailles les preux chevaliers. Les Pisans et les Génois, ouvriers habiles, offrirent leur service ; les uns firent hommage de fidélité au roi de France, les autres au roi des Anglais. Le siége allait être poussé avec vigueur ; mais un matin, dit l'arabe Ibn-Alatir, un Chrétien demanda à parler à Saladin. Malek-Adel et Afdal le reçurent au-devant de la tente : « N'a pas qui veut, lui répondirent-ils, la faculté de jouir de la vue du sultan ; il faut, avant tout, qu'il le permette... » Saladin y ayant consenti, on lui présenta le Chrétien, qui lui donna le salut du roi d'Angleterre, et dit : « Sultan, mon maître désire avoir une entrevue avec toi ; si tu veux lui accorder un sauf-conduit, il viendra te trouver, et t'instruira lui-même de ses volontés, à moins que tu n'aimes mieux choisir dans la plaine un lieu situé entre les deux armées, où vous puissiez traiter ensemble de vos intérêts. »

Saladin répondit : « Si nous avons une conférence, il ne comprendra pas mon langage ni moi le sien; autant vaut donc recourir à l'intermédiaire d'un ambassadeur. » Cependant ce député insistant, il fut convenu que l'entrevue aurait lieu entre le roi et Malek-Adel, mais les jours suivans le député ne parut plus. Le bruit courut que le roi d'Angleterre avait été dissuadé par les chefs Chrétiens d'aller vers le sultan, parce qu'il se compromettait. On ajoutait même que le roi de France, qui avait de l'autorité sur lui, en avait fait défense expresse. Quelque temps après, le député revint pour démentir ces bruits : « Je gouverne, disait l'Anglais dans ses lettres, et ne suis pas gouverné; si j'ai tardé au rendez-vous, c'est à cause de ma maladie. « En effet, dès leur arrivée, les deux rois étaient tombés malades, et étaient à peine alors dans leur convalescence.

Le député, continue l'auteur arabe, qui, au fond, venait pour demander différentes choses dont son maître avait besoin, poursuivit ainsi: « C'est la coutume entre nos rois de se faire des présens, même en temps de guerre; mon maître est en état d'en offrir qui soient dignes du sultan, me permets-tu de te les apporter;

te seraient-ils agréables venant par l'entremise d'un député ?

» Oh oui! répondit Malek-Adel ; le présent sera bien reçu, pourvu qu'il nous soit permis d'en offrir d'autres en retour. »

Le député reprit : « Nous avons amené ici des faucons et d'autres oiseaux de proie qui ont beaucoup souffert dans le voyage, et qui se meurent de besoin, te plairait-il de nous donner quelques poules et quelques poulets pour les nourrir? Dès qu'ils seront rétablis, nous en ferons hommage au sultan.

» Dis plutôt, repartit Malek-Adel, que ton maître est malade, et qu'il a besoin de poulets pour se refaire. Au reste, qu'à cela ne tienne, il en aura tant qu'il voudra. Parlons d'autre chose ¹.

» Et toi, que desires-tu, Malek-Adel? ›

» Rien, car c'est toi qui es venu pour demander, c'est donc toi qui dois dire ce que tu veux. »

L'entretien n'alla pas plus loin. Le roi

---

1 Extrait des Hist. arabes, § 56, an de l'hég. 587, 1191 de J.-C.— 2 Nous empruntons ce dernier trait à l'arabe Boha-eddin, *ibid.*

anglais renvoya au sultan un prisonnier musulman, et Saladin remit au député une robe d'honneur : ensuite Richard envoya demander des fruits et de la neige, qui lui furent accordés.

Les chroniques latines ajoutent que le généreux Saladin députa un émir auprès de Philippe et de Richard, et le chargea de remettre, en son nom, aux deux monarques, des poires de Damas et des raisins cueillis dans la Syrie ; à leur tour, Philippe et Richard envoyèrent de riches bijoux à Saladin et à Malek-Adel, comme un gage et un souvenir de leur estime [1].

Cet échange de politesse entre les rois et le soudan, la noblesse des procédés et des manières du chef des émirs infidèles, son bouillant courage et sa générosité avaient fait naître et fortifié l'opinion parmi les Chrétiens que Saladin avait reçu l'ordre illustre de chevalerie; les fabliaux de cette époque rapportent que par-

---

[1] Interim Saladinus princeps exercitûs paganorum, misit frequenter nuncios ad reges Franciæ et Angliæ cum Pyris damascenis et aliis diversiorum fructuum generibus. (Benoît Peterborough, ad ann. 1191.)

mi les prisonniers du soudan se trouvaient le brave Hugues de Tabarie, seigneur de Gallilée, de la race valeureuse des Francs. Saladin, qui connaissait déjà son nom célèbre dans mille combats, l'accueillit avec honneur ; mais selon la coutume des Musulmans, il lui déclara qu'il eût à se racheter moyennant la forte rançon de cent mille besans, ou bien qu'on lui ferait couper la tête. Mais, brave chevalier, lui dit Saladin, je te donne deux années pour recueillir ta rançon ; vas en France, tes nobles compagnons te prêteront facilement cette somme. Hugues engagea sa foi de revenir dans le terme indiqué ; mais, au moment de son départ, Saladin le fit appeler, le pria, par le nom de Dieu, de lui faire connaître les lois sacrées de l'ordre de chevalerie, et de lui conférer cette dignité avant son départ. Le seigneur de Tabarie hésita quelque temps, l'ordre de chevalerie exigeant la foi chrétienne ; mais les prières du soudan furent si impérieuses, qu'il se décida à lui en révéler les pieux enseignemens ; il fit d'abord laver le visage et raser la barbe du soudan, et ordonna qu'on lui préparât un bain, symbole du baptême ; le lit odoriférant sur lequel on le coucha ensuite, exprima la joie et le repos du paradis, et la robe écarlate dont on le revêtit montra qu'un chevalier doit toujours être prêt à répandre son sang pour son Dieu et sa foi. Ensuite le seigneur de Tabarie lui imposa les trois grands commandemens du symbole chevaleresque : 1° ne jamais parler contre la vérité ; 2° secourir les dames et les orphelins ; 3° ne jamais reculer devant l'ennemi. Le soudan fut tellement enivré de ces préceptes, qu'il accorda sur-le-champ la liberté à dix chevaliers chrétiens au choix du seigneur de Tabarie. Alors celui-ci prenant la parole, lui dit : « Soudan, tu me dis d'aller quêter ma rançon en Europe ; tu es chevalier maintenant, je m'adresse à ta générosité pour l'obtenir. » — « Tu ne m'auras pas invoqué en vain, répondit le sultan ; je te donne la moitié de ta rançon ; suis-moi maintenant, je te ferai trouver le reste. » En disant ces mots il conduisit le seigneur de Tabarie dans la salle des émirs, qui, accroupis sur de beaux tapis, à la manière sarrasinoise, jouaient avec des pêches de Damas, et leur dit : « Voilà le vaillant comte franc de qui je tiens l'ordre de chevalerie; il demande que vous contribuiez à sa rançon. » Alors tous, à l'envi, donnèrent des pièces d'or; il manquait encore treize mille pièces, Saladin les remit à son noble parrain, qui parcourut l'Europe, proclamant en tous lieux la magnificence du soudan[1].

Ces politesses chevaleresques entre les princes francs et Saladin, continuèrent jusqu'à ce que les deux rois eussent recouvré toute leur santé. Ils allaient pousser le siège d'Acre avec vigueur, lorsque de nouvelles querelles s'élevèrent entre eux, et les détournèrent un moment de l'objet de la sainte entreprise. Un jour Richard fut sermoné par Philippe : « Tu dois me faire raison, lui dit-il, de la conquête de l'île de Chypre et des trésors du vieil Isaac; d'après les conditions de notre pélerinage, nous devons partager tous nos acquets. — Cette conquête n'est point du pélerinage, répond Richard. Isaac a insulté ma sœur et Bérengère de Navarre, il a pillé mes hommes : je me suis vengé. Puisque tu parles de traité,

---

[1] Fabliau de l'ordène de chevalerie, dans les MSS. du Roi; il est rapporté dans Legrand d'Aussi, collection de fabliaux, t. 2.

fais-moi raison à ton tour de ce qu'ont laissé le comte de Flandres et les autres guerriers qui sont morts, et dont tu as profité![1] Rends-moi d'abord mon dû; quant au royaume de Chypre, je le considère comme mon bien propre. » Les deux rois se séparèrent, dissimulant à peine leur profond ressentiment.

Une autre cause vint aussi irriter les bouillantes discordes de Richard et de Philippe. Le royaume de Jérusalem n'était plus au pouvoir des Chrétiens, et la croix des pélerins avait disparu du faîte des églises. Cependant, la royauté de la ville sainte captive était disputée par trois prétendans comme au temps de sa puissance : le premier, Guy de Lusignan, portait encore le titre de roi, qu'il tenait de Sibille, reine de Jérusalem, son épouse. Mais comme Sibille était morte sans enfans mâles, les barons du royaume avaient cessé de reconnaître la suzeraineté de Lusignan, et d'un commun accord ils élevèrent à la couronne Honfroi, seigneur de Thoron, qui avait épousé Isabelle, sœur de Sibille, héritière *droite* et

[1] Le comte de Flandres était mort devant Acre, quelque temps après l'arrivée de Philippe-Auguste.

féodale du royaume de Jérusalem [1]. Cependant Conrad, marquis de Monferrat, le vaillant défenseur de Tyr, et le sauveur des colonies chrétiennes d'Orient, était parvenu à faire prononcer le divorce d'Isabelle et d'Honfroi de Thoron. L'évêque de Beauvais l'avait uni à l'héritière de la ville sainte, et à la suite de ce mariage, Conrad prit immédiatement le titre de roi de Jérusalem. Ainsi, trois prétendans bataillaient pour une souveraineté qui était alors au pouvoir des infidèles. Les querelles ne devinrent animées, cependant, qu'à l'égard du marquis de Tyr et de Guy de Lusignan. Philippe prit le parti de Conrad; et Richard celui de Lusignan, dont la famille, en Guyenne, lui était unie par les liens de la féauté. Le siége de Ptolémaïs fut quelque temps suspendu pendant ces vifs débats.

Les rois se plaignaient aussi l'un envers l'autre, de ce que sans respect pour les lois de la féodalité, ils s'enlevaient leurs vassaux et leurs hommes. Philippe donnait trois pièces d'or par mois aux chevaliers anglais qui voulaient suivre ses étendards, Richard en offrait quatre

---

[1] Hoveden et Benoît Peterborough. ad ann. 1191.

à ceux qui abandonnaient les bannières de son compagnon de bataille. Attirés par les conditions plus avantageuses de Richard, plusieurs barons français passèrent sous les gonfanons d'Angleterre [1]. Le comte de Champagne, proche parent de Philippe, et qui de tout temps avait relevé de la couronne de France, vint faire hommage au rival de son suzerain, et lui prêter le serment d'homme lige. Ces hostilités secrètes des deux monarques remplissaient le camp de haine et de jalousie; les Français et les Anglais étaient toujours en lutte. Malgré les lois sévères qui défendaient les combats singuliers, il ne se passait pas de jour que les baillis n'eussent à juger quelques chevaliers que les excommunications des prélats et les ordres des monarques n'avaient pu retenir dans le repos.

Les Sarrasins avaient profité des discordes des Chrétiens pour réparer les fortifications de Ptolémaïs. L'armée de Saladin, toujours campée sur la montagne de Carouba, attaquait sans relâche le camp des chevaliers, et protégeait la résistance des Musulmans renfermés dans la

[1] La chronique de St.-Denis n'appelle plus, depuis cette époque, le roi d'Angleterre du nom de Richard, mais de *Trichard*, ann. 1191.

ville. « Les combats ne discontinuaient pas, dit Boha-eddin : à mesure que la garnison se voyait attaquée, on frappait du tambour, et les nôtres y répondaient, c'était le signal de l'assaut ; les fidèles montaient aussitôt à cheval, et faisaient diversion. Le 19 de gioumadi premier [1] nous forçâmes les retranchemens des Chrétiens, ce qui procura quelque repos aux assiégés. Il se livra en cette occasion un combat terrible, qui dura jusqu'à midi, et les deux armées ne se retirèrent que par lassitude. En ce moment le soleil était si ardent, et la chaleur si forte, que plusieurs en eurent le vertige.

» Le 23 nous entendîmes de nouveau le bruit du tambour ; les soldats prirent les armes, et se précipitèrent sur le camp des Chrétiens. Aussitôt les Francs revinrent défendre leurs tentes, en poussant de grands cris, et surprirent quelques Musulmans. Ce fut en cette occasion que périt un homme d'une grande naissance, qui était venu du fond du Mazanderan, près des bords de la mer Caspienne, pour avoir part aux mérites de la guerre sacrée. Il arriva au moment même qu'on se bat-

---

[1] Ce mois répond à juillet.

tait, et demandant sur-le-champ la permission à Saladin de courir au combat, il souffrit glorieusement le martyre. C'est alors que l'ennemi s'avança sur nous comme un seul homme[1]. »

Les Francs, en effet, étaient déjà parvenus à s'emparer de *la Tour Maudite*, l'une des redoutables fortifications de la ville; une partie des murailles s'était écroulée avec fracas; la faim, la triste faim commençait à presser de ses angoisses les Sarrasins de Ptolémaïs. Dans cette fâcheuse situation les cadis et les imans résolurent de livrer la cité aux Chrétiens. Sayf-Eddin Maschtoub, l'émir qui commandait dans Ptolémaïs, se présenta devant le roi de France, et, se prosternant, lui dit : « Tu sais que la plupart des villes du pays que nous occupons nous les avons conquises sur les tiens; nous les pressions de toutes nos forces, mais dès que les habitans demandaient la vie, nous la leur accordions; donne-nous à notre tour les mêmes conditions, et nous t'abandonnerons Acre. » — Le roi répondit : « Ceux dont tu me parles, aussi bien que toi, êtes mes esclaves; commencez par vous rendre, puis je verrai. »—« Alors

[1] Extrait des Hist. Arabes. *Ibid.*

nous ne te remettrons pas la ville, roi de France: et tu n'y entreras pas que nous soyons tous tués; et aucun de nous ne périra qu'il n'ait frappé cinquante des vôtres. » En disant ces paroles, il secoua sa robe et se retira [1].

Le siége recommença dès-lors avec une vigueur nouvelle. Un nageur apporta à Saladin la lettre suivante de Maschtoub : « Sultan, nous avons tous juré de mourir; ils n'entreront pas tant que nous serons en vie; seulement, fais diversion, et empêche les Chrétiens de nous attaquer. Telle est notre résolution; garde-toi de céder; pour nous, notre parti est pris [2]. » Ce courage inspiré par le désespoir ne donna qu'une ardeur passagère aux Musulmans. Bientôt ils retombèrent dans l'abattement. Saladin avait promis des secours, mais l'armée innombrable des Chrétiens l'entourait comme *le cil entoure l'œil*, et les pigeons n'annonçaient que de tristes nouvelles. Des négociations furent encore ouvertes; elles donnèrent lieu à des bruits incroyables. On racontait que Philippe et Richard avaient reçu

---

[1] Boha-eddin, Extrait des Hist. arabes, § 58, an de l'hégire 587, juillet 1191. — [2] *Ibidem*.

de Saladin un message ainsi conçu : « Si les rois de France et d'Angleterre veulent me suivre pour combattre mon frère Nora-eddin et son fils, le seigneur d'Alep, qui se sont emparés de mes terres au-delà de l'Euphrate, s'ils veulent ainsi demeurer loyalement à mon service, je leur rendrai la cité de Jérusalem, la sainte croix et toutes les terres que moi et les miens nous avons prises depuis la captivité de Guy de Lusignan. Que si les rois ne peuvent me suivre en personne, qu'ils me donnent, aux mêmes conditions, dix mille chevaliers et cinq mille servans pour une année ; je m'engage à leur payer, comme solde, quarante-six bisantins par mois. Si l'un d'eux vient à mourir, je m'oblige à rendre aux Francs, chevalier pour chevalier, et si l'un d'eux tombe en captivité, de le racheter de mes deniers [1]. »

Ce message bizarre, dont aucun témoin ocu-

[1] Ce fait si curieux, rapporté par le chroniqueur Benoît Peterborough, mérite d'être justifié en entier. Voici le texte : « Si reges Franciæ et Angliæ voluerint mecum ire ad debellandum dominum Muscæ fratrem Noradini et Sanguinum (Zenghi), filium ejusdem Noradini filii Sanguini (Zenghi) de Halep, qui totam terram meam qui est ultra Euphratem ceperunt, devicto et expulso Thekedino avunculo meo, et si voluerint in meo servitio per omnem annum demorari, ego reddam eis civitatem Jerusalem et sanctam crucem et omnes

laire ne fait mention, est dénué de toute vraisemblance; il est peu probable qu'au moment où une guerre sacrée échauffait le fanatisme de deux peuples en armes, Saladin conçût l'idée de s'associer les chevaliers chrétiens pour réprimer une révolte peu importante, que les historiens arabes indiquent à peine. Le moine anglais qui rapporte cette circonstance, l'a sans doute recueillie comme une de ces rumeurs qui flattaient la crédulité vaniteuse des manoirs d'occident.

Le camp des pélerins devant Ptolémaïs ressemblait à un vaste basar, où s'étaient réunies toutes les nations de l'Europe. La misère, qui menaçait même les plus puissans, ne les empêchait pas de se livrer aux joyeuses dissipations, et plus d'un d'entre eux aliéna, devant Acre, ses fiefs de France, d'Angleterre et de Normandie [1]. Malgré les défenses

---

terras, et civitates et castella et munitiones quos ego et mei cepimus post captionem Guidonis regis et etiam ante captionem per quinquenium. Et si reges illi non volunt vel non possunt mecum ire, tradant mihi de exercitu suo duo millia militum et quinque millia servientium equitum bene armatum ad serviendum mihi per unum annum, etc.   BENOIT PETERBOROUGH, ann. 1191.

[1] Recueil des Chartes de M. Brequigni, t. v, An. 1190—1193.

des conciles, les rois et les barons avaient amené dans la Palestine leurs chiens de chasse et leurs faucons, pour se livrer à de nobles divertissemens.

Le camp était rempli de ribauds et de folles filles; une troupe de trois cents *pucelles de bordelage*, ayant leur *reine* à leur tête, comme les ribauds avaient leur roi, vinrent s'établir sous les tentes des pélerins; elles y gagnèrent bien des besans d'or; et les plus jeunes comme les plus vieux chevaliers passaient avec elles les instans qu'ils ne donnaient pas aux batailles.

Malgré la généreuse résolution de Maschtoub, les Sarrasins s'aperçurent bientôt qu'il leur était impossible de défendre Ptolémaïs. L'émir vint de nouveau dans le camp pour traiter avec les Francs; il fut reçu avec quelque dureté, et l'on convint, après bien des pourparlers, que les habitans et la garnison sortiraient en toute liberté avec leurs biens, moyennant deux cent mille pièces d'or, et en outre que l'on rendrait aux rois deux mille cinq cent soixante Chrétiens captifs, dont cinq cents au moins du rang de chevaliers. Deux mille pièces d'or devaient en outre être payées au marquis de Tyr, et quatre mille à ses hommes : on stipula la restitution du bois de la vraie croix.

La capitulation de Ptolémaïs fit la plus douloureuse impression dans l'armée de Saladin. Les historiens arabes qui se trouvaient sous les tentes du sultan, en ont conservé un profond souvenir : « Tandis qu'on délibérait si l'on attaquerait l'armée infidèle pour sauver Ptolémaïs, on vit tout à coup arborer sur les murs l'étendard et les bannières des Francs. Des cris s'élevèrent du côté de l'armée chrétienne. Il était alors vers l'heure de midi. Les fidèles Musulmans en furent accablés ; ils demeurèrent un instant comme frappés de stupeur, et on eût dit qu'ils avaient l'esprit égaré. Ensuite ils éclatèrent en gémissemens et en sanglots ; pour moi, continue Boha-eddin, je restai tout ce temps-là auprès de Saladin ; il paraissait plus affecté qu'une mère qui a perdu son fils unique, et fondait en larmes ; je lui offris des consolations analogues à la circonstance ; je lui conseillai plutôt de songer aux moyens de sauver Jérusalem et la Palestine [1].

[1] Extrait des Hist. arabes, ann. 587 de l'hégire, 1191 de J.-C.

« Ainsi le décret de Dieu eut son effet. Les consolations étaient faibles, et l'espérance fuyait loin de nous. Quand la nuit fut venue, le sultan s'enferma dans sa tente, livré à de tristes pensées. Le lendemain nous allâmes le trouver; il était abattu et très-inquiet de l'avenir; nous essayâmes de le consoler, nous lui dîmes : Cette ville était une de celles que Dieu avait prises, et elle est retombée au pouvoir de ses ennemis. J'ajoutai : La loi n'a pas péri pour une ville perdue; il faut avoir en Dieu la même confiance [1]. »

Le lendemain de la capitulation d'Acre, Pierre de Melo, pour le roi de France, et Hugues Saumay, pour Richard, entrèrent dans la Cité à la tête de cent chevaliers, portant devant eux les bannières et les gonfanons de leurs suzerains, ils les élevèrent sur les plus hautes tourelles. Ils prirent possession d'Acre et mirent des gardes aux portes, pour empêcher la foule des pélerins d'y pénétrer. Léopold, duc d'Autriche, avait aussi fait placer sa bannière sur une des tours de Ptolémaïs, en signe de suzeraineté. Richard la fit arracher

[1] Emad-eddin, Extrait des Hist. arabes, ann. 587 de l'hégire.

avec violence, et la déchira en présence des barons, soutenant que la conquête n'appartenait qu'aux deux rois de France et d'Angleterre. Léopold, qui avait à peine deux cents chevaliers pour lutter contre Richard, dissimula l'injure; mais il conserva au fond de son âme un fier ressentiment; plus tard il ne l'oublia pas.

L'armée chrétienne qui avait concouru au siége de Ptolémaïs se composait, comme on a vu, de diverses nations. Toutes avaient pour ainsi dire également participé à sa conquête, de sorte que le butin semblait devoir être commun. Philippe et Richard en décidèrent autrement ; ils s'emparèrent exclusivement de tout ce que les capitulations leur donnaient ; « que les prudhommes et la postérité jugent, s'écrie à cette occasion l'évêque de Crémone, qui avait assisté au siége avec les Génois, qu'ils jugent s'il convenait que tout fût donné à deux rois arrivés à peine depuis trois mois, lorsque les autres pélerins avaient tant de droits acquis par de longs travaux et par le sang répandu pendant plusieurs années. »

Cette conduite injuste et peu conforme aux

lois et aux coutumes féodales excita diverses plaintes sous les tentes des pélerins. Conrad, marquis de Tyr, quitta l'armée et se retira dans sa principauté; les croisés allemands rentrèrent dans leur camp, et ne voulurent plus avoir de communication avec les barons de France et d'Angleterre. Tout ceci n'empêcha pas que les deux monarques ne continuassent à se partager, *au poids et à la mesure*, le butin que l'armée chrétienne avait fait dans Ptolémaïs [1].

Après la prise de cette cité, ce dont on s'occupa d'abord, ce fut de bénir les églises, quelque temps auparavant converties en mosquées, et qui furent encore rendues aux autels du Christ; les archevêques de Tyr, de Pise, les évêques de Salisbury, d'Évreux et de Bayeux, l'étole au col et la mître au chef, jetèrent force eau-bénite sur les parois et les murailles, tandis que les Génois et les commerçans de Pise se faisaient assurer tout un quartier et le port de Ptolémaïs, moyennant une redevance annuelle de quinze sous tournois. On démonta les pierriers et les machines de guerre;

[1] Benoît de Peterborough, ad ann. 1191.

dès ce moment Richard revint à ses plaisirs. Il envoya à Saladin des faucons et des lévriers dressés pour la chasse; à son tour le sultan manda auprès du roi Adda, son émir favori, pour lui offrir quelques présens, et selon sa coutume, des poires succulentes de Damas.

Le nom et les exploits du roi anglais avaient presque effacé, durant le siége de Ptolémaïs, la supériorité féodale de Philippe. Le suzerain était resté bien au-dessous de son vassal, ce qui était pour lui une grande humiliation; le désir de revoir son beau royaume, peut-être la pensée déloyale de profiter de l'absence de Richard pour s'assurer des conquêtes et agrandir sa suzeraineté, firent prendre à Philippe la résolution de retourner en France. Le poète biographe, auquel nous avons emprunté tant de récits, et le chroniqueur Rigord, racontent que Philippe fut saisi par une violente maladie. « Le roi, entouré d'un petit nombre des siens, possédé d'une forte fièvre, et souvent accablé d'un pénible tremblement, était malade et couché sur son lit dans la ville d'Acre. De violentes sueurs, des chaleurs terribles firent un si grand ravage dans ses os et dans tous ses membres, que les ongles tombèrent de tous ses doigts, et les cheveux de sa tête, en sorte que l'on crut, et le bruit même n'est pas encore dissipé, qu'il avait goûté d'un poison mortel [1]. »

Qu'il faille attribuer la résolution de retourner en Europe à une violente maladie ou à un simple désir de revoir sa patrie, peu importe; la vérité est que Philippe manifesta tout haut, après la prise de Ptolémaïs, le dessein de retourner en Occident. Il paraît que le roi voyait aussi avec douleur, et peut-être avec quelque crainte les ravages que faisaient la guerre et les maladies; les obituaires des chapelains se remplissaient chaque jour du nom de prélats guerroyans ou de valeureux chevaliers; depuis moins d'une année le trépas avait frappé Baudoin, archevêque de Cantorbéry, l'archevêque de Nazareth, l'évêque de Sidon, celui de Ptolémaïs même, l'abbé des Templiers, l'abbé du mont Sion, l'abbé du mont des Oliviers, Jean de Mowick, premier chanoine d'Évreux; parmi les barons, Conrad, fils de l'empereur Frédéric, le duc de Souabe, étaient morts durant le siége, ainsi que Robert, comte

[1] Guill. le Breton, *Philippeïd*, ch. 4.

de Leicester, le comte du Pertuis, le comte de Ponthieu et de Sancerre, le vicomte de Turenne, Josselin de Montmorency, Guy de La Rochefoucauld, de Chatillon, Jean, comte de Vendôme, surnommé *le veneur du sanglier*, et un grand nombre de preux chevaliers de France, d'Angleterre et d'Allemagne[1]. Le 22 juillet, Richard était à jouer aux échecs avec le comte de Glocester. Autour de la table, et les yeux fixés sur de riches écharpes qu'elles brodaient de leurs mains, se trouvaient la jeune Isabelle de Navarre, Jeanne de Sicile, et la princesse de Chypres, que Richard regardait de temps en temps avec un œil amoureux. Tout à coup la porte s'ouvre, et un des servans d'armes annonce que Robert, évêque de Beauvais, Hugues, duc de Bourgogne, et Drogon, d'Amiens, désirent communiquer un message au nom du roi de France. On les fait introduire, et les trois envoyés, sans ouvrir la bouche, versent d'abondantes larmes. « Ne pleurez pas, leur dit Richard, je sais ce que vous allez me demander : votre sire veut revoir sa patrie, et vous venez de sa part m'en demander le congé et la

[1] Benoît Peterborough, ad ann. 1191.

permission. — Seigneur, tu sais tout; nous venons en effet pour obtenir la permission du départ; car le roi dit que s'il ne l'obtient, il va mourir. Hugues, s'écria Richard, déshonneur éternel pour Philippe et son royaume s'il quitte cette terre sans achever l'ouvrage[1]. Il doit mourir, ajouta-t-il avec un sourire moqueur, parce qu'il ne voit plus sa belle cour de Paris! Qu'il parte, et qu'il fasse ce qui lui conviendra. »

Cependant le bruit se répandit dans le camp que le roi de France allait s'embarquer pour la voie d'occident; la plupart des barons et des chevaliers vinrent le voir sous sa tente royale, pour le détourner d'un tel conseil; ils lui rappelèrent le dévouement et la piété de ses prédécesseurs. Philippe s'écria : Eh bien! alors que Richard me donne la moitié de l'île de Chypres; elle m'appartient selon notre traité. Il n'aura pas ce qu'il demande, dit l'Anglais, à qui on porta cette réponse : il peut partir[2].

[1] Dedecus est et opprobrium sempiternum illi et regno Franciæ, si imperfecto negotio pro quo venit recesserit (Benoît Peterborough, p. 525, t. XVII, de la grande collection des historiens, de D. Brial.)

[2] Benoît Peterborough, *ibid.*

L'empressement de Philippe pour son passage était si grand, qu'il envoya en toute hâte ses barons, afin de régler les conditions d'un traité. Le 29 juillet il était signé par les deux rois. « Philippe donnait à Conrad, marquis de Montferrat, tout ce qui lui appartenait dans la cité d'Acre ; il jurait sur les saints Évangiles, qu'il ne permettrait en aucune manière qu'on fît la moindre insulte aux possessions du roi d'Angleterre en Occident, à ses hommes et à ses terres ; il promettait de les défendre avec le même attachement qu'il protégerait sa ville de Paris[1]. Le roi constituait le duc de Bourgogne, le principal de ses barons, capitaine et connétable des Français qu'il laissait dans la Palestine ; il donnait cent chevaliers et cinq cents servans d'armes à Raymond, prince d'Antioche, et quatre cents

---

[1] Et ipse juravit, tactis sacro sanctis Evangeliis, coram omni populo, quod nec ipse damnum faceret nec ab aliquo fieri permitteret regi Angliæ vel terris, vel hominibus suis sed omnes terras illius bene et in pace custodiret et secundum posse suum ab hostium invasione terras homines suos defenderet ac si vellet defendere civitatem suam Parisium, si aliquis eam invasisset.

(Benoît Peterborough, *ibid.*)

marcs d'argent; de plus, cinq grands navires chargés d'armes et de chevaux. »

Les rois voulurent aussi terminer avant le départ de Philippe-Auguste les contestations élevées entre Guy de Lusignan et Conrad le marquis sur la royauté de Jérusalem. Le même jour, les princes, les barons, les chevaliers, se réunirent dans le palais où Richard était hébergé; Conrad et Lusignan s'y rendirent aussi pour recevoir jugement sur leurs querelles. Les deux adversaires firent d'abord serment d'exécuter en tout point la sentence; l'assemblée applaudit à cette résolution; enfin, après avoir consulté les barons, voici le jugement qui fut rendu par les rois et toute l'armée: « Guy aura le royaume de Jérusalem; mais s'il se marie, quoiqu'il obtienne des héritiers mâles, Conrad et sa sœur Sibille lui succéderont; quant aux revenus du royaume ils seront partagés immédiatement entre Lusignan et le marquis; Geoffroi de Lusignan, frère de Guy aura la cité Joppé, il la possédera comme fief héréditaire relevant du roi de Jérusalem; Conrad recevra Tyr, Sidon et Baruth, au même titre. Ces capitulaires arrêtés par les rois et l'armée ont été jurés par Guy le roi et Conrad le marquis [1].

Le lendemain 30, Philippe et Richard se partagèrent, sur les rivages d'Acre, les prisonniers sarrasins qu'ils avaient faits dans la cité; puis le roi de France manda tous ses barons qu'il laissait dans la Palestine, « et leur fit un sermon moult secret et moult familier, moult li pria et admonesta de bien faire et prit congé d'eux en pleurs et en soupirs [2]. »

Le 31 du même mois, il s'en alla, triste, sur le rivage, accompagné d'une grande multitude de chevaliers qui voyaient avec chagrin leur roi s'éloigner de la Terre-Sainte; Philippe et sa suite montèrent sur quatorze galères; Manassé, évêque de Langres, Regnauld, évêque de Chartres, et le comte de Nevers étaient les compagnons de voyage qu'il avait choisis : la petite flotte vint d'abord jeter l'ancre devant Baruth, alors au pouvoir des infidèles; elle passa près de Gibelet, s'arrêta quelques jours à Tripoli, et côtoyant presque toutes les colonies chrétiennes d'Orient, elle vint aborder sur les rivages d'Antioche. Philippe et ses com-

---

[1] Hoveden, ad ann. 1191.
[2] Chronique de Saint-Denis à l'ann. 1192.

pagnons, revêtus de l'habit des pélerins, entrèrent dans la petite Arménie ; ils traversèrent le fleuve Salef, où l'empereur Frédéric avait trouvé la mort. En avançant dans ces terres, les pélerins ne manquèrent pas d'honorer le lieu d'où, selon la tradition, les trois mages, Gaspard, Melchior et Balthasard étaient partis pour adorer Jésus enfant ; ils passèrent ensuite le Scalandre, qui séparait l'Arménie de l'empire de Constantinople. Un château où flottait le gonfanon des Césars, et qui portait le nom d'Antiochette, leur servit de retraite pendant huit jours; ils furent accueillis avec joie, par le seigneur, du nom de Constantin, et s'y amusèrent beaucoup avec les dames grecques. Philippe reçut chevalier le fils du seigneur châtelain [1]; il vint ensuite à la nouvelle Satalie, cité protégée par la munificence des empereurs. Les serviteurs du roi détruisirent quatre galères remplies de pirates qui fuirent dans les montagnes. Après un pénible voyage, la troupe des pélerins entra dans les fertiles terres de la Romanie ; arrivé sur les rivages de la mer grec-

[1] Benoît Peterborough, *ibid.*

que, on loua des navires à des Génois, et leur petite flotte promptement armée vogua vers l'île de Rhodes. Tout cet archipel était alors rempli de robeurs mariniers; le roi le traversa avec bonheur, et vint débarquer à Corfou, d'où il annonça à Tancrède de Sicile la nouvelle de son arrivée, lui demandant la permission de passer par ses domaines avec ses compagnons; quinze jours après, la licence arriva; six vaisseaux à une seule voile transportèrent les pélerins sur le rivage de la Pouille. Des confins de l'Italie jusqu'à Rome, le voyage fut heureux; le pape Célestin reçut le roi et ses barons avec bonté, leur fournissant tout ce qui était nécessaire, et par amour pour Dieu, il leur concéda les honneurs du pélerinage, en les dispensant de l'accomplir; tous reçurent la palme, selon l'usage, et la croix fut suspendue à leur cou, comme aux pélerins qui avaient baisé le saint tombeau et touché les palmiers à Jéricho; Célestin ne leur cacha aucun des pieux trésors de Rome chrétienne, le bras des apôtres Pierre et Paul, et la sainte véronique, c'est-à-dire le morceau de linge qui, appliqué sur la face sanglante du Christ, par une sainte femme, s'était empreint de ses traits mourans.

Ce fut dans une de ces entrevues intimes que Philippe demanda au pape de le dispenser de tenir le serment qu'il avait prêté en partant de la Palestine de respecter les terres de Richard, et particulièrement la Normandie; il accusa le prince absent d'avoir trahi la cause de Jérusalem et les intérêts des pèlerins. Célestin ne voulut point lui accorder ce qu'il sollicitait avec tant d'ardeur [1]; il lui défendit sous peine d'excommunication, de troubler les terres de Richard. Philippe ne se souvint pas long-temps des menaces du pontife. Il quitta Rome vers la fin de l'année 1191, traversa l'Italie et les Alpes, et arriva dans son château de Fontainebleau après la nativité de

[1] Voici les paroles même de la Chronique : Rex verò Franciæ immemor sacramenti quod fecerat Richardo regi Angliæ, petit a summo pontifice licentiam vindicandi se de illo in Normania et in aliis terris suis, sed summus pontifex nullam ei licentiam ad malum faciendum in terram regis Angliæ dare voluit; sed prohibuit sub anethemate ne ipse in eum vel in terram suam manum extenderet. (*Benoît Peterborough*, ann. 1191.) Roger de Hoveden ajoute que Philippe-Auguste ne cessa de calomnier Richard dès qu'il eut quitté la Palestine. Deindè rex Franciæ diffamavit regem Angliæ adversus proximos suos (ann. 1191).

Notre Seigneur : on l'accueillit avec pompe, et selon l'expression du poète Hélinant, les cors sonnèrent sur toutes les tourelles, pour annoncer la bonne venue du seigneur.

RÉSUMÉ.

PREMIÈRE ÉPOQUE DU RÈGNE DE PHILIPPE-AUGUSTE.

1165—1191.

L'époque que nous venons de parcourir, la moins intéressante du règne de Philippe-Auguste, contient depuis 1165, année de sa naissance, jusqu'à 1191, celle de son retour de la Palestine; on chercherait vainement des idées de politique, une marche régulière et systématique des faits, ils se présentent tous confusément, et ne se lient les uns aux autres que par l'ordre chronologique; le tableau que nous avons retracé doit un peu se ressentir du temps qu'il est destiné à reproduire, c'est moins l'histoire d'un roi que la représentation des grandes scènes de chevalerie, et la peinture des mœurs et des habitudes féodales.

L'enfance de Philippe-Auguste n'a rien qui le distingue de cette jeunesse du haut baronage, de cette vie des châteaux, qu'on retrouve dans tous les monumens du moyen âge; beaucoup d'amour et de respect pour les dames, quelques principes d'une grossière dévotion, l'art de donner de grands coups d'épée, telle était l'éducation du varlet accompli, telle fut celle aussi que reçut Philippe-Auguste. On l'a vu, presque au sortir de l'enfance, associé à la couronne; depuis l'avènement de la race des Capets, les droits de l'hérédité étaient encore trop mal affermis pour que les princes ne cherchassent point à éviter les violentes secousses de la succession royale; une sorte d'élection de l'héritier présomptif, sous l'influence du suzerain, liait d'avance les suffrages, et ne laissait plus d'interruption entre les règnes.

Philippe-Auguste, associé à la couronne, fut presque aussitôt appelé à régner, par la mort de Louis VII. Enhardis par l'inexpérience et la jeunesse du suzerain, les grands vassaux veulent violemment briser les liens de la féodalité. Parmi eux, les comtes de Flandres et de Champagne se disputent la tutelle et l'autorité; des ligues, des combats signalent cette époque; mais ces mouvemens chevaleresques n'ont rien de national, ce sont des ambitions isolées, et sans intelligence, qui s'éteignent sans résultats ; aussi la paix se fait-elle bientôt entre le suzerain et les vassaux; les comtes de Flandres, de Champagne, le duc de Bourgogne rentrent dans l'obéissance féodale.

C'est à ce commencement du règne du jeune Philippe que nous voyons se renouveler le brillant spectacle des cours plénières, où le baronage de France venait prêter serment de féauté au suzerain; la hiérarchie encore incertain des rangs et des dignités de la couronne commence à s'y régulariser ; chacune de ces hautes fonctions a son origine dans un service de corps auprès du roi ; la pairie y brille de son éclat naissant. C'est dans ces grands parlemens de chevalerie que le luxe féodal étalait sa grossière prodigalité. La science gaie des ménestrels excitait le rire des dames et des barons, tandis que la chasse, les jeux, les tournois occupaient tour à tour la bouillante activité des chevaliers.

On voit aussi germer à cette époque quelques principes d'administration générale ; le roi règle dans son parlement les libertés de plusieurs communes, les droits respectifs de l'Eglise et de ses barons; un ordre, quoique imparfait, s'établit dans les revenus de la couronne; ils se multiplient par des exactions contre les communes et les juifs; toutefois cette administration n'a rien encore de régulier, et les historiens qui ont voulu trouver à cette époque un ensemble monarchique, un système complet de gouvernement, ont confondu les époques.

La lice des combats s'ouvre sur une plus vaste échelle; ce n'est plus une lutte de vassaux, cherchant à conquérir leur indépendance contre un jeune suzerain, c'est la rivalité de la France et de l'Angleterre, qui se montre avec énergie; alors nous avons le spectacle, au milieu d'un siècle que l'on nous vante encore pour sa loyauté, des trahisons, et des complots des fils de Henri contre leur père; la guerre, cinq fois suspendue par les tristes nouvelles arrivées de Jérusalem et la prédication de la croisade, se réveille autant de fois, jusqu'à la mort du roi d'Angleterre. Ce prince, qui, pendant sa vie, ne connut jamais d'obstacle à l'exercice de son pouvoir violent, est abandonné, à peine a-t-il cessé d'exister, et son cadavre reste nu sous la garde d'un jeune page qui le couvre de son manteau. La pensée d'un pélerinage à Jérusalem absorbe toutes les volontés du nouveau roi d'Angleterre, Richard Ier, et de Philippe de France ; on se prépare au voyage d'outre-mer; une série de traités, d'actes publics, signalent les royales intentions, règlent la police des armées et l'administration du royaume. Durant le pélerinage, des querelles ne cessent de diviser les monarques rivaux de puissance et de gloire. Il y a dans ce passage en Palestine quelque chose qui tient tout à la fois du désintéressement chevaleresque et de la cupidité perfide, inexplicable et triste mélange qu'on ne rencontre que trop souvent à l'époque dont nous écrivons l'histoire !

Les caractères de Philippe et de Richard commencent à se dessiner plus fortement; dès-lors le récit va s'empreindre d'une couleur plus dramatique, et de cette unité qu'il n'a pu conserver au milieu de ce chaos, où les événemens se pressent et se confondent. Nous allons avoir à raconter la captivité du roi d'Angleterre, les conquêtes de Philippe-Auguste, son divorce, les querelles avec le souverain pontife; le sujet, comme on le voit, s'agrandit beaucoup pour la période, qu'embrasse le volume suivant.

FIN DU PREMIER VOLUME.

TABLE DES MATIÈRES

CONTENUES DANS CE VOLUME.

CHAPITRE PREMIER.

(Pages 2 à 75.)

ÉTAT DE LA SOCIÉTÉ A L'AVÉNEMENT DE PHILIPPE-AUGUSTE.

987—1165.

Populations diverses de la France au XII° siècle. — Débris de l'ancienne race gauloise. — Les Francs. — Les Bretons. — Les Normands. — Les Aquitains. — Premières causes de la fusion des mœurs. — Marche vers l'unité du gouvernement. — Système féodal. — Hiérarchie des fiefs. — Services militaires. — Revenu public. — Propriétés du clergé. — Classification des personnes. — Condition de l'homme libre. — Du serf. — Les bourgeois. — Naissances et progrès des libertés communales. — État des institutions politiques. — Premier jugement de la cour des pairs.

CHAPITRE II.

(Pages 76 à 103.)

DE LA NAISSANCE AU COURONNEMENT DE PHILIPPE-AUGUSTE.

1165—1179.

Naissance de Philippe-Auguste. — Education du jeune prince. — Ses premières armes contre les barons. — Son association à la couronne. — Sacre de Reims.

CHAPITRE III.

(Pages 104 à 154.)

SITUATION DE L'EUROPE FÉODALE. — MINORITÉ DE PHILIPPE-AUGUSTE.

1180—1185.

Princes contemporains. — Le pape Alexandre III. — L'empereur Frédéric I*er*. — Manuel Comnène. — Henri II, roi d'Angleterre. — Rois maures et chrétiens d'Espagne. — Waldemar I*er*, roi des Danois. — Grands vassaux de la couronne. — Philippe, comte de Flandres; les comtes de Champagne, de Toulouse, de Normandie et de Guyenne. — Rivalité des maisons de Flandre et de Champagne pour la tutelle du Roi. — Mariage de Philippe et d'Isabelle de Hainault. — Administration de la maison de Flandres. — Les comtes de Champagne quittent la cour. — Le roi d'Angleterre intervient. — Paix avec le comte de Champagne.—Révolte des grands vassaux sous Philippe de Flandres.—Guerre du Roi. Traité de paix.

CHAPITRE IV.

(Pages 155 à 220.)

COUR DE PHILIPPE-AUGUSTE.

Portraits du Roi et d'Isabelle de Hainault. — Le cardinal de Champagne, les sires de Montmorency, de Montlhery, de Coucy. — Famille de Philippe-Auguste. — Dignité et hiérarchie de la cour. — Le sénéchal, le chambellan, le bouteiller, le connétable, le maréchal, le chancelier, les pairs. — Fête de la cour. — Les jongleurs et les ménestrels. — Contes et féeries. — La chasse. — Les jeux de hasard. — Plaisirs de la table. — Les astrologues. Tournois. — Mariage d'Agnès de France et du César de Constantinople.

CHAPITRE V.

(Pages 221 à 272.)

ADMINISTRATION DE PHILIPPE-AUGUSTE.

1180—1186.

Chartes du Roi sur les communes. — Jugement des

discussions entre les bourgeois et les seigneurs, entre les bourgeois et les églises, entre les églises et les seigneurs.—Patronage du Roi.—Réglemens sur les finances. — Etat des revenus du roi Philippe. — Juifs et commerce. — Administration municipale de Paris.—Ses embellissemens.—Métiers et corporations. — Cris de Paris. — Répressions des troupes armées.

CHAPITRE VI.

(Pages 273 à 339.)

GUERRES ET TRAITÉS AVEC LES ANGLAIS. — PRÉPARATIFS DE LA CROISADE.

1185—1189.

Causes de guerre avec Henri II. — Armemens des barons de France et d'Angleterre.—Batailles et trèves. — Désolation de l'Occident à la nouvelle de la prise de Jérusalem par Saladin. — Parlement de Gisors.—Prédication de la Croisade.—Prise de la croix pour le pèlerinage. — La dîme saladine. —Privilège des Croisés.—Résistance du clergé. —Pierre de Blois. — Les trèves sont rompues. — Nouvelles batailles. — Mêlée de chevalerie. — Promesses de Richard. — Résistance des bourgeois de Mante. — Combat singulier de Richard et du chevalier des Barres. — Richard abandonne son père. Douleur de Henri. — Fureur du légat. — Nouveau traité entre les rois de France et d'Angleterre. — Mort de Henri.

CHAPITRE VII.

(Pages 340 à 377.)

1189—1190.

Nouveaux préparatifs pour la croisade. — Message de Philippe à Richard. — Le roi anglais se procure de l'argent par des exactions. — Il part pour le continent. — Acte de police pour la navigation. — Entrevue des deux rois. — Cour plénière de Poissy. — Testament de Philippe-Auguste. — Il prend le bourdon et la panetière à Saint-Denis. — Itinéraire de Richard. — Tempête qui menace la flotte de Philippe-Auguste. — Arrivée à Messine. — Différens entre Richard et Tancrède, roi de Sicile. — Réglement pour les jeux de hasard. — Plaisirs des chevaliers pendant le séjour à Messine. — Querelle entre Philippe et Richard, à l'occasion d'Alix de France. — Mariage de Richard et de Bérengère de Navarre. — Colère de Philippe. — Il se calme pour de l'argent. — Départ de Messine. — Arrivée à la terre d'outre-mer.

CHAPITRE VIII.

(Pages 378 à 432.)

1190—1191.

Départ de Messine. — Richard refuse de suivre Philippe-Auguste. — Arrivée des Français devant Ptolémaïs. — Situation de l'armée chrétienne. — Les Sarrasins. — Navigation de Richard. — Il prend l'île de Chypre. — Combat naval contre les infidèles. — Débarquement à Ptolémaïs. — Préparatifs du siége. — Courtoisie chevaleresque entre les rois chrétiens. — Salahedin à Malek-Addel. — L'ordre de chevalerie conféré à Salahedin. — Nouvelles querelles de Richard et de Philippe. — Continuation du siége. — Mœurs des pélerins. — Ptolémaïs se rend. — Maladie de Philippe-Auguste. — Il prend la résolution de revenir en Europe. — Il le fait annoncer à Richard. — Mépris de ce prince pour son rival. Départ de Philippe-Auguste. — Son voyage. — Il vient à Rome. — Arrivée en France.

RÉSUMÉ.

(Pages 433 à 438.)

PREMIÈRE ÉPOQUE DU RÈGNE DE PHILIPPE-AUGUSTE.

1165—1191.

FIN DE LA TABLE.

www.ingramcontent.com/pod-product-compliance
Lightning Source LLC
Chambersburg PA
CBHW072107220426
43664CB00013B/2026